회화·문법·한자
한번에 끝내는
일본어 초급
핵심 마스터

회화·문법·한자

한 번 에 끝 내 는

일본어 초급
핵 심 마 스 터

패턴 회화+문법+N4 285개 필수한자
섀도잉하면서 쉽게 배운다

강봉수 지음

중앙에듀북스

서점에 나와 있는 일본어 책들을 보면 분야별 특성화 되어 있는 것을 알 수 있습니다. 회화, 문법, 한자, 독해 등등. 파트별로 자신이 부족한 부분을 찾아 공부할 수 있도록 잘 배려되어 있습니다.

그런데도 아쉬운 생각이 드는 것은 왜일까요? 일본어 초급을 한권에 효율적으로 정리한 책은 없는 걸까? 그런 자그마한 의문에서 이 책은 초급의 효율성에 초점을 두고 회화＋문법＋한자를 보다 쉽게 공부할 수 있도록 고안하여 만든 1석 3조의 책이라 할 수 있습니다.

이 책의 구성을 살펴보면 아래와 같습니다.

CHAPTER 1   일본어 초급 회화 꿀꺽 패턴집

CHAPTER 2   N4 문법 포인트 정리와 순서배열

CHAPTER 3   N4 필수한자 285개 목차

CHAPTER 4   N4 필수한자 285개 목차 뜻과 음 테스트

CHAPTER 5   N4 필수한자 285개 포인트

CHAPTER 6   N4 필수한자 285개 포인트 단어 테스트

CHAPTER 7   부록

(명사/い형용사 활용표/い형용사 단어 정리/な형용사 활용표 /な형용사 단어 정리
동사 활용표1/동사 활용표2/경어표/겸양어 만들기 공식/존경어 만들기 공식/
동사 N4 필수단어)

〈일본어 초급(N4) 핵심 마스터〉 책으로, 여러분의 일본어 실력을 정리하면서 한 단계 끌어올리는 계기가 되었으면 합니다. 여러분의 하고자 하는 마음을 응원합니다.
'なせばなる 하면 된다'

이 책을 만들면서 많은 도움을 주신 출판사와 품격 일본어 교습소 학생들에게 감사의 마음을 전합니다. 감사합니다.

강봉수

이 책의 사용법

CHAPTER 1은 일본어 초급 회화 꿀꺽 패턴으로 mp3파일을 통해 섀도잉(원어민 발음 따라하기) 합니다. 기초 표현들을 외울 때까지 충분히 듣고 반복합니다. mp3파일은 1. 일본어 부분의 7개 예문을 읽어 줍니다. 따라하면서 통 암기합시다. 통 암기가 된 상태에서 2. 한글을 보고 일본어로 표현해 봅시다. 본인이 공부한 정도가 어느 정도인지 확인 체크가 가능합니다. 3. 순서 배열을 통해 초급 패턴을 배열해 봅시다. 1, 2에서 공부한 내용들을 순서배열을 통해 이해하면서 정리할 수 있습니다.

CHAPTER 2는 N4 문법 포인트 정리를 mp3파일을 통해 섀도잉하면서 듣고 발음을 따라합시다. 문장을 충분히 읽고 이해한 다음에, 문법 공식을 활용하여 예문을 순서대로 배열하면서 이해 정도를 예)순서배열 정답쓰기에 적어보세요. 1~100번까지 이 과정을 거치면 여러분도 초급 문법이 정리됨을 느낄 수 있습니다.

CHAPTER 3, 4는 N4 필수한자 285개 목차 및 목차의 뜻과 음 테스트
여기에서는 N4 필수한자 285개 목차를 쓰면서 한자의 한글 뜻과 음을 외우는 코너입니다.

CHAPTER 5, 6은 N4 필수한자 285개 포인트 및 N4 필수한자 285개 포인트에 대한 단어 테스트로 구성되어 있습니다. 초급에서 배우는 필수한자를 통해 공부하고 그 공부한 것을 테스트할 수 있도록 구성하였습니다.

CHAPTER 7은 부록을 준비했습니다.
부록 (명사/い형용사 활용표/い형용사 단어 정리/な형용사 활용표/な형용사 단어 정리/동사 활용표1/동사 활용표2/경어표/겸양어 만들기 공식/존경어 만들기 공식/동사 N4 필수단어)에는 초급에서 정리해야 될 중요한 개념들을 정리해 두었습니다. 초급에서 다루는 포인트 등을 알기 쉽게 정리해 두었으므로, 필요할 때 정리하면서 보면 꿀팁이 아닐 수 없습니다.

> **TIP** 1~7의 패턴회화+문법+N4 285개 필수한자를 통해 초급의 개념들을 누구보다 효율적으로 정리할 수 있습니다. '일본어에 대한 성장통'을 통해 중급으로 도약하시길 진심으로 응원합니다. 여러분 'がんばってください(힘내세요),' 파이팅!!

PART 8 　동사의 て형 초급 회화 꿀꺽 패턴

PART 9 　동사의 た형 초급 회화 꿀꺽 패턴

PART 10 　동사의 가정(~ば)형 초급 회화 꿀꺽 패턴

CHAPTER 1

일본어 초급 회화 꿀꺽 패턴집

일본어 초급 회화 꿀꺽 패턴집에서는 초급 회화에서 다루는 명사, な형용사, い형용사, 동사의 여러 가지 형태와 경어의 존경어와 겸양어를 Part1~Part18까지 구분하여 001~125번까지 패턴식으로 제시하였습니다. 그 내용을 보면 mp3파일을 통해 1. 일본어를 섀도잉(발음을 따라서) 하면서 통암기합시다. 2. 2는 1의 한글 뜻입니다. 이 한글 뜻을 다시 일본어로 표현해 보면서 확인해 보세요. 3. 응용표현으로 문장을 순서배열을 통해 확인할 수 있도록 만들었습니다. 오른쪽의 단어를 참고하면서 풀어 보세요. 확인 학습이 가능합니다.

PART 1

명사 초급 회화 꿀꺽 패턴 1

파트1에서는 명사를 문법 패턴과 연결시켜 표현해 보도록 하겠습니다. 정해진 패턴에 명사만 넣어서 활용하면 되는 비교적 간단한 문형입니다. 시작이 반입니다. 경주를 완주하는 그 시간 까지 여러분을 응원합니다.

용어설명: 보통형―명사, 동사, い형용사, な형용사의 기본형, 과거형을 말함.

~は~です   ~는 ~입니다

1. 한글로 표현해 보세요. (정답은 2참고)

1 私は学生です。
   わたし　がくせい

2 私はサラリーマンです。
   わたし

3 これは電子辞書です。
   　　　でんしじしょ

4 それは果物です。
   　　　くだもの

5 あれは携帯です。
   　　　けいたい

6 彼は先生です。
   かれ　せんせい

7 彼女は歌手です。
   かのじょ　かしゅ

2. 일본어로 표현해 보세요. (정답은 1참고)

1 나는 학생입니다.

2 나는 샐러리맨입니다.

3 이것은 전자사전입니다.

4 그것은 과일입니다.

5 저것은 휴대폰입니다.

6 그는 선생입니다.

7 그녀는 가수입니다.

3. 응용 ▶ 숫자를 순서대로 배열해 보세요. (응용 정답은 아래 참고)

A ①は　　　②彼女　　　③です　　　④先生
B ①歌手　　②です　　　③は　　　　④彼
C ①あれ　　②果物　　　③は　　　　④です
D ①それ　　②です　　　③は　　　　④携帯
E ①これ　　②ノート　　③です　　　④は

▶ 응용 정답

A. ②①④③ 그녀는 선생입니다. / B. ④③①② 그는 가수입니다. / C. ①③②④ 저것은 과일입니다. / D. ①③④② 그것은 휴대폰입니다. /
E. ①④②③ 이것은 노트입니다.

관련 단어

私(わたし) 나, 저

~は ~です ~는 ~입니다

学生(がくせい) 학생

サラリーマン 샐러리맨

これ 이것 / それ 그것 / あれ 저것

電子辞書(でんしじしょ) 전자사전

果物(くだもの) 과일

携帯(けいたい) 휴대폰

彼(かれ) 그

先生(せんせい) 선생

彼女(かのじょ) 그녀

歌手(かしゅ) 가수

ノート 노트

TIPS 인칭대명사

1인칭	わたし 나/わたくし(ども) 저희(들)/ぼく(ら) 내(우리들)
	われ(われ)・おれ(たち) 내(우리들)
2인칭	あなた(がた) 당신(들)/君(きみ)(たち) 자네(들)/お前(まえ) 너
3인칭	彼(かれ) 그, 그 사람/彼女(かのじょ) 그녀, 여자 친구
부정칭	誰(だれ) 누구/どなたさま・どの方(かた) 어느 분

~は~じゃないです ~는 ~이 아닙니다

1. 한글로 표현해 보세요. (정답은 2참고)

1 これは夢じゃないです。
　　　　ゆめ

2 彼は日本人じゃないです。
　かれ　にほんじん

3 誕生日は今日じゃないです。
　たんじょうび　きょう

4 あの人は社長じゃないです。
　　　ひと　しゃちょう

5 それは食べ物じゃないです。
　　　　た　もの

6 彼女は俳優じゃないです。
　かのじょ　はいゆう

7 ここは美術館じゃないです。
　　　びじゅつかん

2. 일본어로 표현해 보세요. (정답은 1참고)

1 이것은 꿈이 아닙니다.

2 그는 일본인이 아닙니다.

3 생일은 오늘이 아닙니다.

4 저 사람은 사장이 아닙니다.

5 그것은 먹을 것이 아닙니다.

6 그녀는 배우가 아닙니다.

7 여기는 미술관이 아닙니다.

3. 응용 ▶ 숫자를 순서대로 배열해 보세요. (응용 정답은 아래 참고)

A ①それ　　②ぺん　　　　③は　　　　　④じゃないです
B ①ここ　　②動物園　　　③じゃないです　④は
C ①明日　　②じゃないです　③は　　　　　④パーティー
D ①彼　　　②俳優　　　　③は　　　　　④じゃないです
E ①あそこ　②じゃないです　③スーパー　　④は

▶ 응용 정답
A. ①③②④　그것은 펜이 아닙니다.
B. ①④②③　여기는 동물원이 아닙니다.
C. ①③④②　내일은 파티가 아닙니다.
D. ①③②④　그는 배우가 아닙니다.
E. ①④③②　저기는 슈퍼마켓이 아닙니다.

관련 단어

これ 이것/それ 그것

夢(ゆめ) 꿈

~は ~じゃないです
~는 ~이 아닙니다

彼(かれ) 그, 그 사람

日本人(にほんじん) 일본인

誕生日(たんじょうび) 생일

今日(きょう) 오늘

あの人(ひと) 저 사람

社長(しゃちょう) 사장

食(た)べ物(もの) 음식, 먹을 것

彼女(かのじょ) 그녀, 여자 친구

俳優(はいゆう) 배우

ここ 여기/あそこ 저기

美術館(びじゅつかん) 미술관

ぺん 펜

動物園(どうぶつえん) 동물원

パーティー 파티

明日(あした) 내일

スーパー 슈퍼마켓

003 정중체 명사/과거 긍정형

~は~でした ~는 ~이었습니다

1. 한글로 표현해 보세요. (정답은 2참고)

1 私の夢は日本語の先生でした。
　 わたし　ゆめ　にほんご　せんせい

2 ここは昔パスタ屋でした。
　 　　　むかし　　　や

3 彼女は看護師でした。
　 かのじょ　かんごし

4 彼はサッカー選手でした。
　 かれ　　　　　　せんしゅ

5 私は歌手でした。
　 わたし　かしゅ

6 昨日は雨でした。
　 きのう　あめ

7 昨日は結婚記念日でした。
　 きのう　けっこんきねんび

2. 일본어로 표현해 보세요. (정답은 1참고)

1 나의 꿈은 **일본어 선생**이었습니다.

2 여기는 옛날 파스타 가게였습니다.

3 그녀는 간호사였습니다.

4 그는 축구 선수였습니다.

5 나는 가수였습니다.

6 어제는 비였습니다.

7 어제는 결혼기념일이었습니다.

3. 응용 ▶ 숫자를 순서대로 배열해 보세요. (응용 정답은 아래 참고)

A ①私の夢　　②ピアノ先生　　③は　　　④でした
B ①昨日　　　②雪　　　　　　③でした　④は
C ①天気　　　②は　　　　　　③でした　④晴れ
D ①彼女の　　②本屋　　　　　③家は　　④でした
E ①車　　　　②でした　　　　③は　　　④韓国製

▶ 응용 정답
A. ①③②④ 나의 꿈은 피아노 선생님이었습니다.
B. ①④②③ 어제는 눈이었습니다.
C. ①②④③ 날씨는 맑음이었습니다.
D. ①③②④ 그녀의 집은 서점이었습니다.
E. ①③④② 차는 한국 제품이었습니다.

관련 단어

私(わたし) 나, 저
夢(ゆめ) 꿈
日本語(にほんご) 일본어
先生(せんせい) 선생
~は ~でした ~는 ~이었습니다
ここ 여기
昔(むかし) 옛날
パスタ屋(や) 파스타 가게
彼女(かのじょ) 그녀, 여자 친구
看護師(かんごし) 간호사
彼(かれ) 그
サッカー選手(せんしゅ) 축구 선수
昨日(きのう) 어제
雨(あめ) 비
結婚(けっこん) 결혼
記念日(きねんび) 기념일
ピアノ先生(せんせい) 피아노 선생
天気(てんき) 날씨
晴(は)れ 맑음
家(いえ) 집
本屋(ほんや) 서점
車(くるま) 차
韓国製(かんこくせい) 한국제품

004 정중체 명사 / 과거부정형

~は~じゃなかったです ~는 ~이 아니었습니다

1. 한글로 표현해 보세요. (정답은 2참고)

1 その話はうそじゃなかったです。
　　はなし

2 ここはレストランじゃなかったです。

3 彼は私のタイプじゃなかったです。
　かれ　わたし

4 このドラマの主人公は彼女じゃなかったです。
　　　　　　しゅじんこう　かのじょ

5 この人は社長じゃなかったです。
　　ひと　しゃちょう

6 インタネットは無料じゃなかったです。
　　　　　　　　む りょう

7 それは恋じゃなかったです。
　　　こい

2. 일본어로 표현해 보세요. (정답은 1참고)

1 그 이야기는 거짓말이 아니었습니다.

2 여기는 레스토랑이 아니었습니다.

3 그는 내 타입이 아니었습니다.

4 이 드라마의 주인공은 그녀가 아니었습니다.

5 이 사람은 사장이 아니었습니다.

6 인터넷은 무료가 아니었습니다.

7 그것은 사랑이 아니었습니다.

3. 응용 ▶ 숫자를 순서대로 배열해 보세요. (응용 정답은 아래 참고)

A ①は　　　②携帯　　　③無料　　　④じゃなかったです

B ①彼の　　②じゃなかったです　　③本当　　④話は

C ①この映画 ②は　　　③じゃなかったです　　④実話

D ①あれ　　②中古　　③は　　④じゃなかったです

E ①じゃなかったです　　②あの人　③は　　④課長

▶ 응용 정답

A. ②①③④ 휴대폰은 무료가 아니었습니다.

B. ①④③② 그의 이야기는 사실이 아니었습니다.

C. ①②④③ 이 영화는 실화가 아니었습니다.

D. ①③②④ 저것은 중고가 아니었습니다.

E. ②③④① 저 사람은 과장이 아니었습니다.

관련 단어

この 이/その 그

話(はなし) 이야기

うそ 거짓말

~は ~じゃなかったです
~는 ~이 아니었습니다

ここ 여기

レストラン 레스토랑

彼(かれ) 그

私(わたし) 나, 저

タイプ 타입

ドラマ 드라마

主人公(しゅじんこう) 주인공

彼女(かのじょ) 그녀

人(ひと) 사람

社長(しゃちょう) 사장

インターネット 인터넷

無料(むりょう) 무료

それ 그것/あれ 저것

恋(こい) 사랑

携帯(けいたい) 휴대폰

本当(ほんとう) 사실, 정말

映画(えいが) 영화

実話(じつわ) 실화

中古(ちゅうこ) 중고

課長(かちょう) 과장

~は~だ ~는 ~이다

1. 한글로 표현해 보세요. (정답은 2참고)

1 今日は金曜日だ。
　きょう　　きんようび

2 明日は土曜日だ。
　あした　　どようび

3 ここはトイレだ。

4 あそこはレストランだ。

5 彼女は美人だ。
　かのじょ　びじん

6 誕生日は四月三日だ。
　たんじょうび　しがつみっか

7 天気は晴れだ。
　てんき　は

2. 일본어로 표현해 보세요. (정답은 1참고)

1 오늘은 금요일이다.

2 내일은 토요일이다.

3 여기는 화장실이다.

4 저기는 레스토랑이다.

5 그녀는 미인이다.

6 생일은 4월 3일이다.

7 날씨는 맑음이다.

3. 응용 ▶ 숫자를 순서대로 배열해 보세요. (응용 정답은 아래 참고)

A ①土曜日　　②は　　　③今日　　④だ
B ①日曜日　　②だ　　　③明日　　④は
C ①ここ　　　②映画館　　③だ　　④は
D ①あそこ　　②は　　　③だ　　　④食堂
E ①大学生　　②は　　　③だ　　　④彼

▶ 응용 정답

A. ③②①④ 오늘은 토요일이다.
B. ③④①② 내일은 일요일이다.
C. ①④②③ 여기는 영화관이다.
D. ①②④③ 저기는 식당이다.
E. ④②①③ 그는 대학생이다.

관련 단어

今日(きょう) 오늘
金曜日(きんようび) 금요일
~は ~だ ~는 ~이다
明日(あした) 내일
土曜日(どようび) 토요일
ここ 여기/あそこ 저기
トイレ 화장실
レストラン 레스토랑
彼女(かのじょ)
그녀, 여자 친구
美人(びじん) 미인
誕生日(たんじょうび) 생일
四月(しがつ) 4월
三日(みっか) 3일
天気(てんき) 날씨
晴(は)れ 맑음
日曜日(にちようび) 일요일
映画館(えいがかん) 영화관
食堂(しょくどう) 식당
彼(かれ) 그
大学生(だいがくせい) 대학생

~は~じゃない   ~는 ~이 아니다

1. 한글로 표현해 보세요. (정답은 2참고)

1 これは今日のご飯じゃない。
　　　　きょう　　はん

2 それは彼女の傘じゃない。
　　　かのじょ　かさ

3 あの人は木村さんじゃない。
　　　ひと　きむら

4 あれはペットじゃない。

5 この人は彼氏じゃない。
　　　ひと　かれし

6 あれは雑誌じゃない。
　　　　ざっし

7 この町は私の故郷じゃない。
　　　まち　わたし　ふるさと

2. 일본어로 표현해 보세요. (정답은 1참고)

1 이것은 오늘 밥이 아니다.

2 그것은 그녀의 우산이 아니다.

3 저 사람은 기무라 씨가 아니다.

4 저것은 애완동물이 아니다.

5 이 사람은 남자 친구가 아니다.

6 저것은 잡지가 아니다.

7 이 마을은 나의 고향이 아니다.

3. 응용 ▶ 숫자를 순서대로 배열해 보세요. (응용 정답은 아래 참고)

A ①それ　　　②ウサギ　　　③じゃない　　④は
B ①あの　　　②彼女　　　　③人は　　　　④じゃない
C ①これ　　　②は　　　　　③じゃない　　④私の傘
D ①あれ　　　②日本の車　　③は　　　　　④じゃない
E ①これ　　　②液晶テレビ　③じゃない　　④は

▶ 응용 정답
A. ①④②③　그것은 토끼가 아니다.
B. ①③②④　저 사람은 여자 친구가 아니다.
C. ①②④③　이것은 나의 우산이 아니다.
D. ①③②④　저것은 일본의 차가 아니다.
E. ①④②③　이것은 액정TV가 아니다.

관련 단어

これ 이것/それ 그것/あれ 저것
今日(きょう) 오늘
ご飯(はん) 밥
~は ~じゃない
~는 ~이 아니다
彼女(かのじょ)
그녀, 여자 친구
傘(かさ) 우산
あの人(ひと) 저 사람
木村(きむら)**さん** 기무라 씨
ペット 애완동물
この人(ひと) 이 사람
彼氏(かれし) 남자 친구
雑誌(ざっし) 잡지
この町(まち) 이 마을
私(わたし) 나, 저
故郷(ふるさと) 고향
ウサギ 토끼
傘(かさ) 우산
日本(にほん)**の車**(くるま)
일본의 차
液晶(えきしょう)**テレビ**
액정TV

~は ~だった ~는 ~이었다

1. 한글로 표현해 보세요. (정답은 2참고)

1 今日はテストだった。
きょう

2 昨日はバイトだった。
きのう

3 日本の新学期は四月だった。
にほん　しんがっき　しがつ

4 姉は銀行員だった。
あね　ぎんこういん

5 彼女は秘書だった。
かのじょ　ひしょ

6 昨日は曇りだった。
きのう　くも

7 このホテルのサービスは最高だった。
さいこう

2. 일본어로 표현해 보세요. (정답은 1참고)

1 오늘은 테스트였다.
2 어제는 아르바이트였다.
3 일본의 신학기는 4월이었다.
4 누나는 은행원이었다.
5 그녀는 비서였다.
6 어제는 흐림이었다.
7 이 호텔의 서비스는 최고였다.

3. 응용 ▶ 숫자를 순서대로 배열해 보세요. (응용 정답은 아래 참고)

A ①ラーメン ②600円 ③は ④だった
B ①昨日 ②は ③だった ④テスト
C ①日本の卒業 ②3月 ③だった ④は
D ①兄 ②は ③エンジニア ④だった
E ①ここの風景 ②最高 ③は ④だった

▶ 응용 정답
A. ①③②④ 라면은 600엔이었다.
B. ①②④③ 어제는 테스트였다.
C. ①④②③ 일본의 졸업은 3월이었다.
D. ①②③④ 형은 기술자였다.
E. ①③②④ 여기의 풍경은 최고였다.

관련 단어

今日(きょう) 오늘
テスト 테스트
~は ~だった ~는 ~이었다
昨日(きのう) 어제
バイト 아르바이트
日本(にほん) 일본
新学期(しんがっき) 신학기
四月(しがつ) 4월
姉(あね) 누나, 언니
銀行員(ぎんこういん) 은행원
彼女(かのじょ) 그녀
秘書(ひしょ) 비서
曇(くも)り 흐림
このホテル 이 호텔
サービス 서비스
最高(さいこう) 최고
ラーメン 라면
600円(ろっぴゃくえん) 600엔
テスト 테스트
卒業(そつぎょう) 졸업
三月(さんがつ) 3월
兄(あに) 형, 오빠
エンジニア 기술자
ここ 여기
風景(ふうけい) 풍경

008

반말체 명사/과거 부정형

~は~じゃなかった   ~는 ~이 아니었다

1. 한글로 표현해 보세요. (정답은 2참고)

1 **今日**は**残業**じゃなかった。
きょう　　ざんぎょう

2 これは**運**じゃなかった。
うん

3 **昨日**は**休み**じゃなかった。
きのう　やす

4 デートの**場所**はここじゃなかった。
ば しょ

5 **明日**はテストじゃなかった。
あした

6 **今日**は**遅刻**じゃなかった。
きょう　ち こく

7 **受け付け**はそこじゃなかった。
う　つ

2. 일본어로 표현해 보세요. (정답은 1참고)

1 오늘은 잔업이 아니었다.

2 이것은 운이 아니었다.

3 어제는 휴일이 아니었다.

4 데이트 장소는 여기가 아니었다.

5 내일은 테스트가 아니었다.

6 오늘은 지각이 아니었다.

7 접수처는 거기가 아니었다.

3. 응용 ▶ 숫자를 순서대로 배열해 보세요. (응용 정답은 아래 참고)

A ①今日　　　②休講　　　③じゃなかった ④は
B ①は　　　　②今日　　　③テスト　　　④じゃなかった
C ①じゃなかった ②会議室　　③は　　　　④そこ
D ①この料理　②じゃなかった ③ただ　　　④は
E ①彼の故郷　②は　　　　③じゃなかった ④プサン

▶ 응용 정답
A. ①④②③　오늘은 휴강이 아니었다.
B. ②①③④　오늘은 테스터가 아니었다.
C. ④③②①　거기는 회의실이 아니었다.
D. ①④③②　이 요리는 공짜가 아니었다.
E. ①②④③　그의 고향은 부산이 아니었다.

관련 단어

今日(きょう)	오늘
残業(ざんぎょう)	야근, 잔업
~は~じゃなかった	
~는 ~이 아니었다	
これ	이것
運(うん)	운
昨日(きのう)	어제
休(やす)み	휴일
デート	데이트
場所(ばしょ)	장소
ここ	여기 / そこ 거기
明日(あした)	내일
テスト	테스트
遅刻(ちこく)	지각
受(う)け**付**(つ)け	접수처
休講(きゅうこう)	휴강
会議室(かいぎしつ)	회의실
この料理(りょうり)	이 요리
ただ	공짜
彼(かれ)	그
故郷(ふるさと)	고향
プサン	부산

PART 2

명사 초급 회화 꿀꺽 패턴 2

파트2에서는 명사의 2번째로 파트1과 마찬가지로 명사에다 정해진 패턴을 넣어서 활용하면 되는 비교적 간단한 문형입니다. 경주가 시작되었네요. 경주를 완주하는 그 시간까지 여러분을 응원합니다.

009. (명사) ~が好(す)きだ	~를 좋아하다
010. (명사) ~が嫌(きら)いだ	~를 싫어하다
011. (명사) ~が上手(じょうず)だ	~를 잘하다
012. (명사) ~が下手(へた)だ	~를 못하다
013. (명사) ~がいる (사람/동물)	~이 있다
014. (명사) ~がある (사물/식물)	~이 있다
015. (명사) ~がする	~가 나다
016. (명사) ~がほしい	~를 갖고 싶다
017. (명사) ~をほしがる	~를 갖고 싶어 하다
018. (명사) ~ができる	~를 할 수 있다, ~를 할 줄 안다
019. (명사) ~ができない	~를 할 수 없다, ~를 못한다
020. (명사) ~がいい	~가 좋다
021. (명사) ~をください	~를 주세요
022. (명사) ~をお願(ねが)いします	~를 부탁합니다
023. (명사) ~にします	~로 하겠습니다
024. (명사) ~になります	~가 됩니다
(な형용사 だ탈락) ~になります	~해집니다
(い형용사 い탈락) ~くなります	~해집니다

용어설명: 보통형-명사, 동사, い형용사, な형용사의 기본형, 과거형을 말함.

009

[명사]~が好(す)きだ　～를 좋아하다

1. 한글로 표현해 보세요. (정답은 2참고)

1 私は彼女のことが好きだ。
　　わたし　　かのじょ　　　　　す

2 彼は海が好きだ。
　　かれ　うみ　す

3 鈴木さんは寿司が好きだ。
　　すずき　　　　すし　す

4 私は野球が好きだ。
　　わたし　やきゅう　す

5 僕は日本のドラマが好きだ。
　　ぼく　にほん　　　　　す

6 キムさんはゲームが好きだ。

7 私は日本語の勉強が大好きだ。
　　わたし　にほんご　べんきょう　だいす

2. 일본어로 표현해 보세요. (정답은 1참고)

1 나는 그녀를 좋아한다.

2 그는 바다를 좋아한다.

3 스즈키 씨는 초밥을 좋아한다.

4 나는 야구를 좋아한다.

5 나는 일본 드라마를 좋아한다.

6 김 씨는 게임을 좋아한다.

7 나는 일본어 공부를 매우 좋아한다.

3. 응용 ▶ 숫자를 순서대로 배열해 보세요. (응용 정답은 아래 참고)

	①	②	③	④
A	私	彼のこと	は	が好きだ
B	彼女	が好きだ	海	は
C	が好きだ	刺身	僕	は
D	木村さん	が好きだ	は	日本のアニメ
E	友達	は	が好きだ	サッカー

▶ 응용 정답
A. ①③②④　나는 그를 좋아한다. / B. ①④③①　그녀는 바다를 좋아한다. / C. ③④②①　나는 생선회를 좋아한다. /
D. ①③④②　기무라 씨는 일본의 애니메이션을 좋아한다. / E. ①②④③　친구는 축구를 좋아한다.

TIPS 好(す)きだ 좋아하다

구분	정중형	반말(보통)체
현재	好(す)きです 좋아합니다	好(す)きだ 좋아하다
현재부정	好(す)きじゃないです 좋아하지 않습니다	好(す)きじゃない 좋아하지 않다
과거	好(す)きでした 좋아했습니다	好(す)きだった 좋아했다
과거부정	好(す)きじゃなかったです 좋아하지 않았습니다	好(す)きじゃなかった 좋아하지 않았다

관련 단어

私(わたし) 나, 저

彼女(かのじょ)のこと
그녀, 여자 친구

(명사) ~が好(す)きだ
~를 좋아하다

彼(かれ) 그

海(うみ) 바다

鈴木(すずき)さん 스즈키 씨

寿司(すし) 스시, 초밥

野球(やきゅう) 야구

僕(ぼく) 나(남자에게 씀)

日本(にほん) 일본

ドラマ 드라마

キムさん 김 씨

ゲーム 게임

日本語(にほんご) 일본어

勉強(べんきょう) 공부

(명사) ~が大好(だいす)きだ
~를 매우 좋아 한다

彼(かれ)のこと 그

海(うみ) 바다

刺身(さしみ) 생선회

木村(きむら)さん 기무라 씨

アニメ 애니메이션

友達(ともだち) 친구

サッカー 축구

010

[명사]~が嫌(きら)いだ ~를 싫어하다

1. 한글로 표현해 보세요. (정답은 2참고)

1 私は地震が嫌いだ。
   わたし　じしん　　きら

2 彼女はゴキブリが嫌いだ。
   かのじょ　　　　　　きら

3 私は約束を守らない人が嫌いだ。
   わたし　やくそく　まも　　　ひと　きら

4 私は数学が嫌いだ。
   わたし　すうがく　きら

5 私は雨が嫌いだ。
   わたし　あめ　きら

6 彼はけんかが嫌いだ。
   かれ　　　　　　きら

7 私はプールが嫌いだ。
   わたし　　　　　きら

2. 일본어로 표현해 보세요. (정답은 1참고)

1 나는 지진을 싫어한다.

2 그녀는 바퀴벌레를 싫어한다.

3 나는 약속을 지키지 않는 사람을 싫어한다.

4 나는 수학을 싫어한다.

5 나는 비를 싫어한다.

6 그는 싸움을 싫어한다.

7 나는 수영장을 싫어한다.

3. 응용 ▶ 숫자를 순서대로 배열해 보세요. (응용 정답은 아래 참고)

A ①が嫌いだ　　②うるさい音　　③私　　　　④は

B ①は　　　　　②が嫌いだ　　　③彼　　　④蚊

C ①私　　　　　②は　　　　　　③が嫌いだ　④遅刻

D ①彼女　　　　②英語　　　　　③は　　　④が嫌いだ

E ①が嫌いだ　　②私　　　　　　③煙　　　④は

▶ 응용 정답

A. ③④②① 나는 시끄러운 소리를 싫어한다. / B. ③①④② 그는 모기를 싫어한다. / C. ①②④③ 나는 지각을 싫어한다. /
D. ①③②④ 그녀는 영어를 싫어한다. / E. ②④③① 나는 연기를 싫어한다.

TIPS 嫌(きら)いだ 싫어하다

구분	정중형	반말(보통)체
현재	嫌(きら)いです 싫어합니다	嫌(きら)いだ 싫어하다
현재부정	嫌(きら)いじゃないです 싫어하지 않습니다	嫌(きら)いじゃない 싫어하지 않다
과거	嫌(きら)いでした 싫어했습니다	嫌(きら)いだった 싫어했다
과거부정	嫌(きら)いじゃなかったです 싫어하지 않았습니다	嫌(きら)いじゃなかった 싫어하지 않았다

관련 단어

私(わたし) 나, 저

地震(じしん) 지진

(명사) ~が嫌(きら)いだ
~를 싫어하다

彼女(かのじょ)
그녀, 여자 친구

ゴキブリ 바퀴벌레

約束(やくそく) 약속

~を ~을(를)

守(まも)る 지키다

人(ひと) 사람

数学(すうがく) 수학

雨(あめ) 비

彼(かれ) 그

けんか 싸움

プール 풀, 수영장

うるさい 시끄럽다

音(おと) 소리

蚊(か) 모기

遅刻(ちこく) 지각

英語(えいご) 영어

煙(けむり) 연기

[명사]~が上手(じょうず)だ ~를 잘하다

1. 한글로 표현해 보세요. (정답은 2참고)

1 彼女は日本語が上手だ。
かのじょ　　にほんご　　じょうず

2 父は運転が上手だ。
ちち　うんてん　じょうず

3 母は料理が上手だ。
はは　りょうり　じょうず

4 兄は作るのが上手だ。
あに　つく　　　じょうず

5 姉は英語が上手だ。
あね　えいご　じょうず

6 弟は囲碁が上手だ。
おとうと　いご　じょうず

7 妹は絵が上手だ。
いもうと　え　じょうず

2. 일본어로 표현해 보세요. (정답은 1참고)

1 그녀는 일본어를 잘한다.

2 아빠는 운전을 잘한다.

3 엄마는 요리를 잘한다.

4 형은 만드는 것을 잘한다.

5 누나는 영어를 잘한다.

6 동생은 바둑을 잘한다.

7 여동생은 그림을 잘 그린다.

3. 응용 ▶ 숫자를 순서대로 배열해 보세요. (응용 정답은 아래 참고)

A ①が上手だ　②祖父　　　③は　　　　④将棋
B ①祖母　　　②が上手だ　③は　　　　④キムチ作り
C ①彼　　　　②は　　　　③が上手だ　④歌
D ①彼女　　　②英会話　　③は　　　　④が上手だ
E ①が上手だ　②妹　　　　③は　　　　④水泳

▶ 응용 정답
A. ②③④① 할아버지는 장기를 잘한다. / B. ①③④② 할머니는 김치 만들기를 잘한다. / C. ①②④③ 그는 노래를 잘한다. /
D. ①③②④ 그녀는 영어 회화를 잘한다. / E. ②③④① 여동생은 수영을 잘한다.

관련 단어

彼女(かのじょ) 그녀, 여자 친구
日本語(にほんご) 일본어
(명사) ~が上手(じょうず)だ
~를 잘하다
父(ちち) 아빠
運転(うんてん) 운전
母(はは) 엄마
料理(りょうり) 요리
兄(あに) 형
作(つく)る 만들다
~の ~것
姉(あね) 누나, 언니
英語(えいご) 영어
弟(おとうと) 남동생
囲碁(いご) 바둑
妹(いもうと) 여동생
絵(え) 그림
祖父(そふ) 할아버지
将棋(しょうぎ) 장기
祖母(そぼ) 할머니
キムチ作(づく)り 김치 만들기
歌(うた) 노래
彼(かれ) 그
英会話(えいかいわ) 영어 회화
水泳(すいえい) 수영

TIPS 上手(じょうず)だ 잘하다
(남의 기량을 칭찬할 때 씀/자신에게 쓰면 어색하다)

구분	정중형	반말(보통)체
현재	上手(じょうず)です 잘합니다	上手(じょうず)だ 잘하다
현재 부정	上手(じょうず)じゃないです 잘하지 못합니다	上手(じょうず)じゃない 잘하지 못하다
과거	上手(じょうず)でした 잘했습니다	上手(じょうず)だった 잘했다
과거 부정	上手(じょうず)じゃなかった です 잘하지 못했습니다	上手(じょうず)じゃなかった 잘하지 못했다

TIPS
비슷한 표현으로 ~が得意(とくい)だ ~를 잘한다.
(나와 다른 사람의 기량에 자신이 있을 때 둘 다 쓸 수 있음)

예문	私(わたし)は料理(りょうり)が得意(とくい)だ. 나는 요리를 잘한다. 私(わたし)は英会話(えいかいわ)が得意(とくい)だ. 나는 영어 회화를 잘한다. 彼女(かのじょ)は料理(りょうり)が得意(とくい)だ. 그녀는 요리를 잘한다.

012

[명사]~が下手(へた)だ ~를 못하다

1. 한글로 표현해 보세요. (정답은 2참고)

1 私は歌が下手だ。
　わたし　うた　　へた

2 私は車の運転が下手だ。
　わたし　くるま　うんてん　　へた

3 彼はゲームが下手だ。
　かれ　　　　　　へた

4 彼女はダンスが下手だ。
　かのじょ　　　　　へた

5 友達は話が下手だ。
　ともだち　はなし　へた

6 私は水泳が下手だ。
　わたし　すいえい　へた

7 私は中国語が下手だ。
　わたし　ちゅうごくご　へた

2. 일본어로 표현해 보세요. (정답은 1참고)

1 나는 노래를 못한다.

2 나는 차 운전을 못한다.

3 그는 게임을 못한다.

4 그녀는 춤을 못 춘다.

5 친구는 이야기를 못한다.

6 나는 수영을 못한다.

7 나는 중국어를 못한다.

3. 응용 ▶ 숫자를 순서대로 배열해 보세요. (응용 정답은 아래 참고)

A ①彼　　　　　②日本語会話　　③は　　　　　④が下手だ

B ①私　　　　　②は　　　　　　③が下手だ　　④踊り

C ①彼女　　　　②が下手だ　　　③は　　　　　④スキー

D ①が下手だ　　②私　　　　　　③運動　　　　④は

E ①私　　　　　②が下手だ　　　③は　　　　　④絵

▶ 응용 정답

A. ①③②④　그는 일본어 회화를 못한다. / B. ①②④③　나는 춤을 못 춘다. / C. ①③④②　그녀는 스키를 못 탄다. / D. ②④③①　나는 운동을 못한다. /
E. ①③④②　나는 그림을 못 그린다.

TIPS 下手(へた)だ 못하다

구분	정중형	반말(보통)체
현재	下手(へた)です 못합니다	下手(へた)だ 못하다
현재부정	下手(へた)じゃないです 못하지 않습니다	下手(へた)じゃない 못하지 않다
과거	下手(へた)でした 못했습니다	下手(へた)だった 못했다
과거부정	下手(へた)じゃなかったです 못하지 않았습니다	下手(へた)じゃなかった 못하지 않았다

TIPS

비슷한 표현으로 ~が苦手(にがて)だ ~을 못하다

예문	私(わたし)は数学(すうがく)が苦手(にがて)だ。 나는 수학을 못한다. あの人(ひと)は苦手(にがて)だ。 저 사람은 껄끄럽다.

관련 단어

私(わたし) 나, 저

歌(うた) 노래

(명사) ~が下手(へた)だ
~를 못하다

車(くるま) 차

運転(うんてん) 운전

彼(かれ) 그

ゲーム 게임

彼女(かのじょ) 그녀, 여자 친구

ダンス 댄스, 춤

友達(ともだち) 친구

話(はなし) 이야기

水泳(すいえい) 수영

中国語(ちゅうごくご) 중국어

日本語会話(にほんごかいわ)
일본어 회화

踊(おど)り 춤

スキー 스키

運動(うんどう) 운동

絵(え) 그림

013

[명사] ~がいる (사람/동물) ~이 있다

1. 한글로 표현해 보세요. (정답은 2참고)

1 部屋に人がいます。
  へや　ひと

2 教室に学生がいます。
  きょうしつ　がくせい

3 公園に猫がいます。
  こうえん　ねこ

4 家に犬がいます。
  うち　いぬ

5 私は彼女がいます。
  わたし　かのじょ

6 会議室には佐藤さんがいます。
  かいぎしつ　さとう

7 私には姉と妹がいます。
  わたし　あね　いもうと

2. 일본어로 표현해 보세요. (정답은 1참고)

1 방에 사람이 있습니다.

2 교실에 학생이 있습니다.

3 공원에 고양이가 있습니다.

4 집에 개가 있습니다.

5 나는 여자 친구가 있습니다.

6 회의실에는 사토 씨가 있습니다.

7 나에게는 누나와 여동생이 있습니다.

3. 응용 ▶ 숫자를 순서대로 배열해 보세요. (응용 정답은 아래 참고)

A ①います　②事務室　③に　④まだ人が
B ①部屋　②います　③に　④妹が
C ①公園　②に　③いました　④犬が
D ①彼女　②彼氏が　③には　④います
E ①会議室　②木村さんは　③いません　④に

▶ 응용 정답
A. ④②③①　아직 사람이 사무실에 있습니다. / B. ①③④②　방에 여동생이 있습니다. / C. ①②④③　공원에 개가 있었습니다. /
D. ①③②④　그녀에게는 남자 친구가 있습니다. E. ①④②③　회의실에 기무라 씨는 없습니다.

관련 단어

部屋(へや)に 방에
人(ひと) 사람
(명사) ~がいる
(사람/동물) ~이 있다
教室(きょうしつ) 교실
学生(がくせい) 학생
公園(こうえん) 공원
猫(ねこ) 고양이
家(うち) 집
犬(いぬ) 개
私(わたし) 나, 저
彼女(かのじょ)
그녀, 여자 친구
会議室(かいぎしつ) 회의실
佐藤(さとう)さん 사토 씨
姉(あね)と 누나와
妹(いもうと) 여동생
事務室(じむしつ) 사무실
まだ 아직
~には ~에게는
彼氏(かれし) 남자 친구
木村(きむら)さん 기무라 씨

TIPS いる(사람/동물) ~있다

구분	정중형	반말(보통)체
현재	います 있습니다	いる 있다
현재부정	いません 없습니다	いない 없다
과거	いました 있었습니다	いた 있었다
과거부정	いませんでした 없었습니다	いなかった 없었다

014

[명사] ~がある (사물/식물) ~이 있다

1. 한글로 표현해 보세요. (정답은 2참고)

1 近くに公園があります。
　ちか　　こうえん

2 財布にお金があります。
　さいふ　　かね

3 今日は会議があります。
　きょう　　かいぎ

4 明日は友達と約束があります。
　あした　ともだち　やくそく

5 私は今時間があります。
　わたし　いまじかん

6 彼は彼女とデートがあります。
　かれ　かのじょ

7 今日は漢字の宿題があります。
　きょう　かんじ　しゅくだい

2. 일본어로 표현해 보세요. (정답은 1참고)

1 근처에 공원이 있습니다.
2 지갑에 돈이 있습니다.
3 오늘은 회의가 있습니다.
4 내일은 친구와 약속이 있습니다.
5 나는 지금 시간이 있습니다.
6 그는 여자 친구와 데이트가 있습니다.
7 오늘은 한자 숙제가 있습니다.

3. 응용 ▶ 숫자를 순서대로 배열해 보세요. (응용 정답은 아래 참고)

A ①今日　②は　③ない　④宿題が
B ①ここ　②公園が　③に　④あった
C ①今日　②プレゼンテーションが　③ありました　④は
D ①昨日　②は　③なかった　④会議が
E ①財布の中　②に　③ありません　④お金は

▶ 응용 정답
A.①②④③ 오늘은 숙제가 없다. / B.①③②④ 여기에 공원이 있었다. / C.①④②③ 오늘은 프레젠테이션이 있었습니다. /
D.①②④③ 어제는 회의가 없었다. / E.①②④③ 지갑 속에 돈은 없습니다.

관련 단어

近(ちか)くに 근처에
公園(こうえん) 공원
(명사) ~がある
(사물/식물) ~이 있다
財布(さいふ)に 지갑에
お金(かね) 돈
今日(きょう) 오늘
会議(かいぎ) 회의
明日(あした) 내일
友達(ともだち)と 친구와
約束(やくそく) 약속
私(わたし) 나, 저
今(いま) 지금
時間(じかん) 시간
彼(かれ) 그
彼女(かのじょ) 여자 친구
デート 데이트
漢字(かんじ) 한자
宿題(しゅくだい) 숙제
ここに 여기에
プレゼンテーション 프레젠테이션
昨日(きのう) 어제
中(なか) 안

TIPS ある(사물/식물) ~있다

구분	정중형	반말(보통)체
현재	あります 있습니다	ある 있다
현재부정	ありません 없습니다	ない 없다
과거	ありました 있었습니다	あった 있었다
과거부정	ありませんでした 없었습니다	なかった 없었다

TIPS 위치 관련 명사

中(なか) 안 ↔ 外(そと) 밖	前(まえ) 앞 ↔ 後(うし)ろ 뒤
右(みぎ) 오른쪽 ↔ 左(ひだり) 왼쪽	近(ちか)く 근처 ↔ 遠(とお)く 멀리
上(うえ) 위 ↔ 下(した) 아래	裏(うら) 뒷면 ↔ 表(おもて) 앞면
隣(となり)/横(よこ)/そば 옆	手前(てまえ) 바로 앞
向(むか)い 맞은편	向(む)こう 건너편
角(かど) 모서리, 길모퉁이	隅(すみ) 구석, 모퉁이

015

[명사] ~がする ~가 나다 (소리, 냄새, 향기, 느낌, 기분, 맛, 오한 등이 나다, 들다)

1. 한글로 표현해 보세요. (정답은 2참고)

1 近くでうるさい音がする。
  ちか　　　　　　　おと

2 小鳥の鳴き声がする。
  ことり　な　ごえ

3 部屋で変な匂いがする。
  へや　へん　にお

4 トイレでいい香りがする。
  かお

5 風邪ぎみで寒気がする。
  かぜ　　　さむけ

6 このキムチは美味しい味がする。
  おい　　あじ

7 どこかで見たような気がする。
  み　　　　き

2. 일본어로 표현해 보세요. (정답은 1참고)

1 근처에서 시끄러운 소리가 난다.
2 작은 새의 울음소리가 난다.
3 방에서 이상한 냄새가 난다.
4 화장실에서 좋은 향기가 난다.
5 감기 기운으로 오한이 나다.
6 이 김치는 맛있는 맛이 난다.
7 어딘가에서 본 듯한 느낌이 든다.

3. 응용 ▶ 숫자를 순서대로 배열해 보세요. (응용 정답은 아래 참고)

A ①がする　②赤ちゃん　③の　④泣き声
B ①近くで　②がする　③車の　④音
C ①キチンで　②変な　③がする　④匂い
D ①部屋で　②香り　③いい　④がする
E ①どこかで　②読んだような　③気がする　④本で

▶ 응용 정답
A. ②③④①　아기의 우는 소리가 나다.
B. ①③④②　근처에서 차 소리가 나다.
C. ①②④③　부엌에서 이상한 냄새가 나다.
D. ①③②④　방에서 좋은 향기가 나다.
E. ①④②③　어딘가에서 책으로 읽은 듯한 느낌이 든다.

관련 단어

近(ちか)くで 근처에서
うるさい 시끄럽다
音(おと) 소리
(명사)~がする ~가 나다
小鳥(ことり) 작은 새
~の ~의, ~의 것
鳴(な)き声(ごえ) 울음소리
部屋(へや) 방
変(へん)だ 이상하다
匂(にお)い 냄새
トイレ 화장실
いい 좋다
香(かお)り 향기
風邪(かぜ)ぎみ 감기 기운
寒気(さむけ) 오한
キムチ 김치
美味(おい)しい 맛있다
味(あじ) 맛
どこかで 어딘가에서
見(み)る 보다
~ようだ ~와 같다
気(き)がする 느낌이 들다
赤(あか)ちゃん 아기
車(くるま) 차
キチン 부엌
本(ほん)で読(よ)む
책으로 읽다

016

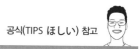

[명사] ~がほしい ~를 갖고 싶다

1. 한글로 표현해 보세요. (정답은 2참고)

1 自分の車がほしい。
　じ ぶん　　くるま

2 私は新しい携帯電話がほしい。
　わたし あたら　　けい たい でん わ

3 私は優しい彼女がほしい。
　わたし　やさ　　　かのじょ

4 100万円ぐらいのお金がほしい。
　ひゃく まん えん　　　　　かね

5 私はいい家がほしいです。
　わたし　　　いえ

6 寂しいので犬がほしいです。
　さび　　　　いぬ

7 コンサートのチケットがほしいです。

2. 일본어로 표현해 보세요. (정답은 1참고)

1 자신의 차를 갖고 싶다.
2 나는 새로운 휴대폰을 갖고 싶다.
3 나는 상냥한 여자 친구를 갖고 싶다.
4 100만엔 정도의 돈을 갖고 싶다.
5 나는 좋은 집을 갖고 싶습니다.
6 외롭기 때문에 개를 갖고 싶습니다.
7 콘서트 티켓을 갖고 싶습니다.

3. 응용 ▶ 숫자를 순서대로 배열해 보세요. (응용 정답은 아래 참고)

A ①がほしい　②いい　　　　③私は　　　　④友達
B ①昔　　　　②マイホーム ③から　　　　④がほしかったです
C ①私は　　　②彼氏　　　　③がほしかった ④面白い
D ①私は　　　②ないです　　③中古車が　　④ほしく
E ①ペットが ②ほしく　　　③あまり　　　④なかった

▶ 응용 정답
A. ③②④① 나는 좋은 친구를 갖고 싶다. / B. ①③②④ 옛날부터 자기 집을 갖고 싶었습니다. /
C. ①④②③ 나는 재있는 남자 친구를 갖고 싶었다. / D. ①③④② 나는 중고차를 갖고 싶지
않습니다. / E. ①③②④ 애완동물을 별로 갖고 싶지 않았다.

TIPS ほしい 원하다, 갖고 싶다

구분	정중형	반말(보통)체
현재	ほしいです 갖고 싶습니다	ほしい 갖고 싶다
현재부정	ほしくないです 갖고 싶지 않습니다	ほしくない 갖고 싶지 않다
과거	ほしかったです 갖고 싶었습니다	ほしかった 갖고 싶었다
과거부정	ほしくなかったです 갖고 싶지 않았습니다	ほしくなかった 갖고 싶지 않았다

관련 단어

自分(じぶん) 자신
~の ~의, ~의 것
車(くるま) 차
(명사) ~がほしい
~를 갖고 싶다
私(わたし) 나, 저
新(あたら)しい 새롭다
携帯電話(けいたいでんわ)
휴대폰
優(やさ)しい 상냥하다
彼女(かのじょ)
그녀, 여자 친구
100万円(ひゃくまんえん) 100만엔
ぐらいの 정도의
お金(かね) 돈
いい 좋다
家(いえ) 집
寂(さび)しい
외롭다, 쓸쓸하다
犬(いぬ) 개
コンサート 콘서트
チケット 티켓
友達(ともだち) 친구
昔(むかし)から 옛날부터
マイホーム 자기 집
面白(おもしろ)い 재있다
彼氏(かれし) 남자 친구
中古車(ちゅうこしゃ) 중고차
ペット 애완동물
あまり 별로

017

[명사] ~をほしがる ~를 갖고 싶어 하다

1. 한글로 표현해 보세요. (정답은 2참고)

1 子供は新しい玩具を欲しがっている。
　こども　あたら　おもちゃ　ほ

2 友達は彼女を欲しがっている。
　ともだち　かのじょ　ほ

3 彼女は新しいスマホを欲しがっている。
　かのじょ　あたら　　　　ほ

4 赤ちゃんはあれこれ欲しがっている。
　あか　　　　　　　ほ

5 彼氏は新型のカメラを欲しがっている。
　かれし　しんがた　　　ほ

6 妹はペットを欲しがっている。
　いもうと　　　ほ

7 姉は時間を欲しがっている。
　あね　じかん　ほ

2. 일본어로 표현해 보세요. (정답은 1참고)

1 아이는 새로운 장난감을 갖고 싶어 한다.
2 친구는 여자 친구를 갖고 싶어 한다.
3 그녀는 새로운 스마트폰을 갖고 싶어 한다.
4 아기는 이것저것 갖고 싶어 한다.
5 남자 친구는 신형 카메라를 갖고 싶어 한다.
6 여동생은 애완동물을 갖고 싶어 한다.
7 누나는 시간을 갖고 싶어 한다.

3. 응용 ▶ 숫자를 순서대로 배열해 보세요. (응용 정답은 아래 참고)

A ①子供　　②は　　　　　③お菓子を　　　④欲しがっている
B ①彼女　　②プリンターを　③欲しがっている　④は
C ①は　　　②彼　　　　　③欲しがっている　④彼女を
D ①友達　　②欲しがっている　③は　　　　　④お金を
E ①彼女　　②食べ物を　　　③欲しがっている　④は

▶ 응용 정답
A. ①②③④ 아이는 과자를 갖고 싶어 한다.
B. ①④②③ 그녀는 프린터를 갖고 싶어 한다.
C. ②①④③ 그는 여자 친구를 갖고 싶어 한다.
D. ①③④② 친구는 돈을 갖고 싶어 한다.
E. ①④②③ 그녀는 음식을 원하고 있다.

관련 단어

子供(こども) 아이
新(あたら)しい 새롭다
玩具(おもちゃ) 장난감
(명사) ~を欲(ほ)しがる
　~을 갖고 싶어 하다, ~을 원하다
友達(ともだち) 친구
彼女(かのじょ) 여자 친구
~ている ~하고 있다
スマホ 스마트폰
赤(あか)ちゃん 아기
あれこれ 이것저것
彼氏(かれし) 남자 친구
新型(しんがた) 신형
カメラ 카메라
妹(いもうと) 여동생
ペット 애완동물
姉(あね) 누나, 언니
時間(じかん) 시간
お菓子(かし) 과자
プリンター 프린터
彼(かれ) 그
お金(かね) 돈
食(た)べ物(もの)
음식, 먹을 것

34

018

공식(TIPS できる) 참고

[명사] ~**ができる** ~를 할 수 있다, ~를 할 줄 안다

1. 한글로 표현해 보세요. (정답은 2참고)

1 彼女はゴルフができる。
  かのじょ

2 あなたも出世ができる。
  しゅっせ

3 私は運転ができる。
  わたし　うんてん

4 姉なら簡単な日本語ができる。
  あね　かんたん　にほんご

5 彼女は英語ができる。
  かのじょ　えいご

6 初心者でも料理ができる。
  しょしんしゃ　りょうり

7 ここなら深夜でも買い物ができる。
  しんや　か　もの

2. 일본어로 표현해 보세요. (정답은 1참고)

1 그녀는 골프를 할 수 있다.

2 당신도 출세를 할 수 있다.

3 나는 운전을 할 수 있다.

4 누나라면 간단한 일본어를 할 수 있다.

5 그녀는 영어를 할 수 있다.

6 초보자라도 요리를 할 수 있다.

7 여기라면 심야라도 쇼핑을 할 수 있다.

3. 응용 ▶ 숫자를 순서대로 배열해 보세요. (응용 정답은 아래 참고)

A ①彼　　　②中国語が　　③は　　　　④できる
B ①私　　　②このゲームが　③できる　　④は
C ①彼女　　②できる　　　③は　　　　④テニスが
D ①できる　②ここでは　　③いろいろな　④検査が
E ①ここで　②できる　　　③手続きが　　④飛行機の

▶ 응용 정답
A. ①③②④ 그는 중국어를 할 줄 안다. / B. ①④②③ 나는 이 게임을 할 줄 안다. /
C. ①③④② 그녀는 테니스를 할 줄 안다. / D. ②③④① 여기서는 여러 가지 검사를 할 수 있다. /
E. ①④③② 여기서 비행기 수속을 할 수 있다.

TIPS (명사) できる 할 수 있다, 생기다, 다 되다, 우수하다

예문	
私(わたし)は運転(うんてん)ができる。	나는 운전을 할 수 있다.
私(わたし)は彼女(かのじょ)ができた。	나는 여자 친구가 생겼다.
顔(かお)ににきびができた。	얼굴에 여드름이 생겼다.
近(ちか)くに新(あたら)しい店(みせ)ができた。	근처에 새 가게가 생겼다.
出掛(でか)ける用意(ようい)ができた。	나갈 준비가 다 됐다.
宿題(しゅくだい)ができた。	숙제가 다 됐다.
彼女(かのじょ)は何(なん)でもよくできる。	그녀는 뭐든지 매우 잘한다.

관련 단어

彼女(かのじょ) 그녀

ゴルフ 골프

(명사) ~ができる
~를 할 수 있다

あなたも 당신도

出世(しゅっせ) 출세

私(わたし) 나, 저

運転(うんてん) 운전

姉(あね) 누나, 언니

(명사) ~なら ~라면

簡単(かんたん)だ 간단하다

日本語(にほんご) 일본어

英語(えいご) 영어

初心者(しょしんしゃ) 초보자

~でも ~라도

料理(りょうり) 요리

ここ 여기

深夜(しんや) 심야

買(か)い物(もの)
쇼핑, 장보기

彼(かれ) 그

中国語(ちゅうごくご) 중국어

ゲーム 게임

テニス 테니스

ここでは 여기서는

いろいろな 여러 가지

検査(けんさ) 검사

手続(てつづ)き 수속

飛行機(ひこうき) 비행기

019

[명사]~ができない　~를 할 수 없다, ~를 못한다

1. 한글로 표현해 보세요. (정답은 2참고)

1 私は英語ができない。
　わたし　えいご

2 彼女は運転ができない。
　かのじょ　うんてん

3 彼は仕事ができない。
　かれ　しごと

4 私は料理ができない。
　わたし　りょうり

5 私はあまり歌ができない。
　わたし　うた

6 彼女を忘れることができない。
　かのじょ　わす

7 今は買い物ができない。
　いま　か　もの

2. 일본어로 표현해 보세요. (정답은 1참고)

1 나는 영어를 못한다.

2 그녀는 운전을 못한다.

3 그는 일을 못한다.

4 나는 요리를 못한다.

5 나는 별로 노래를 못한다.

6 그녀를 잊을 수 없다.

7 지금은 장을 볼 수 없다.

3. 응용 ▶ 숫자를 순서대로 배열해 보세요. (응용 정답은 아래 참고)

A ①友達は　　　②勉強が　　③できないと　　④いつも言っている
B ①ゲームが　　②できない　③うちの　　　　④父は
C ①インターネット②接続が　　③できない　　④の
D ①できない　　②変更が　　③の　　　　　④パスワード
E ①ソフト　　　②できない　③ダウンロードが④の

▶ 응용 정답
A. ①②③④ 친구는 공부를 못한다고 항상 말하고 있다.
B. ③④①② 우리 아빠는 게임을 할 줄 모른다.
C. ①④②③ 인터넷의 접속을 할 수 없다.
D. ④③②① 패스워드의 변경을 할 수 없다.
E. ①④③② 소프트웨어의 다운로드를 할 수 없다.

관련 단어

私(わたし) 나, 저
英語(えいご) 영어
(명사)~ができない
~를 못한다
彼女(かのじょ)
그녀, 여자 친구
運転(うんてん) 운전
彼(かれ) 그
仕事(しごと) 일
料理(りょうり) 요리
あまり 별로
歌(うた) 노래
忘(わす)れる 잊다
(기본형)~ことができない
~를 할 수 없다, ~를 못한다
今(いま) 지금
買(か)い物(もの)
쇼핑, 장보기
友達(ともだち) 친구
勉強(べんきょう) 공부
いつも言(い)っている
항상 말하고 있다
ゲーム 게임
父(ちち) 아빠
インターネット 인터넷
接続(せつぞく) 접속
パスワード 패스워드
変更(へんこう) 변경
ソフト 소프트웨어
ダウンロード 다운로드

020

[명사] ~がいい　~가 좋다

1. 한글로 표현해 보세요. (정답은 2참고)

1 今日はとても運がいい。
きょう　　　　　　うん

2 彼はスタイルがいい。
かれ

3 あの人は要領がいい。
ひと　ようりょう

4 二人は仲がいい。
ふたり　なか

5 この花は香りがいい。
はな　かお

6 木村さんは会社で評判がいい。
き むら　　　かいしゃ　ひょうばん

7 この子は頭がいい。
こ　あたま

2. 일본어로 작문해 보세요. (정답은 1참고)

1 오늘은 매우 운이 좋다.　　　2 그는 스타일이 좋다.

3 저 사람은 요령이 좋다.　　　4 두 사람은 사이가 좋다.

5 이 꽃은 향기가 좋다.　　　6 기무라 씨는 회사에서 평판이 좋다.

7 이 아이는 머리가 좋다.

3. 응용 ▶ 숫자를 순서대로 배열해 보세요. (응용 정답은 아래 참고)

A ①私　　　②普通が　　　③は　　　④いい
B ①ゲーム　　②シンプルなのが　③いい　　④は
C ①あの人は　②いい　　　③なかなか　④センスが
D ①いい　　②ここ　　　③は　　　④雰囲気が
E ①この部屋は　②いい　　③きれいで　④居心地が

▶ 응용 정답
A. ①③②④　나는 보통이 좋다. / B. ①④②③　게임은 심플한 것이 좋다. / C. ①③④②　저 사람은 상당히 센스가 좋다. / D. ②③④①　여기는 분위기가 좋다. / E. ①③④②　이 방은 깨끗하고 아늑하다.

관련 단어

今日(きょう) 오늘
とても 매우
運(うん) 운
(명사)~がいい ~가 좋다
彼(かれ) 그
スタイル 스타일
あの人(ひと) 저 사람
要領(ようりょう) 요령
二人(ふたり) 두 사람
仲(なか) 사이
花(はな) 꽃
香(かお)り 향기
木村(きむら)さん 기무라 씨
会社(かいしゃ)で 회사에서
評判(ひょうばん) 평판
この子(こ) 이 아이
頭(あたま) 머리
普通(ふつう) 보통
ゲーム 게임
シンプル 심플, 단순함
~なのが ~한 것이
なかなか 상당히
センス 센스
ここ 여기
雰囲気(ふんいき) 분위기
部屋(へや) 방
きれいだ 깨끗하다, 예쁘다
居心地(いごこち)がいい 아늑하다

TIPS 때를 가리키는 말

毎日 まいにち 매일	一昨日 おととい 그저께	昨日 きのう 어제	今日 きょう 오늘	明日 あした 내일	明後日 あさって 모레
毎週 まいしゅう 매주	先々週 せんせんしゅう 지지난 주	先週 せんしゅう 지난 주	今週 こんしゅう 이번 주	来週 らいしゅう 다음 주	再来週 さらいしゅう 다 다음 주
毎月 まいげつ まいつき 매달	先々月 せんせんげつ 지지난 달	先月 せんげつ 지난 달	今月 こんげつ 이번 달	来月 らいげつ 다음 달	再来月 さらいげつ 다 다음 달
毎年 まいねん まいとし 매년	一昨年 おととし 재작년	去年 きょねん 작년	今年 ことし 올해	来年 らいねん 내년	再来年 さらいねん 내후년

021

[명사] ~をください　~를 주세요

1. 한글로 표현해 보세요. (정답은 2참고)

1 私に力をください。
　わたし　ちから

2 甘くないものをください。
　あま

3 三日間休暇をください。
　みっ か かんきゅう か

4 あなたの貴重なご意見をください。
　　　　　きちょう　　　い けん

5 自由に生きる権利をください。
　じ ゆう　い　　けん り

6 弱い私に勇気をください。
　よわ　わたし　ゆう き

7 この店の美味しいコーヒーをください。
　　　みせ　　おい

2. 일본어로 표현해 보세요. (정답은 1참고)

1 저에게 힘을 주세요.
2 달지 않은 것을 주세요.
3 3일간 휴가를 주세요.
4 당신의 귀중한 의견을 주세요.
5 자유롭게 살아갈 권리를 주세요.
6 약한 저에게 용기를 주세요.
7 이 가게의 맛있는 커피를 주세요.

3. 응용 ▶ 숫자를 순서대로 배열해 보세요. (응용 정답은 아래 참고)

A ①新しい　　②アドバイスを　③方法の　　④ください
B ①働いた　　②時間の　　　③ください　　④給料を
C ①バラ色　　②ください　　③の　　　　　④未来を
D ①ください　②時は　　　　③メールを　　④必要な
E ①新型　　　②ください　　③携帯を　　　④の

▶ 응용 정답
A. ①③②④　새로운 방법의 조언을 주세요.
B. ①②④③　일한 시간의 급료를 주세요.
C. ①③④②　장밋빛 미래를 주세요.
D. ④②③①　필요한 때는 메일을 주세요.
E. ①④③②　신형 휴대폰을 주세요.

관련 단어

私(わたし)に 저에게, 나에게
力(ちから) 힘
(명사) ~をください
~를 주세요

甘(あま)い物(もの) 단 것
三日間(みっかかん) 3일간
休暇(きゅうか) 휴가
あなた 당신
貴重(きちょう)だ 귀중하다
ご意見(いけん) 의견
自由(じゆう)に 자유롭게
生(い)きる 살아가다
権利(けんり) 권리
弱(よわ)い 약하다
勇気(ゆうき) 용기
この店(みせ) 이 가게
美味(おい)しい 맛있다
コーヒー 커피
新(あたら)しい 새롭다
方法(ほうほう) 방법
アドバイス 조언, 충고
働(はたら)く 일하다
時間(じかん) 시간
給料(きゅうりょう) 급료
バラ色(いろ) 장밋빛
未来(みらい) 미래
必要(ひつよう)だ 필요하다
時(とき)は 때는
メール 메일
新型(しんがた) 신형
携帯(けいたい) 휴대폰

022

[명사] ~をお願(ねが)いします ~를 부탁합니다

1. 한글로 표현해 보세요. (정답은 2참고)

1 ハンバーガとコーラをお願いします。
　　　　　　　　　　　　　　　ねが

2 パソコンの修理をお願いします。
　　　　　　しゅうり　　ねが

3 もっと安い部屋をお願いします。
　　　　やす　へや　　　ねが

4 髪のカラーとカットをお願いします。
　かみ　　　　　　　　　　　ねが

5 彼に伝言をお願いします。
　かれ　でんごん　　ねが

6 アンケートにご協力をお願いします。
　　　　　　　　きょうりょく　ねが

7 もう一度ご確認をお願いします。
　　　いちど　かくにん　　ねが

2. 일본어로 표현해 보세요. (정답은 1참고)

1 햄버거와 콜라를 부탁합니다.
2 컴퓨터의 수리를 부탁합니다.
3 좀 더 싼 방을 부탁합니다.
4 머리의 염색과 커트를 부탁합니다.
5 그에게 전언을 부탁합니다.
6 앙케이트에 협력을 부탁합니다.
7 다시 한 번 확인을 부탁합니다.

3. 응용 ▶ 숫자를 순서대로 배열해 보세요. (응용 정답은 아래 참고)

A ①この書類の　②宜しく　　③ご確認を　　④お願いします
B ①これから　　②宜しく　　③お願いします　④どうぞ
C ①こちら　　　②お願いします　③の　　　　④担当者を
D ①お願いします　②用事なので　③ご連絡を　④急な
E ①こちらに　　②お願いい　　③お名前と　　④サインを
　　　　　　　　たします

▶ 응용 정답

A. ①③②④　이 서류의 확인을 잘 부탁합니다.
B. ①④②③　앞으로 부디 잘 부탁합니다.
C. ①③④②　이쪽의 담당자를 부탁합니다.
D. ④②③①　급한 용무이므로 연락을 부탁합니다.
E. ①③④②　이쪽에 이름과 사인을 부탁합니다.

관련 단어

ハンバーガとコーラ
햄버거와 콜라

(명사) ~をお願(ねが)いします
~를 부탁합니다

パソコン 컴퓨터
修理(しゅうり) 수리
もっと 좀 더
安(やす)い 싸다
部屋(へや) 방
髪(かみ) 머리
カラーとカット 염색과 커트
彼(かれ)に 그에게
伝言(でんごん)
전언, 전하는 말

アンケート 앙케이트
ご協力(きょうりょく) 협력
もう一度(いちど) 다시 한 번
ご確認(かくにん) 확인
この書類(しょるい) 이 서류
宜(よろ)しく 잘
これから 앞으로
どうぞ 부디
こちらの 이쪽의
担当者(たんとうしゃ) 담당자
急(きゅう)だ 급하다
用事(ようじ)
용무, 용건, 볼일

~なので
~이므로, ~이기 때문에

ご連絡(れんらく) 연락
こちらに 이쪽에
お名前(なまえ) 이름
サイン 사인

023

[명사] ~にします　～로 하겠습니다 (결정)

1. 한글로 표현해 보세요. (정답은 2참고)

1 自分をもっと魅力的にします。
　じ ぶん　　　　　　　み りょくてき

2 あなたのご意見を参考にします。
　　　　　　い けん　　さんこう

3 これにします。

4 彼女との愛を大切にします。
　かのじょ　　あい　　たい せつ

5 先生のお話をレポートにします。
　せんせい　　はなし

6 彼女を幸せにします。
　かのじょ　しあわ

7 自分の部屋をきれいにします。
　じ ぶん　へ や

2. 일본어로 표현해 보세요. (정답은 1참고)

1 자신을 좀 더 매력적으로 만들겠습니다.
2 당신의 의견을 참고로 하겠습니다.
3 이것으로 하겠습니다.
4 그녀와의 사랑을 소중히 하겠습니다.
5 선생님의 이야기를 리포트로 하겠습니다.
6 그녀를 행복하게 하겠습니다.
7 자신의 방을 깨끗이 하겠습니다.

3. 응용 ▶ 숫자를 순서대로 배열해 보세요. (응용 정답은 아래 참고)

A ①あなたの　　②教訓に　　③言葉を　　④します
B ①仕事の　　②します　　③基本を　　④大切に
C ①大切に　　②声を　　③お客様の　　④します
D ①みんなの　　②願いを　　③します　　④一つの形に
E ①あなたからの　②します　③アドバイスを　④原動力に

▶ 응용 정답
A. ①③②④　당신의 말을 교훈으로 삼겠습니다.
B. ①③④②　일의 기본을 소중히 하겠습니다.
C. ③②①④　고객님의 소리를 소중히 하겠습니다.
D. ①②④③　모두의 바람을 하나의 형태로 만들겠습니다.
E. ①③④②　당신으로부터의 조언을 원동력으로 삼겠습니다.

관련 단어

自分(じぶん) 자신
もっと 좀 더
魅力的(みりょくてき) 매력적
(명사) **~にします**
～로 하겠습니다
あなた 당신
ご意見(いけん) 의견
参考(さんこう) 참고
彼女(かのじょ)**との** 그녀와의
愛(あい) 사랑
大切(たいせつ)**に** 소중히
先生(せんせい) 선생님
お話(はなし) 이야기, 말씀
レポート 리포트
幸(しあわ)**せに** 행복하게
部屋(へや) 방
綺麗(きれい)**に** 깨끗하게
言葉(ことば) 말
教訓(きょうくん) 교훈
仕事(しごと) 일
基本(きほん) 기본
お客様(きゃくさま)
고객님, 손님
声(こえ) 소리
みんな 모두
願(ねが)**い** 바람, 소원
一(ひと)**つの形**(かたち)
하나의 형태
からの ～으로부터의
アドバイス 조언, 충고
原動力(げんどうりょく)
원동력

024

[명사] ~になります　~가 됩니다

(な형용사 だ탈락) ~になります　~해집니다
(い형용사 い탈락) ~くなります　~해집니다

---

1. 한글로 표현해 보세요. (정답은 2참고)

1　もうそろそろ春になります。
　　　　　　　　はる

2　4月から大学生になります。
　　しがつ　　だいがくせい

3　これからお世話になります。
　　　　　　　せわ

4　注文しすぎると無駄になります。
　　ちゅうもん　　　　むだ

5　12月になると寒くなります。
　　じゅうにがつ　　さむ

6　これから彼女と友達になります。
　　　　　　かのじょ　ともだち

7　もっと元気になりました。
　　　　げんき

2. 일본어로 표현해 보세요. (정답은 1참고)

1　이제 슬슬 봄이 됩니다.　　　2　4월부터 대학생이 됩니다.

3　앞으로 신세를 지겠습니다.　　4　너무 주문하면 낭비가 됩니다.

5　12월이 되면 추워집니다.　　6　앞으로 그녀와 친구가 됩니다.

7　좀 더 건강해졌습니다.

3. 응용 ▶ 숫자를 순서대로 배열해 보세요. (응용 정답은 아래 참고)

A　①4月　　　②先生に　　　③から　　　④なりました
B　①子供が　　②迷子に　　　③なりました　④デパートで
C　①双子　　　②なりました　③の　　　　④母に
D　①なりました　②公園は　　　③最近　　　④静かに
E　①とても　　②なりました　③いい　　　④子に

▶ 응용정답

A. ①③②④ 4월부터 선생님이 되었습니다. / B. ①④②③ 아이가 백화점에서 미아가 되었습니다. /
C. ①③④② 쌍둥이의 엄마가 되었습니다. / D. ③②④① 최근 공원은 조용해졌습니다. /
E. ①③④② 매우 착한 아이가 되었습니다.

TIPS になりました(くなりました)는 になります(くなります)의 과거형입니다.
과거형의 뜻은 ~가 되었습니다(해졌습니다).

TIPS 1월~12월 관련 표현

1月(いちがつ) 1월	2月(にがつ) 2월
3月(さんがつ) 3월	4月(しがつ) 4월
5月(ごがつ) 5월	6月(ろくがつ) 6월
7月(しちがつ) 7월	8月(はちがつ) 8월
9月(くがつ) 9월	10月(じゅうがつ) 10월
11月(じゅういちがつ) 11월	12月(じゅうにがつ) 12월
何月(なんがつ) 몇 월	

관련 단어

もうそろそろ 이제 슬슬

春(はる) 봄

(명사) ~になります　~가 됩니다

(な형용사 だ탈락)

~になります　~해집니다

(い형용사 い탈락)

~くなります　~해집니다

新入社員(しんにゅうしゃいん)
신입 사원

これから 앞으로, 이제부터

お世話(せわ) 신세

注文(ちゅうもん)する 주문하다

(ます형) ~すぎる 너무~하다

~と ~하면

無駄(むだ)だ 낭비다

12月(じゅうにがつ) 12월

~になると ~가 되면

寒(さむ)い 춥다

彼女(かのじょ) 그녀

友達(ともだち) 친구

もっと 좀더

元気(げんき)だ 건강하다, 활발하다

先生(せんせい) 선생

子供(こども) 아이

デパートで 백화점에서

迷子(まいご) 미아

双子(ふたご) 쌍둥이

母(はは) 엄마

最近(さいきん) 최근

公園(こうえん) 공원

静(しず)かに 조용히

とても 매우

いい子(こ) 착한 아이

PART 3

な형용사 초급 회화 꿀꺽 패턴

파트3에서는 な형용사 초급 회화 꿀꺽 패턴으로 명사와 문법 패턴은 같으나 해석상의 차이가 있습니다. 명사의 'です는 ~입니다'이지만, な형용사의 'です는 ~합니다'가 됩니다. 정해진 패턴에 な형용사만 넣어서 활용하면 되는 비교적 간단한 문형입니다. 경주가 조금씩 본 궤도에 오르고 있네요. 이 경주를 완주하는 그 시간까지 여러분을 응원합니다.

용어설명: 보통형—명사, 동사, い형용사, な형용사의 기본형, 과거형을 말함.

~は~です　~는 ~합니다

1. 한글로 표현해 보세요. (정답은 2참고)

1 彼はハンサムです。
　かれ

2 沖縄の海はとてもきれいです。
　おきなわ　うみ

3 彼女は元気です。
　かのじょ　げんき

4 先生は真面目です。
　せんせい　まじめ

5 この服はちょっと派手です。
　ふく　　　　　は で

6 ここは賑やかです。
　　　にぎ

7 私は最近暇です。
　わたし　さいきん ひま

2. 일본어로 표현해 보세요. (정답은 1참고)

1 그는 핸섬합니다.
2 오키나와의 바다는 매우 예쁩니다.
3 그녀는 건강합니다.
4 선생님은 성실합니다.
5 이 옷은 좀 화려합니다.
6 여기는 번화합니다.
7 저는 최근 한가합니다.

3. 응용 ▶ 숫자를 순서대로 배열해 보세요. (응용 정답은 아래 참고)

A ①彼女　　　②親切　　　③は　　　　④です
B ①コンビニは ②ものがあって ③便利です　④いろいろな
C ①その服　　②です　　　③は　　　　④地味
D ①好きです　②私は　　　③とても　　④彼女が
E ①この問題は ②です　　　③とても　　④簡単

▶ 응용 정답
A. ①③②④　그녀는 친절합니다.
B. ①④②③　편의점은 여러 가지 물건이 있어 편리합니다.
C. ①③④②　그 옷은 수수합니다.
D. ②④③①　나는 그녀를 매우 좋아합니다.
E. ①③④②　이 문제는 매우 간단합니다.

관련 단어

彼(かれ) 그
ハンサムだ 핸섬하다, 잘생기다
~は~です ~는 ~합니다
沖縄(おきなわ) 오키나와
海(うみ) 바다
彼女(かのじょ) 그녀
元気(げんき)だ
건강하다, 활기차다
先生(せんせい) 선생님
真面目(まじめ)だ 성실하다
この服(ふく) 이 옷
ちょっと 좀
派手(はで)だ 화려하다
ここ 여기
賑(にぎ)やかだ
번화하다, 떠들썩하다
私(わたし) 나, 저
最近(さいきん) 최근
暇(ひま)だ 한가하다
親切(しんせつ)だ 친절하다
コンビニ 편의점
いろいろな 物(もの)
여러 가지 물건
ある 있다
便利(べんり)だ 편리하다
その服(ふく) 그 옷
地味(じみ)だ 수수하다
とても 매우
好(す)きだ 좋아하다
問題(もんだい) 문제
簡単(かんたん)だ 간단하다

~は~じゃないです ~는 ~하지 않습니다

1. 한글로 표현해 보세요. (정답은 2참고)

1 この携帯は便利じゃないです。
けいたい　　べんり

2 この仕事はあまり重要じゃないです。
しごと　　　　　じゅうよう

3 彼はあまりハンサムじゃないです。
かれ

4 料理はあまり上手じゃないです。
りょうり　　　　じょうず

5 この問題は簡単じゃないです。
もんだい　かんたん

6 この通りは危険じゃないです。
とお　　きけん

7 この書類は必要じゃないです。
しょるい　ひつよう

2. 일본어로 표현해 보세요. (정답은 1참고)

1 이 휴대폰은 편리하지 않습니다.

2 이 일은 별로 중요하지 않습니다.

3 그는 별로 핸섬하지 않습니다.

4 요리는 별로 잘하지 못합니다.

5 이 문제는 간단하지 않습니다.

6 이 거리는 위험하지 않습니다.

7 이 서류는 필요하지 않습니다.

3. 응용 ▶ 숫자를 순서대로 배열해 보세요. (응용 정답은 아래 참고)

A ①ここの　　　　②きれい　　　　③食堂は　　　　④じゃないです
B ①この料理は　②あまり　　　　③じゃないです④好き
C ①この書類は　②じゃないです③あまり　　　　④重要
D ①じゃないです②料理　　　　③下手　　　　④は
E ①地下鉄　　　②じゃないです③不便　　　　④は

▶ 응용 정답
A. ①③②④　여기 식당은 깨끗하지 않습니다.
B. ①②④③　이 요리는 별로 좋아하지 않습니다.
C. ①③④②　이 서류는 별로 중요하지 않습니다.
D. ②④③①　요리는 못하지 않습니다.
E. ①④③②　지하철은 불편하지 않습니다.

관련 단어

この 이

携帯(けいたい) 휴대폰

便利(べんり)だ 편리하다

~は~じゃないです
~는 ~하지 않습니다

仕事(しごと) 일

あまり 별로, 그다지

重要(じゅうよう)だ 중요하다

彼(かれ) 그

ハンサムだ 핸섬하다, 잘생기다

料理(りょうり) 요리

上手(じょうず)だ 잘하다

問題(もんだい) 문제

簡単(かんたん)だ 간단하다

通(とお)り 거리

危険(きけん)だ 위험하다

書類(しょるい) 서류

必要(ひつよう)だ 필요하다

ここ 여기

食堂(しょくどう) 식당

きれいだ 깨끗하다, 예쁘다

好(す)きだ 좋아하다

下手(へた)だ 못하다

地下鉄(ちかてつ) 지하철

不便(ふべん)だ 불편하다

~は~でした ~는 ~했습니다

1. 한글로 표현해 보세요. (정답은 2참고)

1 昔彼は元気でした。
  むかしかれ　げんき

2 私にとって彼女は大切でした。
  わたし　　　　かのじょ　たいせつ

3 今回のことは残念でした。
  こんかい　　　　ざんねん

4 前の公園はきれいでした。
  まえ　こうえん

5 彼は真面目でした。
  かれ　まじめ

6 私は彼女のことが好きでした。
  わたし　かのじょ　　　　す

7 昔彼女は有名でした。
  むかしかのじょ　ゆうめい

2. 일본어로 표현해 보세요. (정답은 1참고)

1 옛날 그는 건강했습니다.

2 내게 있어 그녀는 소중했습니다.

3 이번 일은 유감이었습니다.

4 이전의 공원은 깨끗했습니다.

5 그는 성실했습니다.

6 나는 그녀를 좋아했습니다.

7 옛날 그녀는 유명했습니다.

3. 응용 ▶ 숫자를 순서대로 배열해 보세요. (응용 정답은 아래 참고)

A ①私は　　　②彼　　　③好きでした　④のことが
B ①彼女　　　②真面目　③は　　　　④でした
C ①昔　　　　②でした　③彼は　　　④有名
D ①前の　　　②賑やか　③公園は　　④でした
E ①彼女は　　②元気　　③でした　　④いつも

▶ 응용 정답
A. ①②④③ 나는 그를 좋아했습니다.
B. ①③②④ 그녀는 성실했습니다.
C. ①③④② 옛날 그는 유명했습니다.
D. ①③②④ 이전의 공원은 떠들썩했습니다.
E. ①④②③ 그녀는 언제나 활기찼습니다.

관련 단어

昔(むかし) 옛날
彼(かれ) 그
元気(げんき)だ
건강하다, 활기차다
~は~でした ~는 ~했습니다
私(わたし) 나, 저
~にとって ~에게 있어
彼女(かのじょ) 그녀
大切(たいせつ)だ 소중하다
今回(こんかい)のことは
이번 일은
残念(ざんねん)だ 유감이다
前(まえ) 전, 이전
公園(こうえん) 공원
きれいだ 깨끗하다, 예쁘다
真面目(まじめ)だ 성실하다
彼女(かのじょ)のことが
그녀를
好(す)きだ 좋아하다
有名(ゆうめい)だ 유명하다
賑(にぎ)やかだ 떠들석하다
いつも 언제나

~は~じゃなかったです ~는 ~하지 않았습니다

1. 한글로 표현해 보세요. (정답은 2참고)

1 肉はあまり好きじゃなかったです。
  にく　　　　　す

2 仕事は大変じゃなかったです。
  し　ごと　たい　へん

3 あのタレントはあまり有名じゃなかったです。
  　　　　　　　　　　　ゆう　めい

4 彼は暇じゃなかったです。
  かれ　ひま

5 この機械は複雑じゃなかったです。
  　　き　かい　ふく　ざつ

6 彼はハンサムじゃなかったです。
  かれ

7 前のものは同じじゃなかったです。
  まえ　　　　おな

2. 일본어로 표현해 보세요. (정답은 1참고)

1 고기는 별로 좋아하지 않았습니다.

2 일은 힘들지 않았습니다.

3 저 탤런트는 별로 유명하지 않았습니다.

4 그는 한가하지 않았습니다.

5 이 기계는 복잡하지 않았습니다.

6 그는 핸섬하지 않았습니다.

7 이전의 것은 같지 않았습니다.

3. 응용 ▶ 숫자를 순서대로 배열해 보세요. (응용 정답은 아래 참고)

A ①刺身　　　②好き　　　③は　　　④じゃなかったです

B ①仕事　　　②は　　　③じゃなかったです　　　④簡単

C ①あの俳優は　②じゃなかったです　③あまり　④有名

D ①じゃなかったです　②彼女　③暇　④は

E ①この模型　②じゃなかったです　③は　④複雑

▶ 응용 정답

A. ①③②④　생선회는 좋아하지 않았습니다.

B. ①②④③　일은 간단하지 않았습니다.

C. ①③④②　저 배우는 별로 유명하지 않았습니다.

D. ②④③①　그녀는 한가하지 않았습니다.

E. ①③④②　이 모형은 복잡하지 않았습니다.

관련 단어

肉(にく) 고기

あまり 별로

好きだ 좋아하다

~は ~じゃなかったです
~는 ~하지 않았습니다

仕事(しごと) 일

大変(たいへん)だ 힘들다

この 이/あの 저

タレント 탤런트

有名(ゆうめい)だ 유명하다

彼(かれ) ユ

暇(ひま)だ 한가하다

機械(きかい) 기계

複雑(ふくざつ)だ 복잡하다

ハンサムだ 핸섬하다, 잘생기다

前(まえ)の物(もの)
이전의 것

同(おな)じだ 같다

刺身(さしみ) 생선회

簡単(かんたん)だ 간단하다

俳優(はいゆう) 배우

彼女(かのじょ) 그녀

模型(もけい) 모형

~は ~だ　~는 ~하다

1. 한글로 표현해 보세요. (정답은 2참고)

1 仕事は大変だ。
　　しごと　　たいへん

2 ここは安全だ。
　　　　　あんぜん

3 この道は複雑だ。
　　　みち　ふくざつ

4 ここは静かだ。
　　　　　しず

5 私はペットが好きだ。
　わたし　　　　　す

6 彼は数学が苦手だ。
　かれ　すうがく　にがて

7 姜さんは中国語が上手だ。
　かん　　　ちゅうごくご　じょうず

2. 일본어로 표현해 보세요. (정답은 1참고)

1 일은 힘들다.

2 여기는 안전하다.

3 이 길은 복잡하다.

4 여기는 조용하다.

5 나는 애완동물을 좋아한다.

6 그는 수학을 잘 못한다.

7 강 씨는 중국어를 잘한다.

3. 응용 ▶ 숫자를 순서대로 배열해 보세요. (응용 정답은 아래 참고)

A ①公園　　　②だ　　　③静か　　　④は
B ①彼は　　　②上手　　　③だ　　　④英語が
C ①私　　　　②りんご　　③は　　　④が好きだ
D ①あの人　　②は　　　　③だ　　　④有名
E ①残業　　　②だ　　　　③は　　　④嫌い

▶ 응용 정답

A. ①④③② 공원은 조용하다.
B. ①④②③ 그는 영어를 잘한다.
C. ①③②④ 나는 사과를 좋아한다.
D. ①②④③ 저 사람은 유명하다.
E. ①③④② 야근은 싫어한다.

관련 단어

仕事(しごと) 일
大変(たいへん)**だ** 힘들다
~は ~だ ~는 ~하다
ここ 여기
安全(あんぜん)**だ** 안전하다
この道(みち) 이 길
複雑(ふくざつ)**だ** 복잡하다
静(しず)**かだ** 조용하다
私(わたし) 나, 저
ペット 애완동물
~が好(す)**きだ**
~을 좋아하다
彼(かれ) 그
数学(すうがく) 수학
~が苦手(にがて)**だ**
~를 잘 못하다
姜(かん)**さん** 강 씨
中国語(ちゅうごくご) 중국어
~が上手(じょうず)**だ**
~를 잘하다
公園(こうえん) 공원
英語(えいご) 영어
りんご 사과
有名(ゆうめい)**だ** 유명하다
残業(ざんぎょう) 야근, 잔업
嫌(きら)**いだ** 싫어하다

~は~じゃない ~는 ~하지 않다

1. 한글로 표현해 보세요. (정답은 2참고)

1 この野菜はあまり新鮮じゃない。
　　　やさい　　　　しんせん

2 私にダイエットは大切じゃない。
　わたし　　　　　　たいせつ

3 玉ねぎはあまり好きじゃない。
　たま　　　　　す

4 ここはあまり安全じゃない。
　　　　　　あんぜん

5 英語はあまり上手じゃない。
　えいご　　　　じょうず

6 彼はあまり真面目じゃない。
　かれ　　　　まじめ

7 彼女はあまり元気じゃない。
　かのじょ　　　　げんき

2. 일본어로 표현해 보세요. (정답은 1참고)

1 이 야채는 별로 신선하지 않다.
2 나에게 다이어트는 중요하지 않다.
3 양파는 별로 좋아하지 않는다.
4 여기는 별로 안전하지 않다.
5 영어는 별로 잘하지 못한다.
6 그는 별로 성실하지 않다.
7 그녀는 별로 활기차지 않다.

3. 응용 ▶ 숫자를 순서대로 배열해 보세요. (응용 정답은 아래 참고)

A ①この魚は　　②新鮮　　　③あまり　　④じゃない
B ①彼女に　　　②重要　　　③じゃない　④ダイエットは
C ①にんじんは　②じゃない　③あまり　　④嫌い
D ①じゃない　　②中国語は　③上手　　　④あまり
E ①タクシーは　②じゃない　③あまり　　④不便

▶ 응용 정답
A. ①③②④ 이 생선은 별로 신선하지 않다.
B. ①④②③ 그녀에게 다이어트는 중요하지 않다.
C. ①③④② 당근은 별로 싫어하지 않는다.
D. ②④③① 중국어는 별로 잘하지 못한다.
E. ①③④② 택시는 별로 불편하지 않다.

관련 단어

この 이
野菜(やさい) 야채
あまり 별로, 그다지
新鮮(しんせん)だ 신선하다
~は ~じゃない
~는 ~하지 않다
私(わたし) 나, 저
ダイエット 다이어트
大切(たいせつ)だ
소중하다, 중요하다
玉(たま)ねぎ 양파
好(す)きだ 좋아하다
ここ 여기
安全(あんぜん)だ 안전하다
英語(えいご) 영어
上手(じょうず)だ
능숙하다, 잘하다
彼(かれ) 그
真面目(まじめ)だ 성실하다
彼女(かのじょ) 그녀
元気(げんき)だ
건강하다, 활기차다
魚(さかな) 생선
重要(じゅうよう)だ 중요하다
にんじん 당근
嫌(きら)いだ 싫어하다
中国語(ちゅうごくご) 중국어
タクシー 택시
不便(ふべん)だ 불편하다

~は~だった ~는 ~했다

1. 한글로 표현해 보세요. (정답은 2참고)

1 私は絵を描くのが下手だった。
わたし え か へ た

2 彼はプレゼンするのが上手だった。
かれ じょう ず

3 彼女はきれいだった。
かのじょ

4 今回のことは大変だった。
こんかい たいへん

5 彼女の服は派手だった。
かのじょ ふく は で

6 お祖母さんは親切だった。
ばあ しんせつ

7 ここは安全だった。
あんぜん

2. 일본어로 표현해 보세요. (정답은 1참고)

1 나는 그림 그리는 것을 잘 못했다.
2 그는 프레젠테이션 하는 것을 잘했다.
3 그녀는 예뻤다.
4 이번 일은 힘들었다.
5 그녀의 옷은 화려했다.
6 할머니는 친절했다.
7 여기는 안전했다.

3. 응용 ▶ 숫자를 순서대로 배열해 보세요. (응용 정답은 아래 참고)

A ①彼の ②地味 ③服は ④だった
B ①彼は ②下手だった ③写真を ④撮るのが
C ①ここ ②危険 ③は ④だった
D ①今回の ②仕事は ③だった ④簡単
E ①おばさん ②だった ③は ④不親切

▶ 응용 정답
A. ①③②④ 그의 옷은 수수했다.
B. ①③④② 그는 사진을 찍는 것을 못했다.
C. ①③②④ 여기는 위험했다.
D. ①②④③ 이번 일은 간단했다.
E. ①③④② 아주머니는 불친절했다.

관련 단어

私(わたし) 나, 저
絵(え)を描(か)く 그림을 그리다
~のが下手(へた)だ ~하는 것을 잘 못하다
~は~だった ~는 ~했다
彼(かれ) 그
プレゼンする 프레젠테이션하다
~のが上手(じょうず)だ ~하는 것을 잘한다
彼女(かのじょ) 그녀, 여자 친구
きれいだ 예쁘다, 깨끗하다
今回(こんかい)のことは 이번 일은
大変(たいへん)だ 힘들다
服(ふく) 옷
派手(はで)だ 화려하다
お祖母(ばあ)さん 할머니
親切(しんせつ)だ 친절하다
ここ 여기
安全(あんぜん)だ 안전하다
地味(じみ)だ 수수하다
写真(しゃしん)を撮(と)る 사진을 찍다
危険(きけん)だ 위험하다
仕事(しごと) 일
簡単(かんたん)だ 간단하다
おばさん 아주머니
不親切(ふしんせつ)だ 불친절하다

032 반말체 な형용사/과거 부정형

~は~じゃなかった   ~는 ~하지 않았다

1. 한글 뜻을 적어보세요. (정답은 2참고)

1 彼は最近元気じゃなかった。
かれ　　さいきんげんき

2 テニスは上手じゃなかった。
　　　　じょうず

3 この内容は十分じゃなかった。
　　ないよう　じゅうぶん

4 その書類は必要じゃなかった。
　　しょるい　ひつよう

5 彼は静かじゃなかった。
かれ　しず

6 ギターの練習は簡単じゃなかった。
　　　れんしゅう　かんたん

7 あの水はきれいじゃなかった。
　　みず

2. 일본어로 표현해 보세요. (정답은 1참고)

1 그는 최근 활기차지 않았다.
2 테니스는 잘하지 못했다.
3 이 내용은 충분하지 않았다.
4 그 서류는 필요하지 않았다.
5 그는 조용하지 않았다.
6 기타 연습은 간단하지 않았다.
7 저 물은 깨끗하지 않았다.

3. 응용 ▶ 숫자를 순서대로 배열해 보세요. (응용 정답은 아래 참고)

A ①ゴルフ　　　　②上手　　　　③は　　　　　④じゃなかった
B ①彼　　　　　　②は　　　　　③じゃなかった　④丈夫
C ①内容　　　　　②じゃなかった　③は　　　　　④複雑
D ①じゃなかった　②カメラの　　　③機能は　　　④簡単
E ①彼女の　　　　②じゃなかった　③服は　　　　④派手

▶ 응용 정답
A. ①③②④ 골프는 잘하지 못했다.
B. ①②④③ 그는 튼튼하지 않았다.
C. ①③④② 내용은 복잡하지 않았다.
D. ②③④① 카메라의 기능은 간단하지 않았다.
E. ①③④② 그녀의 옷은 화려하지 않았다.

관련 단어

彼(かれ) 그

最近(さいきん) 최근

元気(げんき)だ
건강하다, 활기차다

~は~じゃなかった
~는 ~하지 않았다

テニス 테니스

上手(じょうず)だ 잘하다

この 이/その 그/あの 저

内容(ないよう) 내용

十分(じゅうぶん)だ 충분하다

書類(しょるい) 서류

必要(ひつよう)だ 필요하다

静(しず)かだ 조용하다

ギター 기타

練習(れんしゅう) 연습

簡単(かんたん)だ 간단하다

水(みず) 물

綺麗(きれい)だ
깨끗하다, 예쁘다

ゴルフ 골프

丈夫(じょうぶ)だ 튼튼하다

複雑(ふくざつ)だ 복잡하다

カメラ 카메라

機能(きのう) 기능

彼女(かのじょ) 그녀

服(ふく) 옷

派手(はで)だ 화려하다

PART 4

い형용사 초급 회화 꿀꺽 패턴

파트4에서는 い형용사 초급 회화 꿀꺽 패턴으로 い형용사를 정해진 패턴에 넣어서 활용하면 되는 비교적 간단한 문형입니다. 경주가 조금씩 본 궤도에 오르고 있네요. 이 경주를 완주하는 그 시간까지 여러분을 응원합니다.

용어설명: 보통형-명사, 동사, い형용사, な형용사의 기본형, 과거형을 말함.

~は~いです　~는 ~합니다

1. 한글로 표현해 보세요. (정답은 2참고)

1 今日は暖かいです。
　　きょう　あたた

2 彼女はかわいいです。
　　かのじょ

3 彼の性格はいいです。
　　かれ　せいかく

4 これはサイズが大きいです。
　　　　　　　　おお

5 夏は暑いです。
　なつ　あつ

6 このケーキは甘いです。
　　　　　　あま

7 ここは人が多いです。
　　　ひと　おお

2. 일본어로 표현해 보세요. (정답은 1참고)

1 오늘은 **따뜻**합니다.

2 그녀는 **귀엽**습니다.

3 그의 성격은 **좋**습니다.

4 이것은 사이즈가 **크**ᄇ니다.

5 여름은 **덥**습니다.

6 이 케이크는 **답**니다.

7 여기는 사람이 **많**습니다.

3. 응용 ▶ 숫자를 순서대로 배열해 보세요. (응용 정답은 아래 참고)

A ①今日　　　②寒い　　　③は　　　　④です
B ①今日　　　②は　　　　③です　　　④涼しい
C ①この映画　②です　　　③は　　　　④面白い
D ①です　　　②あの演劇　③つまらない　④は
E ①この携帯　②です　　　③は　　　　④高い

▶ 응용 정답
A. ①③②④　오늘은 춥습니다. / B. ①②④③　오늘은 시원합니다. / C. ①③④②　이 영화는 재밌습니다. / D. ②④③①　저 연극은 재미없습니다. /
E. ①③④②　이 휴대폰은 비쌉니다.

관련 단어
今日 (きょう) 오늘
暖 (あたた) かい 따뜻하다
~は ~いです ~는 ~합니다
彼女 (かのじょ) 그녀
かわいい 귀엽다
彼 (かれ) 그
性格 (せいかく) 성격
いい 좋다
これ 이것
サイズが大 (おお)きい 사이즈가 크다
夏 (なつ) 여름
暑 (あつ)い 덥다
ケーキ 케이크
甘 (あま)い 달다
ここ 여기
人 (ひと)が多 (おお)い 사람이 많다
寒 (さむ)い 춥다
涼 (すず)しい 시원하다
映画 (えいが) 영화
面白 (おもしろ)い 재밌다
演劇 (えんげき) 연극
つまらない 시시하다. 재미없다
携帯 (けいたい) 휴대폰
高 (たか)い 비싸다

TIPS 지시대명사

		こ 이		そ 그		あ 저		ど 어느	
대명사	물건	これ	이것	それ	그것	あれ	저것	どれ	어느 것
	장소	ここ	여기	そこ	거기	あそこ	저기	どこ	어디
	방향	こちら	이쪽	そちら	그쪽	あちら	저쪽	どちら	어느 쪽
	방향(회화체)	こっち		そっち		あっち		どっち	
명사 수식어		この	이	その	그	あの	저	どの	어느
		こんな	이런	そんな	그런	あんな	저런	どんな	어떤
부사		こう	이렇게	そう	그렇게	ああ	저렇게	どう	어떻게

~は~くないです ~는 ~하지 않습니다

1. 한글로 표현해 보세요. (정답은 2참고)

1 この料理はあまり美味しくないです。
　　　　りょうり　　　　　おい

2 彼の背はあまり高くないです。
　かれ　せ　　　　　たか

3 ここからはあまり遠くないです。
　　　　　　　　　とお

4 この鞄はあまり重くないです。
　　かばん　　　　おも

5 最近の野菜は安くないです。
　さいきん　やさい　やす

6 今年の冬は寒くないです。
　ことし　ふゆ　さむ

7 この漫画は面白くないです。
　　まんが　おもしろ

2. 일본어로 표현해 보세요. (정답은 1참고)

1 이 요리는 별로 맛이 없습니다(맛있지 않습니다).

2 그의 키는 별로 크지 않습니다.

3 여기부터는 별로 멀지 않습니다.

4 이 가방은 별로 무겁지 않습니다.

5 최근의 야채는 싸지 않습니다.

6 올해의 겨울은 춥지 않습니다.

7 이 만화는 재미없습니다(재밌지 않습니다).

3. 응용 ▶ 숫자를 순서대로 배열해 보세요. (응용 정답은 아래 참고)

A ①この料理　②辛く　　　③は　　　　④ないです
B ①彼女の背　②は　　　　③ないです　④低く
C ①ここからは　②ないです　③あまり　④近く
D ①ないです　②この服は　③あまり　④安く
E ①野菜　　　②ないです　③は　　　④高く

▶ 응용 정답

A. ①③②④　이 요리는 맵지 않습니다.
B. ①②④③　그녀의 키는 작지 않습니다.
C. ①③④②　여기부터는 별로 가깝지 않습니다.
D. ②③④①　이 옷은 별로 싸지 않습니다.
E. ①③④②　야채는 비싸지 않습니다.

관련 단어

料理(りょうり) 요리
あまり 별로, 그다지
美味(おい)しい 맛있다
~は ~くないです
~는 ~하지 않습니다

彼(かれ) 그
背(せ) 키
高(たか)い 크다, 비싸다
ここから 여기부터
遠(とお)い 멀다
鞄(かばん) 가방
重(おも)い 무겁다
最近(さいきん) 최근
野菜(やさい) 야채
安(やす)い 싸다
今年(ことし) 금년, 올해
冬(ふゆ) 겨울
寒(さむ)い 춥다
漫画(まんが) 만화
面白(おもしろ)い 재있다
辛(から)い 맵다
彼女(かのじょ)
그녀, 여자 친구
低(ひく)い 낮다
近(ちか)い 가깝다
この服(ふく) 이 옷

035 정중체 い형용사/과거 긍정형

~は~かったです ～는 ～했습니다

1. 한글로 표현해 보세요. (정답은 2참고)

1 今日は寒かったです。
   きょう　　さむ

2 昨日は暑かったです。
   きのう　　あつ

3 今日は忙しかったです。
   きょう　　いそが

4 この店は量が多かったです。
   みせ　りょう　おお

5 彼女はとてもかわいかったです。
   かのじょ

6 新幹線は速かったです。
   しんかんせん　　はや

7 あの映画は面白かったです。
   えいが　　おもしろ

2. 일본어로 표현해 보세요. (정답은 1참고)

1 오늘은 추웠습니다.
2 어제는 더웠습니다.
3 오늘은 바빴습니다.
4 이 가게는 양이 많았습니다.
5 그녀는 매우 귀여웠습니다.
6 신칸센은 빨랐습니다.
7 저 영화는 재미있었습니다.

3. 응용 ▶ 숫자를 순서대로 배열해 보세요. (응용 정답은 아래 참고)

A ①今日　　　②涼し　　　③は　　　④かったです
B ①昨日　　　②は　　　　③かったです　④暖か
C ①普通列車　②かったです　③は　　　④遅
D ①かったです　②広　　　③は　　　④ここ
E ①量　　　　②かったです　③は　　　④少な

▶ 응용 정답

A. ①③②④ 오늘은 시원했습니다.
B. ①②④③ 어제는 따뜻했습니다.
C. ①③④② 보통 열차는 늦었습니다.
D. ④③②① 여기는 넓었습니다.
E. ①③④② 양은 적었습니다.

관련 단어

今日(きょう) 오늘
寒(さむ)い 춥다
~は ~かったです
～는 ～했습니다
昨日(きのう) 어제
暑(あつ)い 덥다
忙(いそが)しい 바쁘다
この店(みせ) 이 가게
量(りょう)が多(おお)い
양이 많다
彼女(かのじょ)
그녀, 여자 친구
とても 매우
かわいい 귀엽다
新幹線(しんかんせん) 신칸센
速(はや)い 빠르다
あの映画(えいが) 저 영화
面白(おもしろ)い 재밌다
涼(すず)しい 시원하다
暖(あたた)かい 따뜻하다
普通列車(ふつうれっしゃ)
보통 열차
ここ 여기
広(ひろ)い 넓다
量(りょう)は少(すく)ない
양은 적다

036 정중체 い형용사/과거 부정형

~は ~くなかったです   ~는 ~하지 않았습니다

1. 한글로 표현해 보세요. (정답은 2참고)

1 今日は寒くなかったです。
  きょう　さむ

2 昨日は暑くなかったです。
  きのう　あつ

3 今日は忙しくなかったです。
  きょう　いそが

4 学生の頃は背が高くなかったです。
  がくせい　ころ　せ　たか

5 テストは難しくなかったです。
  むずか

6 彼女は優しくなかったです。
  かのじょ　やさ

7 このゲームは古くなかったです。
  ふる

2. 일본어로 표현해 보세요. (정답은 1참고)

1 오늘은 춥지 않았습니다.
2 어제는 덥지 않았습니다.
3 오늘은 바쁘지 않았습니다.
4 학생 때는 키가 크지 않았습니다.
5 테스트는 어렵지 않았습니다.
6 그녀는 상냥하지 않았습니다.
7 이 게임은 오래되지 않았습니다.

3. 응용 ▶ 숫자를 순서대로 배열해 보세요. (응용 정답은 아래 참고)

A	①今日	②暑く	③は	④なかったです
B	①昨日	②は	③なかったです	④寒く
C	①テスト	②なかったです	③は	④易しく
D	①なかったです	②気分は	③良く	④あまり
E	①ここ	②なかったです	③は	④うるさく

▶ 응용 정답

A. ①③②④ 오늘은 덥지 않았습니다.
B. ①②④③ 어제는 춥지 않았습니다.
C. ①③④② 테스트는 쉽지 않았습니다.
D. ②④③① 기분은 별로 좋지 않았습니다.
E. ①③④② 여기는 시끄럽지 않았습니다.

관련 단어

今日(きょう) 오늘
寒(さむ)い 춥다
~は ~くなかったです
~는 ~하지 않았습니다
昨日(きのう) 어제
暑(あつ)い 덥다
忙(いそが)しい 바쁘다
学生(がくせい)の頃(ころ)
학생 때(시절)
背(せ)が高(たか)い
키가 크다
テスト 테스트
難(むずか)しい 어렵다
彼女(かのじょ)
그녀, 여자 친구
優(やさ)しい 상냥하다
このゲーム 이 게임
古(ふる)い 오래되다
易(やさ)しい 쉽다
あまり 별로, 그다지
気分(きぶん)はよい
기분은 좋다
ここ 여기
うるさい 시끄럽다

~は ~い　~는 ~하다

1. 한글로 표현해 보세요. (정답은 2참고)

1 ここは遠い。
とお

2 彼は背が低い。
かれ　せ　ひく

3 今日は体調が悪い。
きょう　たいちょう　わる

4 この問題は易しい。
もんだい　やさ

5 このパソコンは軽い。
かる

6 仕事は忙しい。
しごと　いそが

7 ここは狭い。
せま

2. 일본어로 표현해 보세요. (정답은 1참고)

1 여기는 멀다.
2 그는 키가 작다.
3 오늘은 몸 상태가 나쁘다.
4 이 문제는 쉽다.
5 이 컴퓨터는 가볍다.
6 일은 바쁘다.
7 여기는 좁다.

3. 응용 ▶ 숫자를 순서대로 배열해 보세요. (응용 정답은 아래 참고)

A ①ここ　②近い　③は　④から
B ①彼女　②背が　③は　④高い
C ①今日　②いい　③体調が　④は
D ①このカメラの　②新しい　③は　④技術
E ①この店の　②ラーメン　③美味しい　④は

▶ 응용 정답
A. ①④③② 여기에서는 가깝다.
B. ①③②④ 그녀는 키가 크다.
C. ①④③② 오늘은 몸 상태가 좋다.
D. ①④③② 이 카메라의 기술은 새롭다.
E. ①②④③ 이 가게의 라면은 맛있다.

관련 단어

ここ 여기
遠(とお)い 멀다
~は ~い ~는 ~하다
彼(かれ) 그
背(せ)が低(ひく)い 키가 작다
今日(きょう) 오늘
体調(たいちょう) 몸 상태
悪(わる)い 나쁘다
この問題(もんだい) 이 문제
易(やさ)しい 쉽다
このパソコン 이 컴퓨터
軽(かる)い 가볍다
仕事(しごと) 일
忙(いそが)しい 바쁘다
狭(せま)い 좁다
ここから 여기부터
近(ちか)い 가깝다
彼女(かのじょ) 그녀
背(せ)が高(たか)い 키가 크다
いい 좋다
このカメラ 이 카메라
技術(ぎじゅつ) 기술
新(あたら)しい 새롭다
この店(みせ) 이 가게
ラーメン 라면
美味(おい)しい 맛있다

~は~くない   ~는 ~하지 않다

1. 한글로 표현해 보세요. (정답은 2참고)

1 テストの結果はあまり良くない。
　　けっか　　　　　　　　よ

2 料理の味は悪くない。
　りょうり　あじ　わる

3 この電車の中はあまり涼しくない。
　　でんしゃ　なか　　　　　すず

4 ここはあまり広くない。
　　　　　　　ひろ

5 今はあまり眠くない。
　いま　　　　ねむ

6 このセーターはあまり暖かくない。
　　　　　　　　　　あたた

7 あの人はあまり憎くない。
　　ひと　　　　にく

2. 일본어로 표현해 보세요. (정답은 1참고)

1 테스트의 결과는 별로 좋지 않다.
2 요리의 맛은 나쁘지 않다.
3 이 전차 안은 별로 시원하지 않다.
4 여기는 별로 넓지 않다.
5 지금은 별로 졸리지 않다.
6 이 스웨터는 별로 따뜻하지 않다.
7 저 사람은 별로 밉지 않다.

3. 응용 ▶ 숫자를 순서대로 배열해 보세요. (응용 정답은 아래 참고)

A ①テストの結果　　②悪く　　　　③は　　　　④ない
B ①この店の　　　　②サービスは　③ない　　　④よく
C ①このレモン　　　②ない　　　　③は　　　　④酸っぱく
D ①ない　　　　　　②今日は　　　③寒く　　　④あまり
E ①ここ　　　　　　②ない　　　　③は　　　　④狭く

▶ 응용 정답
A. ①③②④ 테스트의 결과는 나쁘지 않다.
B. ①②④③ 이 가게의 서비스는 좋지 않다.
C. ①③④② 이 레몬은 시지 않다.
D. ②④③① 오늘은 별로 춥지 않다.
E. ①③④② 여기는 좁지 않다.

관련 단어

テストの結果(けっか)
테스트 결과
あまり 별로, 그다지
良(よ)い 좋다
~は ~くない ~는 ~하지 않다
料理(りょうり)の味(あじ) 요리의 맛
悪(わる)い 나쁘다
この電車(でんしゃ) 이 전차
~中(なか) ~안, ~속
涼(すず)しい 시원하다
ここ 여기
広(ひろ)い 넓다
今(いま) 지금
眠(ねむ)い 졸리다
このセーター 이 스웨터
暖(あたた)かい 따뜻하다
あの人(ひと) 저 사람
憎(にく)い 밉다
この店(みせ) 이 가게
サービスがいい 서비스가 좋다
このレモン 이 레몬
酸(す)っぱい 시다
今日(きょう) 오늘
寒(さむ)い 춥다
狭(せま)い 좁다

~は~かった ~는 ~했다

1. 한글로 표현해 보세요. (정답은 2참고)

1 この鍋料理は辛かった。
　　　なべりょう り　　から

2 このりんごは甘かった。
　　　　　　　　あま

3 映画はとても怖かった。
　えい が　　　　　　こわ

4 それは私が悪かった。
　　　　わたし　わる

5 私は合格が出来て嬉しかった。
　わたし　ごうがく　でき　　うれ

6 彼は給料が高かった。
　かれ　きゅうりょう　たか

7 彼女は力が強かった。
　かのじょ　ちから　つよ

2. 일본어로 표현해 보세요. (정답은 1참고)

1 이 냄비요리는 매웠다.

2 이 사과는 달콤했다.

3 영화는 매우 무서웠다.

4 그것은 내가 잘못했다.

5 나는 합격을 할 수 있어서 기뻤다.

6 그는 급료가 높았다.

7 그녀는 힘이 강했다.

3. 응용 ▶ 숫자를 순서대로 배열해 보세요. (응용 정답은 아래 참고)

A ①スープは　②薄　③味が　④かった
B ①りんご　②は　③かった　④酸っぱ
C ①このドラマ　②かった　③は　④面白
D ①かった　②空は　③とても　④青
E ①部屋　②かった　③は　④暗

▶ 응용 정답

A. ①③②④ 스프는 맛이 싱거웠다.
B. ①②④③ 사과는 시었다.
C. ①③④② 이 드라마는 재있었다.
D. ②③④① 하늘은 매우 파랬다.
E. ①③④② 방은 어두웠다.

관련 단어

この鍋料理(なべりょうり)
이 냄비요리

辛(から)い 맵다

~は ~かった ~는 ~했다

このりんご 이 사과

甘(あま)い 달다

映画(えいが) 영화

とても 매우

怖(こわ)い 무섭다

それ 그것

私(わたし) 나, 저

悪(わる)い 잘못하다, 나쁘다

合格(ごうがく) 합격

出来(でき)る
할 수 있다, 생기다, 다 되다, 잘하다

嬉(うれ)しい 기쁘다

彼(かれ) 그

給料(きゅうりょう) 급료

高(たか)い 높다, 비싸다

彼女(かのじょ) 그녀

力(ちから)が強(つよ)い
힘이 강하다

スープ 스프

味(あじ)が薄(うす)い
맛이 싱겁다

酸(す)っぱい 시다

このドラマ 이 드라마

面白(おもしろ)い 재있다

空(そら) 하늘

青(あお)い 파랗다

部屋(へや) 방

暗(くら)い 어둡다

~は~くなかった ~는 ~하지 않았다

1. 한글로 표현해 보세요. (정답은 2참고)

1 12月の沖縄は寒くなかった。
じゅうにがつ　おきなわ　さむ

2 給料は高くなかった。
きゅうりょう　たか

3 図書館は広くなかった。
としょかん　ひろ

4 受験生は多くなかった。
じゅけんせい　おお

5 このラーメンは辛くなかった。
から

6 その仕事は辛くなかった。
しごと　つら

7 あのトラベルバッグは重くなかった。
おも

2. 일본어로 표현해 보세요. (정답은 1참고)

1 12월의 오키나와는 춥지 않았다.

2 급료는 높지 않았다.

3 도서관은 넓지 않았다.

4 수험생은 많지 않았다.

5 이 라면은 맵지 않았다.

6 그 일은 힘들지 않았다.

7 저 여행용 가방은 무겁지 않았다.

3. 응용 ▶ 숫자를 순서대로 배열해 보세요. (응용 정답은 아래 참고)

A ①体調　　②良く　　③は　　④なかった
B ①この柿　②は　　　③なかった　④渋く
C ①仕事　　②なかった　③は　　④きつく
D ①なかった　②足　　③は　　④臭く
E ①体力　　②なかった　③弱く　④は

▶ 응용 정답
A. ①③②④ 몸 상태는 좋지 않았다.
B. ①②④③ 이 감은 떫지 않았다.
C. ①③④② 일은 힘들지 않았다.
D. ②③④① 발은 고약한 냄새가 나지 않았다.
E. ①④③② 체력은 약하지 않았다.

관련 단어

12月(じゅうにがつ) 12월

沖縄(おきなわ) 오키나와

寒(さむ)い 춥다

~は ~くなかった
~는 ~하지 않았다

給料(きゅうりょう) 급료

高(たか)い 높다, 비싸다

図書館(としょかん) 도서관

広(ひろ)い 넓다

受験生(じゅけんせい) 수험생

多(おお)い 많다

このラーメン 이 라면

辛(から)い 맵다

その仕事(しごと) 그 일

辛(つら)い 힘들다, 괴롭다

あのトラベルバッグ
저 여행용 가방

重(おも)い 무겁다

体調(たいちょう)は良(よ)い
몸 상태는 좋다

この柿(かき) 이 감

渋(しぶ)い 떫다

きつい 힘들다

足(あし) 발

臭(くさ)い
고약한 냄새가 나다

体力(たいりょく) 체력

弱(よわ)い 약하다

PART 5

동사의 ない형 초급 회화 꿀꺽 패턴

파트5에서는 동사의 ない형 초급 회화 꿀꺽 패턴으로 동사의 ない형과 관련된 여러 형태를 정해진 패턴에 넣어서 활용하면 되는 비교적 간단한 문형입니다. 경주가 본 궤도에 서서히 오르고 있네요. 이 경주를 완주하는 그 시간까지 여러분을 응원합니다. 동사의 부정(ない)형 공식은 아래와 같습니다.

동사의 부정(ない)형 공식(~하지 않는다)

1그룹	あ단+ない / よむ-よまない 읽지 않는다
2그룹	る탈락+ない / やめる-やめない 그만두지 않는다
3그룹	する-しない 하지 않는다 / くる-こない 오지 않는다

용어설명: 보통형—명사, 동사, い형용사, な형용사의 기본형, 과거형을 말함.

[동사의 ない형] ~ないで　　～하지 않고(동작), ～하지 말고

1. 한글로 표현해 보세요. (정답은 2참고)

1 宿題をしないで学校へ行きました。
　しゅくだい　　　　がっこう　い

2 今日は疲れたので、シャワーを浴びないで寝ました。
　きょう　つか　　　　　　　　　あ　　　　　ね

3 先輩に頼らないで自分で頑張ってみます。
　せんぱい　たよ　　　　じぶん　がんば

4 ここで働かないで他のところで働きます。
　　　　はたら　　　ほか　　　　　　はたら

5 道に迷わないで目的地に着きました。
　みち　まよ　　　もくてきち　つ

6 ガスの火を消し忘れないで出掛けました。
　　　　ひ　け　わす　　　　でか

7 何も言わないで出ました。
　なに　い　　　で

2. 일본어로 표현해 보세요. (정답은 1참고)

1 **숙제를** 하지 않고 **학교에 갔습니다.**

2 **오늘은 피곤했기 때문에 샤워를** 하지 않고 **잤습니다.**

3 **선배에게 의지**하지 않고 **스스로 열심히 해 보겠습니다.**

4 **여기서 일**하지 않고 **다른 곳에서 일합니다.**

5 **길을 헤매**지 않고 **목적지에 도착했습니다.**

6 **가스 불 끄는 것을 잊**지 않고 **나갔습니다.**

7 **아무 말도** 하지 않고 **나갔습니다.**

3. 응용 ▶ 숫자를 순서대로 배열해 보세요. (응용 정답은 아래 참고)

A ①夢を　　　②続けて　　　③頑張る　　　④諦めないで

B ①今日は　　②写真を撮らないで　　　③楽しむ　④風景を

C ①辞めないで　②この仕事を　③頑張って　④みる

D ①家で　　　②寝ないで　　③仕事を　　④する

E ①黙って　　②いないで　　③話しなさい　④何でも

▶ 응용 정답
A. ①④②③　꿈을 포기하지 않고 계속해서 분발하다.
B. ①②④③　오늘은 사진을 찍지 않고 풍경을 즐기다.
C. ②①③④　이 일을 그만두지 않고 노력해보다.
D. ①②③④　집에서 자지 않고 일을 하다.
E. ①②④③　잠자코 있지 말고 뭐든지 말하세요.

042

[동사의 ない형] ~ないでください　~하지 말아 주세요

1. 한글로 표현해 보세요. (정답은 2참고)

1　ここでたばこを吸わないでください。
　　　　　　　　す

2　電車では大声で話さないでください。
　　でんしゃ　おおごえ　はな

3　図書館では食べ物を食べないでください。
　　としょかん　　た　もの　た

4　美術館では写真を撮らないでください。
　　びじゅつかん　しゃしん　と

5　風邪なので無理しないでください。
　　かぜ　　　むり

6　ここで泳がないでください。
　　　　およ

7　ここで寝ないでください。
　　　　ね

2. 일본어로 표현해 보세요. (정답은 1참고)

1　여기서 담배를 피우지 말아주세요.

2　전철에서는 큰 소리로 말하지 말아주세요.

3　도서관에서는 음식을 먹지 말아주세요.

4　미술관에서는 사진을 찍지 말아주세요.

5　감기이기 때문에 무리하지 말아주세요.

6　여기서 수영하지 말아주세요.

7　여기서 자지 말아주세요.

3. 응용 ▶ 숫자를 순서대로 배열해 보세요. (응용 정답은 아래 참고)

A　①パソコンの　　②切らないで　　③電源を　　　　④ください
B　①このドラマは　②面白くないから　　③ください　　④見ないで
C　①辛いときは　　②ください　　③一人で　　　　④悩まないで
D　①ください　　②他の　　　　③混ぜないで　　④物を
E　①あそこは　　②ください　　③危ないですから　④行かないで

▶ 응용 정답

A. ①③②④　컴퓨터 전원을 끄지 말아주세요.
B. ①②④③　이 드라마는 재미없기 때문에 보지 말아주세요.
C. ①③④②　괴로울 때는 혼자서 고민하지 말아주세요.
D. ②④③①　다른 것을 섞지 말아주세요.
E. ①③④②　저기는 위험하니까 가지 말아주세요.

관련 단어

ここ 여기/あそこ 저기

たばこを吸(す)う
담배를 피우다

(동사의 ない형)

~ないでください
~하지 말아 주세요

電車(でんしゃ)では
전철에서는

大声(おおごえ)で 큰 소리로

話(はな)す 말하다

図書館(としょかん) 도서관

食(た)べ物(もの) 음식

食(た)べる 먹다

美術館(びじゅつかん) 미술관

写真(しゃしん)を撮(と)る
사진을 찍다

風邪(かぜ)なので
감기이기 때문에

無理(むり)する 무리하다

泳(およ)ぐ 수영하다

寝(ね)る 자다

パソコン 컴퓨터

電源(でんげん)を切(き)る
전원을 끄다

このドラマ 이 드라마

面白(おもしろ)い 재있다

見(み)る 보다

辛(つら)いとき 괴로울 때

一人(ひとり)で 혼자서

悩(なや)む 고민하다

他(ほか)の物(もの)
다른 것

混(ま)ぜる 섞다

危(あぶ)ないですから
위험하니까

行(い)く 가다

043

[동사의 ない형] ~ないほうがいい ~하지 않는 편이 좋다

1. 한글로 표현해 보세요. (정답은 2참고)

1 そこには行かないほうがいい。
　　　　い

2 それはしないほうがいい。

3 あの人とは付き合わないほうがいい。
　　　ひと　　つ　あ

4 あなたは知らないほうがいい。
　　　　　し

5 あの映画は見ないほうがいい。
　　えい が　み

6 その仕事は辞めないほうがいい。
　　し ごと　や

7 賞味期限が過ぎたものは食べないほうがいい。
　しょう み　き げん　す　　　　　　た

2. 일본어로 표현해 보세요. (정답은 1참고)

1 거기에는 가지 않는 편이 좋다.

2 그것은 하지 않는 편이 좋다.

3 저 사람과는 사귀지 않는 편이 좋다.

4 당신은 모르는 편이 좋다.

5 저 영화는 보지 않는 편이 좋다.

6 그 일은 그만두지 않는 편이 좋다.

7 유통 기한이 지난 것은 먹지 않는 편이 좋다.

3. 응용 ▶ 숫자를 순서대로 배열해 보세요. (응용 정답은 아래 참고)

A ①体に　　　　②怒らない　　　③悪いから　　　④ほうがいい
B ①これは　　　②いい　　　　　③使わない　　　④ほうが
C ①あの人とは　②ほうが　　　　③関わらない　　④いい
D ①彼　　　　　②とは　　　　　③ほうがいい　　④別れない
E ①彼女に　　　②ほうが　　　　③いい　　　　　④言わない

▶ 응용 정답
A. ①③②④ 몸에 나쁘니까 화내지 않는 편이 좋다.
B. ①③④② 이것은 사용하지 않는 편이 좋다.
C. ①③②④ 저 사람과는 관여하지 않는 편이 좋다.
D. ①②④③ 그와는 헤어지지 않는 편이 좋다.
E. ①④②③ 그녀에게 말하지 않는 편이 좋다.

관련 단어

そこ 거기

行(い)く 가다

(동사의 ない형) ~ないほうがいい
~하지 않는 편이 좋다

これ 이것/それ 그것

する 하다

あの人(ひと)とは
저 사람과는

付(つ)き合(あ)う 사귀다

あなた 당신

知(し)る 알다

あの映画(えいが) 저 영화

見(み)る 보다

その仕事(しごと) 그 일

辞(や)める 그만두다

賞味期限(しょうみきげん)
유통 기한

過(す)ぎる 지나다

物(もの) 것

食(た)べる 먹다

体(からだ)に悪(わる)い
몸에 나쁘다

怒(おこ)る 화내다

使(つか)う 사용하다

関(かか)わる 관여하다

彼(かれ) 그

別(わか)れる 헤어지다

彼女(かのじょ) 그녀

言(い)う 말하다

044

[동사의 ない형] ~ないように ~하지 않도록

1. 한글로 표현해 보세요. (정답은 2참고)

1 あそこは行かないように気をつける。

2 会議中は携帯を使わないようにしてください。

3 ここは入らないようにしてください。

4 寝ているので起こさないようにしてください。

5 自分に負けないようにがんばりましょう。

6 後悔しないようにしたい。

7 バレないようにこっそり進める。

2. 일본어로 표현해 보세요. (정답은 1참고)

1 저기는 가지 않도록 조심하다.

2 회의 중에는 휴대폰을 사용하지 않도록 해주세요.

3 여기는 들어가지 않도록 해주세요.

4 자고 있으므로 깨우지 않도록 해주세요.

5 자신에게 지지 않도록 분발합시다.

6 후회하지 않도록 하고 싶다.

7 들키지 않도록 몰래 진행하다.

3. 응용 ▶ 숫자를 순서대로 배열해 보세요. (응용 정답은 아래 참고)

A ①要らない物は ②ように ③買わない ④しています

B ①夜遅く ②寝ない ③してください ④ように

C ①飲酒運転は ②してください ③ように ④しない

D ①ここで ②してください ③食べない ④ように

E ①ばくちを ②打たない ③しています ④ように

▶ 응용 정답

A. ①③②④ 필요 없는 것은 사지 않도록 하고 있습니다.

B. ①②④③ 밤늦게 자지 않도록 해주세요.

C. ①④③② 음주운전은 하지 않도록 해주세요.

D. ①③④② 여기서 먹지 않도록 해주세요.

E. ①②④③ 노름을 하지 않도록 하고 있습니다.

관련 단어

あそこ 저기

行(い)く 가다

(동사의 ない형) ~ないように

~하지 않도록

気(き)をつける 조심하다

会議中(かいぎちゅう)

회의 중

携帯(けいたい) 휴대폰

使(つか)う 사용하다

ここ 여기

入(はい)る 들어가다

寝(ね)る 자다

~ので ~하기 때문에

起(お)こす 깨우다

自分(じぶん) 자신

負(ま)ける 지다

頑張(がんば)る 분발하다

~ましょう ~합시다

後悔(こうかい) 후회

バレる 들키다

こっそり 몰래

進(すす)める 진행하다

要(い)らない 필요 없다

物(もの) 것, 물건

買(か)う 사다

夜遅(よるおそ)く 밤늦게

飲酒運転(いんしゅうんてん)

음주 운전

食(た)べる 먹다

ばくちを打(う)つ

노름을 하다

045

[동사의 ない형] ~なくて　〜하지 않아서(이유), 〜하지 못해서

1. 한글로 표현해 보세요. (정답은 2참고)

1 住所が分からなくて困っている。
　じゅうしょ　わ　　　　　こま

2 試合で勝てなくて悔しい。
　しあい　か　　　　　くや

3 風邪が治らなくて大変だ。
　かぜ　なお　　　　たいへん

4 やる気が出なくてつらい。
　　き　で

5 一緒にいてあげられなくてごめんね。
　いっしょ

6 車を持っていなくて電車で通勤している。
　くるま　も　　　　　でんしゃ　つうきん

7 日本語ができなくて昇進できない。
　にほんご　　　　　　しょうしん

2. 일본어로 표현해 보세요. (정답은 1참고)

1 주소를 알지 못해서 곤란해 있다.
2 시합에서 이기지 못해서 분하다.
3 감기가 낫지 않아서 힘들다.
4 의욕이 생기지 않아서 힘들다.
5 함께 있어 주지 못해서 미안해.
6 차를 가지고 있지 않아서 전철로 통근하고 있다.
7 일본어를 하지 못해서 승진하지 못한다.

3. 응용 ▶ 숫자를 순서대로 배열해 보세요. (응용 정답은 아래 참고)

A ①素直に　　②本当に　　③なれなくて　④ごめんね
B ①仕事が　　②できなくて　③している　　④苦労
C ①ゲームが　②とても　　③つらい　　　④止められなくて
D ①貯金が　　②生活が　　③できなくて　④苦しい
E ①なかなか　②困っている　③眠れ　　　④なくて

▶ 응용 정답
A. ①③②④ 솔직하지 못해서 정말 미안해.
B. ①②④③ 일을 잘하지 못해서 고생하고 있다.
C. ①④②③ 게임을 끊지 못해서 매우 괴롭다.
D. ①③②④ 저금을 하지 못해서 생활이 힘들다.
E. ①③④② 좀처럼 잠을 자지 못해서 곤란해 있다.

관련 단어

住所(じゅうしょ) 주소
〜が分(わ)かる 〜을 알다
(동사의 ない형) ~なくて
〜하지 않아서, 〜하지 못해서
困(こま)る 곤란하다
試合(しあい)で 시합에서
勝(か)つ 이기다
悔(くや)しい 분하다
風邪(かぜ) 감기
治(なお)る 낫다
大変(たいへん)だ 힘들다
やる気(き)が出(で)る
의욕이 나다
つらい 힘들다, 괴롭다
一緒(いっしょ)に 함께
〜てあげる 〜해 주다
ごめんね 미안해
車(くるま) 차
持(も)つ 가지다, 들다
電車(でんしゃ)で 전철로
通勤(つうきん)する 통근하다
日本語(にほんご) 일본어
できる 할 수 있다
昇進(しょうしん) 승진하다
素直(すなお)になる
솔직해지다
本当(ほんとう)に 정말로
仕事(しごと) 일
苦労(くろう)する 고생하다
ゲーム 게임
止(や)める 그만두다
とても 매우
貯金(ちょきん) 저금
生活(せいかつ) 생활
苦(くる)しい 힘들다
なかなか 좀처럼
眠(ねむ)る 잠자다

046

[동사의 ない형] ~なくてもいい　～하지 않아도 된다

1. 한글로 표현해 보세요. (정답은 2참고)

1 今日は学校へ行かなくてもいい。
　きょう　がっこう　い

2 お腹が一杯だったら食べなくてもいい。
　なか　いっぱい　た

3 今回はレポートを出さなくてもいい。
　こんかい　だ

4 きれいだから、ここは掃除しなくてもいい。
　そう じ

5 やりたくなかったらやらなくてもいい。

6 ブログは毎日書かなくてもいい。
　まいにち か

7 バイトは毎日出なくてもいい。
　まいにち で

2. 일본어로 표현해 보세요. (정답은 1참고)

1 오늘은 학교에 가지 않아도 된다.

2 배가 부르면 먹지 않아도 된다.

3 이번에는 리포트를 내지 않아도 된다.

4 깨끗하니까, 여기는 청소하지 않아도 된다.

5 하고 싶지 않으면 하지 않아도 된다.

6 블로그는 매일 쓰지 않아도 된다.

7 아르바이트는 매일 나가지 않아도 된다.

3. 응용 ▶ 숫자를 순서대로 배열해 보세요. (응용 정답은 아래 참고)

A ①それは　　②いい　　③知らなくても　④と思う
B ①別に　　②その話は　③信じなくても　④いい
C ①嫌なら　　②いい　　③そこに　　④行かなくても
D ①保険に　　②今は　　③いい　　④入らなくても
E ①結婚したくなかったら　②しなくても　③結婚　　④いい

▶ 응용 정답
A.①③②④　그것은 몰라도 된다고 생각한다.
B.②①③④　이야기는 별로 믿지 않아도 된다.
C.①③④②　싫으면 거기에 가지 않아도 된다.
D.②①④③　지금은 보험에 가입하지 않아도 된다.
E.①③②④　결혼하고 싶지 않으면 결혼하지 않아도 된다.

관련 단어

今日(きょう) 오늘
学校(がっこう)へ行(い)く
학교에 가다
(동사의 ない형) ~なくてもいい
~하지 않아도 된다
お腹(なか) 배
一杯(いっぱい)だ 부르다, 가득하다
~だったら ~라면
食(た)べる 먹다
今回(こんかい) 이번
レポートを出(だ)す
리포트를 내다
きれいだ 깨끗하다, 예쁘다
ここ 여기/そこ 거기
掃除(そうじ)する 청소하다
やりたい 하고 싶다
~たくなかったら
~하고 싶지 않으면
ブログ 블로그
毎日(まいにち) 매일
書(か)く 쓰다
バイト 아르바이트
出(で)る 나가다
それ 그것
知(し)る 알다
~と思(おも)う
~라고 생각하다
その話(はなし) 그 이야기
別(べつ)に 별로
信(しん)じる 믿다
嫌(いや)だ 싫다
~なら ~라면
今(いま) 지금
保険(ほけん)に入(はい)る
보험에 가입하다
結婚(けっこん)したい
결혼하고 싶다

[동사의 ない형] ~なくてもかまわない
~하지 않아도 상관없다

1. 한글로 표현해 보세요. (정답은 2참고)

1 今日は会社に出なくてもかまわない。
きょう　　かいしゃ　　で

2 ここは書かなくてもかまわない。
　　　　か

3 忙しかったら来なくてもかまわない。
いそが　　　　こ

4 話しづらかったら話さなくてもかまわない。
はな　　　　　　　はな

5 嫌いだったら食べなくてもかまわない。
きら　　　　　た

6 二人は子供がいなくてもかまわない。
ふた り　こ ども

7 お金が足りなくてもかまわない。
かね　た

2. 일본어로 표현해 보세요. (정답은 1참고)

1 오늘은 회사에 나가지 않아도 상관없다.

2 여기는 쓰지 않아도 상관없다.

3 바쁘면 오지 않아도 상관없다.

4 말하기 힘들면 말하지 않아도 상관없다.

5 싫으면 먹지 않아도 상관없다.

6 둘은 아이가 없어도 상관없다.

7 돈이 부족해도(족하지 않아도) 상관없다.

3. 응용 ▶ 숫자를 순서대로 배열해 보세요. (응용 정답은 아래 참고)

A ①みんなが　②かまわない　③理解して　④くれなくても

B ①病院に　　②痛みがなかったら　③行かなくても　④かまわない

C ①きれいに　②部屋を　　③かまわない　④片付けなくても

D ①教えて　　②かまわない　③この問題を　④くれなくても

E ①返さなくても　②この　③お金は　　④かまわない

▶ 응용 정답
A. ①③④②　모두가 이해해주지 않아도 상관없다.
B. ②①③④　통증이 없으면 병원에 가지 않아도 상관없다.
C. ②①④③　방을 깨끗하게 치우지 않아도 상관없다.
D. ③①④②　이 문제를 가르쳐주지 않아도 상관없다.
E. ②③①④　이 돈은 돌려주지 않아도 상관없다.

048

[동사의 ない형] ~なくてはいけない
~하지 않으면 안 된다

1. 한글로 표현해 보세요. (정답은 2참고)

1 今回の試合で勝たなくてはいけない。
　こんかい　　しあい　か

2 きれいな服を着るために痩せなくてはいけない。
　　　　　　ふく　き　　　　　　や

3 生活のために働かなくてはいけない。
　せいかつ　　　　はたら

4 試験があるので頑張らなくてはいけない。
　しけん　　　　　　がんば

5 回りの人に感謝しなくてはいけない。
　まわ　ひと　かんしゃ

6 先生と相談しなくてはいけない。
　せんせい　そうだん

7 用事があるので、早く帰らなくてはいけない。
　ようじ　　　　　　はや　かえ

2. 일본어로 표현해 보세요. (정답은 1참고)

1 이번 시합에서 이기지 않으면 안 된다.
2 예쁜 옷을 입기 위해 살을 빼지 않으면 안 된다.
3 생활을 위해 일하지 않으면 안 된다.
4 시험이 있기 때문에 분발하지 않으면 안 된다.
5 주위 사람에게 감사하지 않으면 안 된다.
6 선생님과 상담하지 않으면 안 된다.
7 볼일이 있기 때문에 빨리 돌아가지 않으면 안 된다.

3. 응용 ▶ 숫자를 순서대로 배열해 보세요. (응용 정답은 아래 참고)

A ①店の主人は　②考えなくては　③いろいろ　④いけない
B ①契約する　②注意しなくては ③いけない　④時は
C ①うまくいって ②確認しなくては ③いけない　④いるのか
D ①12月の　②受けなくては　③日本語能力試験を ④いけない
E ①部屋を　②いけない　③リフォーム　④しなくては

▶ 응용 정답
A. ①③②④ 가게 주인은 여러모로 생각하지 않으면 안 된다.
B. ①④②③ 계약할 때는 주의하지 않으면 안 된다.
C. ①④②③ 잘 되어가고 있는지 확인하지 않으면 안 된다.
D. ①③②④ 12월의 일본어 능력 시험을 치지 않으면 안 된다.
E. ①③④② 방을 리폼하지 않으면 안 된다.

관련 단어

今回(こんかい) 이번
試合(しあい)で 시합에서
勝(か)つ 이기다
(동사의 ない형)
~なくてはいけない
~하지 않으면 안 된다
きれいだ 예쁘다, 깨끗하다
服(ふく)を着(き)る 옷을 입다
~ために ~하기 위해
痩(や)せる 야위다
生活(せいかつ) 생활
働(はたら)く 일하다
試験(しけん)がある 시험이 있다
頑張(がんば)る
분발하다, 노력하다, 열심히 하다
回(まわ)りの人(ひと) 주위 사람
~に感謝(かんしゃ)する
~에 감사하다
先生(せんせい) 선생님
~と相談(そうだん)する
~와 상담(의논)하다
用事(ようじ)がある 볼일이 있다
早(はや)く 빨리
帰(かえ)る 돌아가다
店(みせ)の主人(しゅじん) 가게 주인
いろいろ 여러모로, 여러가지
考(かんが)える 생각하다
契約(けいやく)する 계약하다
時(とき) 때
注意(ちゅうい)する 주의하다
うまくいく 잘 되어 가다
確認(かくにん)する 확인하다
12月(じゅうにがつ) 12월
日本語能力試験(にほんごのうりょく
しけん) 일본어 능력 시험
部屋(へや)をリフォームする
방을 리폼(수리)하다

049

[동사의 ない형] ~なければならない ~해야 한다

1. 한글로 표현해 보세요. (정답은 2참고)

1 今日は日本語の勉強をしなければならない。
きょう　　にほんご　　べんきょう

2 明日は出張なので早く起きなければならない。
あした　　しゅっちょう　　はや　お

3 弁当のおかずを作らなければならない。
べんとう　　　　つく

4 来週は試験を受けなければならない。
らいしゅう　しけん　う

5 そろそろ家へ帰らなければならない。
いえ　かえ

6 たまった仕事をしなければならない。
しごと

7 ホテルの予約をしなければならない。
よやく

2. 일본어로 표현해 보세요. (정답은 1참고)

1 오늘은 일본어 공부를 해야 한다.
2 내일은 출장가기 때문에 일찍 일어나야 한다.
3 도시락 반찬을 만들어야 한다.
4 다음 주는 시험을 쳐야 한다.
5 슬슬 집에 돌아가야 한다.
6 밀린 일을 해야 한다.
7 호텔 예약을 해야 한다.

3. 응용 ▶ 숫자를 순서대로 배열해 보세요. (응용 정답은 아래 참고)

A ①毎日　②しなければならない　③人は　④適度な運動を
B ①ならない　②できない　③ことは　④止めなければ
C ①友達　②守らなければならない　③約束を　④との
D ①列車の　②そろそろ　③時間だから　④急がなければならない
E ①もっと　②ならない　③管理しなければ　④自分を

▶ 응용 정답
A.①③④② 매일 사람은 적당한 운동을 해야 한다.
B.②③④① 할 수 없는 일은 그만둬야 한다.
C.①④③② 친구와의 약속을 지켜야 한다.
D.②①③④ 슬슬 열차 시간이기 때문에 서둘려야 한다.
E.①④③② 좀 더 자신을 관리해야 한다.

관련 단어

今日(きょう) 오늘
日本語(にほんご) 일본어
勉強(べんきょう) 공부
(동사의 ない형)
~なければならない
~해야 한다

明日(あした) 내일
出張(しゅっちょう) 출장
早(はや)く 일찍
起(お)きる 일어나다
弁当(べんとう) 도시락
おかずを作(つく)る
반찬을 만들다
来週(らいしゅう) 다음 주
試験(しけん)を受(う)ける
시험을 치다
そろそろ 슬슬, 이만
家(いえ)へ帰(かえ)る
집에 돌아가다
たまる 쌓이다, 밀리다
仕事(しごと) 일
ホテルの予約(よやく)
호텔 예약
毎日(まいにち) 매일
適度(てきど)だ 적당하다
運動(うんどう) 운동
できる 할 수 있다
止(や)める 그만두다
友達(ともだち)との 친구와의
約束(やくそく)を守(まも)る
약속을 지키다
列車(れっしゃ) 열차
時間(じかん)だ 시간이다
急(いそ)ぐ 서두르다
もっと 좀 더, 더욱
自分(じぶん) 자신
管理(かんり)する 관리하다

するとしようの違(ちが)い(하다와 하자의 차이)

우리는 늘 진행형으로 삶을 살아간다. 좀 더 나은 삶을 위해 사람들은 자기 나름의 방식대로 열심히 살아간다. 하지만 언제나 꾸준함으로 세상을 살아가기란 쉽지 않다. 그럼 우리는 지금 어떤 삶을 살아가고 있는 걸까?

늘 내 안에는 실천하고 있는 나와 실천하려고 마음만 먹는 내가 있다는 것을 알 수 있다.

일도 그렇고, 공부도 그렇고, 연애도 그렇고, 우리는 마치 영원할 것처럼 일들을 마구 벌리기만 하며 살고 있진 않은가?

인간은 태어나면서 고귀한 생명을 부여받았기에 소중한 존재임에는 틀림없다. 그런데도, 우리는 시간이 영원할 것처럼 오늘을 보내고 내일을 맞이하고 있지는 않은가?

이제는 움직여야 한다는 생각에 사로잡혀 시간을 보낼 것이 아니라, 지금 움직이고 있는 나 자신과 만나야 하지 않을까?

내일이 아니라, 지금 당장 우선순위를 정해 원하는 일들을 실행에 옮길 때라고 생각한다.

인생의 주인공은 남이 아니라, 나 자신이라는 것을 잊지 말아야 한다. 나이에 비례해서 인생도 빨리 지나간다는 이야기를 책에서 읽은 적이 있다. 40대 후반인 나는 40km 이상의 속도로 나아가고 있다. 나이가 점점 많아질수록 속도는 느려지는 것이 아니라, 빨라진다고 하니, 지금의 나를 들여다보며 내가 원하는 것에 귀를 기울이며, 하자라고 마음만 먹는 것이 아니라, 지금 실천에 옮기는 나 자신과 만나보자.

이제는 하지 못한 일들로 인해, 과거를 뒤돌아보지 말자.

'행복하기에 웃음이 나오는 게 아니라, 웃기에 행복하다'는 말도 있듯이, 늘 내 삶이 진행형으로 실천에 옮겨진다면, 나는 늘 벅찬 마음으로 세상을 행복하게 살 수 있으리라.

그런 의미에서 지금의 나를 소중히 하며 늘 무언가에 몰두하며 실천해가는 나 자신을 응원해본다.

여러분도 이제는 하자라고 마음만 먹지 말고, '행동으로 무언가를 보여주는 그런 행복한 삶 누리시길' 바랍니다. 행동은 또 다른 세계를 우리에게 안겨다 주니까요. 비 온 뒤에 무지갯빛을 꿈꿔 봅니다. 늘 행복하세요. 늘 감사합니다. 나를 낮추면 세상이 예뻐 보인답니다.

PART 6

동사의 ます형 초급 회화 꿀꺽 패턴

파트6에서는 동사의 ます형 초급 회화 꿀꺽 패턴으로 동사의 ます형과 관련된 여러 형태를 정해진 패턴에 넣어서 활용하면 되는 비교적 간단한 문형입니다. 경주가 본 궤도에 서서히 도약하면서 오르고 있네요. 이 경주를 완주하는 그 시간까지 여러분을 응원합니다. 동사의 ます형 공식은 아래와 같습니다.

동사의 ます형 공식(~합니다)

1그룹	い단+ます/よぶ→よびます 부릅니다
2그룹	る탈락+ます/やめる→やめます 그만둡니다
3그룹	する→します 합니다/くる→きます 옵니다

050. (동사의 ます형) ～ますか　　　　　　　　　～합니까?

(동사의 ます형) ～ます　　　　　　　　　　～합니다

051. (동사의 ます형) ～ませんか　　　　　　　～하지 않겠습니까?

(동사의 ます형) ～ません　　　　　　　　　～하지 않습니다

052. (동사의 ます형) ～ましょうか　　　　　　～할까요?

(동사의 ます형) ～ましょう　　　　　　　　～합시다

053. (동사의 ます형) ～ましたか　　　　　　　～했습니까?

(동사의 ます형) ～ました　　　　　　　　　～했습니다

054. (동사의 ます형) ～ませんでしたか　　　　～하지 않았습니까?

(동사의 ます형) ～ませんでした　　　　　　～하지 않았습니다

055. (동사의 ます형) ～方(かた)　　　　　　　～하는 법

056. (동사의 ます형)(동작성 명사) ～に行(い)く　　～하러 가다, ～에 가다

057. (동사의 ます형)(동작성 명사) ～に来(く)る　　～하러 오다

058. (동사의 ます형) ～たい　　　　　　　　　～하고 싶다

059. (동사의 ます형) ～たがる　　　　　　　　～하고 싶어 하다

060. (동사의 ます형) ～ながら　　　　　　　　～하면서

061. (동사의 ます형) ～やすい　　　　　　　　～하기 쉽다(편하다)

062. (동사의 ます형) ～にくい　　　　　　　　～하기 어렵다(힘들다)

063. (동사의 ます형)(い형용사 い탈락)(な형용사 だ탈락) ～すぎる　　너무 ～하다

064. (동사의 ます형) ～始(はじ)める　　　　　　～하기 시작하다

065. (동사의 ます형) ～終(お)わる　　　　　　　다 ～하다

066. (동사의 ます형) ～続(つづ)ける　　　　　　계속 ～하다

067. (동사의 ます형) ～そうだ　　　　　　　　～할 것 같다, ～해 보이다

(동사의 ます형) ～そうに(そうも/そうにも)ない　　～할 것 같지(같지도) 않다

068. (동사의 ます형) ～なさい　　　　　　　　～하세요, ～해라, ～하렴

[동사의 ます형] ~**ますか** ~합니까?

[동사의 ます형] ~**ます** ~합니다

---

1. 한글로 표현해 보세요. (정답은 2참고)

1 公園(こうえん)で友達(ともだち)と遊(あそ)びます。

2 夜(よる)7時(じ)に約束(やくそく)があります。

3 彼女(かのじょ)とご飯(はん)を食(た)べますか。

4 喉(のど)が乾(かわ)いたので水(みず)を飲(の)みます。

5 今日(きょう)は早(はや)めに寝(ね)ます。

6 もうすぐ試験(しけん)があるので頑張(がんば)ります。

7 朝早(あさはや)く起(お)きますか。

2. 일본어로 표현해 보세요. (정답은 1참고)

1 공원에서 친구와 놉니다.

2 밤 7시에 약속이 있습니다.

3 그녀와 밥을 먹습니까?

4 목이 말라서 물을 마십니다.

5 오늘은 일찍 잡니다.

6 이제 곧 시험이 있기 때문에 힘냅니다.

7 아침 일찍 일어납니까?

3. 응용 ▶ 숫자를 순서대로 배열해 보세요. (응용 정답은 아래 참고)

A ①部屋の　②暗いから　③電気を　④つけます

B ①何時まで　②終わるか　③分かりますか　④会議が

C ①レンターカーを　②借りて　③日本で　④ドライブします

D ①彼女が　②お弁当を　③作ります　④美味しい

E ①どうやって　②行き　③学校へ　④ますか

▶ 응용 정답

A. ②①③④　어두우니까 방의 전기를 켭니다

B. ①④②③　몇 시까지 회의가 끝날지 압니까?

C. ③①②④　일본에서 렌터카를 빌려 드라이브합니다.

D. ①④②③　여자 친구가 맛있는 도시락을 만듭니다.

E. ①③②④　어떻게 학교에 갑니까?

관련 단어

公園(こうえん)で 공원에서

友達(ともだち) 친구

遊(あそ)ぶ 놀다

(동사의 ます형)

~ますか ~합니까? ~ます ~합니다

夜(よる)7時(しちじ)に 밤 7시에

約束(やくそく) 약속

彼女(かのじょ) 그녀, 여자 친구

ご飯(はん)を食(た)べる 밥을 먹다

喉(のど)が乾(かわ)く 목이 마르다

水(みず)を飲(の)む 물을 마시다

今日(きょう) 오늘

早(はや)めに寝(ね)る 일찍 자다

もうすぐ 이제 곧

試験(しけん) 시험

~ので ~하기 때문에

頑張(がんば)る 힘내다

朝早(あさはや)く 아침 일찍

起(お)きる 일어나다

暗(くら)い 어둡다

部屋(へや) 방

電気(でんき)をつける 전기를 켜다

会議(かいぎ) 회의

何時(なんじ)まで 몇 시까지

終(お)わる 끝나다

分(わ)かる 알다

日本(にほん)で 일본에서

レンターカーを借(か)りる 렌터카를 빌리다

ドライブする 드라이브하다

美味(おい)しい 맛있다

お弁当(べんとう) 도시락

作(つく)る 만들다

どうやって 어떻게

学校(がっこう)へ行(い)く 학교에 가다

> [동사의 ます형] ~**ませんか** ~하지 않겠습니까?
>
> [동사의 ます형] ~**ません** ~하지 않습니다

1. 한글로 표현해 보세요. (정답은 2참고)

1 今度の日曜日に山に登り**ませんか**。
　　こんど　　にちようび　　やま　　のぼ

2 今度飲みに行き**ませんか**。
　　こんど の　　い

3 今日遊園地に遊びに行き**ませんか**。
　　きょう ゆうえんち　あそ　　い

4 明日デートし**ませんか**。
　　あした

5 家に一緒に帰り**ませんか**。
　　いえ いっしょ かえ

6 今度一緒に食事し**ませんか**。
　　こんど いっしょ しょくじ

7 土曜日映画を見**ませんか**。
　　どようび えいが　み

2. 일본어로 표현해 보세요. (정답은 1참고)

1 이번 일요일에 산에 오르지 않겠습니까?

2 다음에 마시러 가지 않겠습니까?

3 오늘 유원지에 놀러 가지 않겠습니까?

4 내일 데이트하지 않겠습니까?

5 집에 함께 돌아가지 않겠습니까?

6 다음에 함께 식사하지 않겠습니까?

7 토요일 영화를 보지 않겠습니까?

3. 응용 ▶ 숫자를 순서대로 배열해 보세요. (응용 정답은 아래 참고)

A ①日本語　②教えて　③を　　　　④くれませんか
B ①一緒に　②図書館　③で　　　　④勉強しませんか
C ①行きませんか　②一緒に　③買い物に　④デパートに
D ①テスト中　②外で　③遊びません　④なので
E ①作る　　②時　　③使いません　④はさみは

▶ 응용 정답

A. ①③②④　일본어를 가르쳐 주지 않겠습니까? / B. ②③①④　도서관에서 함께 공부하지 않겠습니까? / C. ④②③①　백화점에 함께 쇼핑하러 가지 않겠습니까? / D. ①④②③　시험 중이어서 밖에서 놀지 않습니다. / E. ①②④③　만들 때 가위는 사용하지 않습니다.

TIPS 요일 관련 표현

월요일	月曜日(げつようび)	화요일	火曜日(かようび)
수요일	水曜日(すいようび)	목요일	木曜日(もくようび)
금요일	金曜日(きんようび)	토요일	土曜日(どようび)
일요일	日曜日(にちようび)	무슨 요일	何曜日(なんようび)

관련 단어

今度(こんど) 이번에, 다음에

日曜日(にちようび) 일요일

山(やま)**に登**(のぼ)**る**
산에 오르다

(동사의 ます형)

~**ませんか** ~하지 않겠습니까?

~**ません** ~하지 않습니다

飲(の)**む** 마시다

(동사의 ます형)(동작성 명사)

~**にいく** ~하러 가다

今日(きょう) 오늘

遊園地(ゆうえんち) 유원지

遊(あそ)**ぶ** 놀다

明日(あした) 내일

デートする 데이트하다

家(いえ) 집

一緒(いっしょ)**に** 함께

帰(かえ)**る** 돌아가다

食事(しょくじ)**する** 식사하다

土曜日(どようび) 토요일

映画(えいが)**を見**(み)**る**
영화를 보다

日本語(にほんご) 일본어

教(おし)**える** 가르치다

~**てくれませんか**
~해 주지 않겠습니까?

図書館(としょかん) 도서관

勉強(べんきょう)**する** 공부하다

デパートに行(い)**く** 백화점에 가다

テスト中(ちゅう) 시험 중

~**なので**
~이어서, ~이기 때문에

外(そと)**で** 밖에서

作(つく)**る時**(とき) 만들 때

はさみ 가위

使(つか)**う** 사용하다

052

[동사의 ます형]~**ましょうか** ~할까요?

[동사의 ます형]~**ましょう** ~합시다

---

1. 한글로 표현해 보세요. (정답은 2참고)

1 一緒に食事し**ましょうか**。
　　いっしょ　しょく じ

2 暑かったらエアコンをつけ**ましょうか**。
　あつ

3 今度一緒に遊び**ましょうか**。
　こん ど いっしょ　あそ

4 今晩一緒に飲み**ましょうか**。
　こん ばんいっしょ　の

5 そろそろ始め**ましょうか**。
　　　　　はじ

6 暗かったら電気をつけ**ましょうか**。
　くら　　　　でん き

7 その荷物を持ち**ましょうか**。
　　　に もつ　も

2. 일본어로 표현해 보세요. (정답은 1참고)

1 함께 식사할**까요**?

2 더우면 에어컨을 켤**까요**?

3 다음에 함께 놀**까요**?

4 오늘밤 함께 마실**까요**?

5 슬슬 시작할**까요**?

6 어두우면 전기를 켤**까요**?

7 그 짐을 들어드릴**까요**?

3. 응용 ▶ 숫자를 순서대로 배열해 보세요. (응용 정답은 아래 참고)

A ①ましょう　②行き　　③飲みに　④今晩
B ①お昼　　　②食べ　　③ましょう　④一緒に
C ①漢字の　　②一緒に　③勉強を　④しましょう
D ①寒かったら②ましょう　③暖房を　④つけ
E ①今度　　　②行きましょう③に　　④ドライブ

▶ 응용 정답

A. ④③②① 오늘밤 마시러 갑시다.
B. ①④②③ 점심 함께 먹읍시다.
C. ①③②④ 한자 공부를 함께 합시다.
D. ①③④② 추우면 난방을 켭시다.
E. ①④③② 다음에 드라이브하러 갑시다.

관련 단어

一緒(いっしょ)に 함께
食事(しょくじ)する 식사하다
(동사의 ます형)
~ましょうか ~할까요?
~ましょう ~합시다
暑(あつ)い 덥다
エアコンをつける
에어컨을 켜다
今度(こんど) 이번에, 다음에
遊(あそ)ぶ 놀다
今晩(こんばん) 오늘밤
飲(の)む 마시다
そろそろ 슬슬, 이만
始(はじ)める 시작하다
暗(くら)い 어둡다
電気(でんき)をつける
전기를 켜다
荷物(にもつ)を持(も)つ
짐을 들다
お昼(ひる) 점심
食(た)べる 먹다
漢字(かんじ) 한자
勉強(べんきょう)をする
공부를 하다
寒(さむ)い 춥다
暖房(だんぼう)をつける
난방을 틀다
ドライブに行(い)く
드라이브하러 가다

78

053

[동사의 ます형] ~**ましたか** ~했습니까?

[동사의 ます형] ~**ました** ~했습니다

1. 한글로 표현해 보세요. (정답은 2참고)

1 試験勉強しましたか。
  しけんべんきょう

2 会社で社員旅行に行きました。
  かいしゃ　しゃいんりょこう　い

3 彼女とデートしました。
  かのじょ

4 昨日どこで友達と遊びましたか。
  きのう　　　ともだち　あそ

5 うっかり忘れました。
  わす

6 昨日までレポートを出しました。
  きのう　　　　　　　だ

7 あなたは結婚しましたか。
  けっこん

2. 일본어로 표현해 보세요. (정답은 1참고)

1 시험 공부했습니까?
2 회사에서 사원여행을 갔습니다.
3 여자 친구와 데이트 했습니다.
4 어제 어디서 친구와 놀았습니까?
5 깜빡 잊었습니다.
6 어제까지 리포트를 냈습니다.
7 당신은 결혼했습니까?

3. 응용 ▶ 숫자를 순서대로 배열해 보세요. (응용 정답은 아래 참고)

A ①昨日　　②アクション映画を　　③友達と　④見ました
B ①ゆうべ　②夢を　　③見ましたか　④どんな
C ①美味しい ②焼き肉を ③食べました　④昨日
D ①インターネットで　②パソコンを　③新しい　④買いました
E ①どこで　②昨日　　③遊びましたか ④彼女と

▶ 응용 정답
A. ①③②④　어제 친구와 액션영화를 봤습니다.
B. ①④②③　어제 밤 어떤 꿈을 꿨습니까?
C. ④①②③　어제 맛있는 불고기를 먹었습니다.
D. ①③②④　인터넷에서 새로운 컴퓨터를 샀습니다.
E. ②①④③　어제 어디서 여자 친구와 놀았습니까?

관련 단어

試験(しけん) 시험
勉強(べんきょう)する
공부하다
(동사의 ます형)
~ましたか ~했습니까?
~ました ~했습니다
会社(かいしゃ)で 회사에서
社員旅行(しゃいんりょこう)
사원여행
彼女(かのじょ) 여자 친구
デートする 데이트 하다
昨日(きのう) 어제
友達(ともだち)と 친구와
遊(あそ)ぶ 놀다
うっかり忘(わす)れる
깜빡 잊다
~まで ~까지
レポートを出(だ)す
리포트를 내다
あなた 당신
結婚(けっこん)する 결혼하다
アクション映画(えいが)
액션 영화
見(み)る 보다
ゆうべ 어젯밤
どんな 어떤
夢(ゆめ)を見(み)る
꿈을 꾸다
美味(おい)しい 맛있다
焼(や)き肉(にく) 불고기
食(た)べる 먹다
インターネット 인터넷
新(あたら)しい 새롭다
パソコンを買(か)う
컴퓨터를 사다
どこで 어디서

054

[동사의 ます형] **~ませんでしたか** ~하지 않았습니까?

[동사의 ます형] **~ませんでした** ~하지 않았습니다

---

1. 한글로 표현해 보세요. (정답은 2참고)

1 日本へ旅行に行きませんでしたか。
　 にほん　 りょこう　 い

2 彼女とドライブに行きませんでしたか。
　 かのじょ　　　　　　 い

3 ゆっくり休みませんでしたか。
　　　　 やす

4 風邪で会社へ行きませんでした。
　 かぜ　 かいしゃ　 い

5 昨日は夜遅くまで眠れませんでした。
　 きのう　 よるおそ　　　 ねむ

6 彼女のことを忘れませんでした。
　 かのじょ　　　　 わす

7 今日はお風呂に入りませんでした。
　 きょう　 ふ ろ　 はい

2. 일본어로 표현해 보세요. (정답은 1참고)

1 일본에 여행을 가지 않았습니까?

2 여자 친구와 드라이브하러 가지 않았습니까?

3 편안히 쉬지 않았습니까?

4 감기로 회사에 가지 않았습니다.

5 어제는 밤늦게까지 잠들지 못했습니다.

6 그녀를 잊지 않았습니다.

7 오늘은 목욕을 하지 않았습니다.

3. 응용 ▶ 숫자를 순서대로 배열해 보세요. (응용 정답은 아래 참고)

A ①昨日は　②映画を　　　③用事があって　④見ませんでした
B ①今日は　②食べません　③でした　　　　④朝御飯を
C ①夜遅く　②遊びませんでした　③まで　　④外で
D ①彼女に　②あげません　③プレゼントを　④でした
E ①仕事が　②続けられません　③でした　　④大変だったので

▶ 응용 정답
A. ①③②④　어제는 볼일이 있어서 영화를 보지 않았습니다.
B. ①④②③　오늘은 아침밥을 먹지 않았습니다.
C. ④①③②　밖에서 밤늦게까지 놀지 않았습니다.
D. ①③②④　그녀에게 선물을 주지 않았습니다.
E. ①④②③　일이 힘들었기 때문에 계속하지 못했습니다.

관련 단어

日本(にほん)へ 일본에

旅行(りょこう)に行(い)く
여행을 가다

(동사의 ます형)

~ませんでしたか
~하지 않았습니까?

~ませんでした
~하지 않았습니다

彼女(かのじょ) 여자 친구, 그녀

ドライブに行(い)く
드라이브하러 가다

ゆっくり
편안히, 천천히, 충분히

休(やす)む 쉬다

風邪(かぜ)で 감기로

会社(かいしゃ) 회사

昨日(きのう) 어제

夜遅(よるおそ)く 밤늦게

眠(ねむ)れる
잠을 잘 수 있다

彼女(かのじょ)のことを
그녀를

忘(わす)れる 잊다

今日(きょう) 오늘

お風呂(ふろ)に入(はい)る
목욕을 하다

用事(ようじ) 볼일

映画(えいが)を見(み)る
영화를 보다

朝御飯(あさごはん) 아침밥

食(た)べる 먹다

外(そと)で 밖에서

遊(あそ)ぶ 놀다

プレゼントをあげる 선물을 주다

仕事(しごと) 일

大変(たいへん)だ 힘들다

続(つづ)ける 계속하다

055

[동사의 ます형] ~方(かた) ~하는 법

1. 한글로 표현해 보세요. (정답은 2참고)

1 運転のやり方を教えてください。
うんてん かた おし

2 味噌汁の作り方は難しくないです。
みそしる つく かた むずか

3 このパソコンの使い方は難しいです。
つか かた むずか

4 この漢字の読み方は何ですか。
かんじ よ かた なん

5 背泳の泳ぎ方を教えてください。
はいえい およ かた おし

6 彼の話し方は面白いです。
かれ はな かた おもしろ

7 人にはそれぞれの生き方があります。
ひと い かた

2. 일본어로 표현해 보세요. (정답은 1참고)

1 운전하는 방법을 가르쳐 주세요.
2 된장국 만드는 법은 어렵지 않습니다.
3 이 컴퓨터의 사용법은 어렵습니다.
4 이 한자의 읽는 법은 무엇입니까?
5 배영의 수영법을 가르쳐 주세요.
6 그의 대화법은 재밌습니다.
7 사람에게는 각각의 사는 법이 있습니다.

3. 응용 ▶ 숫자를 순서대로 배열해 보세요. (응용 정답은 아래 참고)

A	①そのゲームの	②教えて	③やり方を	④ください
B	①彼女の	②私とは	③違う	④考え方は
C	①のり巻きの	②作り方は	③なかった	④難しく
D	①分からない	②使い方が	③んですが	④機械の
E	①しゃぶしゃぶの	②教えて	③ください	④食べ方を

▶ 응용 정답
A. ①③②④ 그 게임 방식을 가르쳐 주세요.
B. ①④②③ 그녀의 사고방식은 나와는 다르다.
C. ①②④③ 김밥 만드는 법은 어렵지 않았다.
D. ④②①③ 기계의 사용법을 모릅니다만
E. ①④②③ 샤부샤부 먹는 법을 가르쳐 주세요.

관련 단어

運転(うんてん) 운전
(동사의 ます형) ~方(かた) ~하는 법
やり方(かた) 하는 법
教(おし)える 가르치다
味噌汁(みそしる) 된장국
作(つく)り方(かた) 만드는 법
難(むずか)しい 어렵다
このパソコン 이 컴퓨터
使(つか)い方(かた) 사용법
この漢字(かんじ) 이 한자
読(よ)み方(かた) 읽는 법
何(なん)ですか 무엇입니까?
背泳(はいえい) 배영
泳(およ)ぎ方(かた) 수영법
彼(かれ) 그
話(はな)し方(かた) 대화법, 말투
面白(おもしろ)い 재밌다
それぞれ 각각
人(ひと) 사람
生(い)き方(かた) 사는 법
そのゲーム 그 게임
彼女(かのじょ) 그녀, 여자 친구
考(かんが)え方(かた) 사고방식
私(わたし)とは 나와는
違(ちが)う 다르다
のり巻(ま)き 김밥
機械(きかい) 기계
しゃぶしゃぶ 샤부샤부
食(た)べ方(かた) 먹는 법

056

[동사의 ます형] (동작성 명사) ~に行(い)く　~하러 가다, ~에 가다

1. 한글로 표현해 보세요. (정답은 2참고)

1　美味しい日本ラーメンを食べに行く。
　　おい　　　にほん　　　　　　た　　　い

2　友達に会いに行く。
　　ともだち　あ　い

3　海へ遊びに行く。
　　うみ　あそ　い

4　きれいな景色を見に行く。
　　　　　　けしき　み　い

5　疲れを取るために温泉に行く。
　　つか　と　　　　　おんせん　い

6　気晴らしのために踊りに行く。
　　きば　　　　　　　おど　い

7　風邪気味なので病院に行く。
　　かぜぎみ　　　　びょういん　い

2. 일본어로 표현해 보세요. (정답은 1참고)

1　맛있는 일본 라면을 먹으러 가다.
2　친구를 만나러 가다.
3　바다에 놀러 가다.
4　예쁜 경치를 보러 가다.
5　피로를 풀기 위해 온천에 가다.
6　기분 전환을 위해 춤추러 가다.
7　감기 기운이 있어 병원에 가다.

3. 응용 ▶ 숫자를 순서대로 배열해 보세요. (응용 정답은 아래 참고)

A　① 友達と　　　　② 行く　　　③ 日本へ　　　④ 旅行に
B　① デパート　　　② 行く　　　③ へ　　　　　④ 買い物に
C　① 文化センターへ ② 行く　　　③ 習いに　　　④ 日本語を
D　① 冬　　　　　　② シーズンに ③ スキーにいく ④ なると
E　① 空港へ　　　　② 迎えに　　③ 行く　　　　④ お客様を

▶ 응용 정답
A. ①③④② 친구와 일본에 여행을 가다.
B. ①③④② 백화점에 쇼핑하러 가다.
C. ①④③② 문화센터에 일본어를 배우러 가다.
D. ①②④③ 겨울 시즌이 되면 스키 타러 간다.
E. ①④②③ 공항에 손님을 마중하러 가다.

관련 단어

美味(おい)しい 맛있다
日本(にほん)ラーメン
일본 라면
食(た)べる 먹다
(동사의 ます형) (동작성 명사)
~に行(い)く ~하러 가다, ~에 가다
友達(ともだち) 친구
会(あ)う 만나다
海(うみ)へ 바다에
遊(あそ)ぶ 놀다
綺麗(きれい)だ 예쁘다
景色(けしき)を見(み)る
경치를 보다
疲(つか)れを取(と)る
피로를 풀다
温泉(おんせん) 온천
気晴(きば)らし 기분 전환
~のために ~를 위해서
踊(おど)る 춤추다
風邪(かぜ)ぎみ 감기 기운
病院(びょういん)に行(い)く
병원에 가다
旅行(りょこう) 여행
デパート 백화점
買(か)い物(もの) 쇼핑
文化(ぶんか)センター
문화 센터
日本語(にほんご) 일본어
習(なら)いに行(い)く 배우러 가다
冬(ふゆ)シーズン 겨울 시즌
~になると ~가 되면
スキーに行(い)く 스키 타러 가다
空港(くうこう)へ 공항에
お客様(きゃくさま) 손님
迎(むか)える 마중하다

057

[동사의 ます형] (동작성 명사) ~に来(く)る ~하러 오다

1. 한글로 표현해 보세요. (정답은 2참고)

1 友達が家へ遊びに来る。
ともだち　うち　あそ　　く

2 公園へ散歩に来る。
こうえん　さんぽ　く

3 美味しい物を食べに来る。
おい　　もの　た　く

4 春になると桜を見に来る。
はる　　　さくら　み　く

5 ネットカフェにゲームをしに来る。
く

6 彼女に会いに来る。
かのじょ　あ　く

7 海へ泳ぎに来る。
うみ　およ　く

2. 일본어로 표현해 보세요. (정답은 1참고)

1 친구가 집에 놀러 오다.
2 공원에 산책하러 오다.
3 맛있는 것을 먹으러 오다.
4 봄이 되면 벚꽃을 보러 오다.
5 인터넷 카페에 게임을 하러 오다.
6 그녀를 만나러 오다.
7 바다에 수영하러 오다.

3. 응용 ▶ 숫자를 순서대로 배열해 보세요. (응용 정답은 아래 참고)

A ①デパート　②買い物に　③に　④来ました
B ①忘れ物　②取りに　③来ました　④を
C ①友達　②を　③来ました　④見に
D ①親戚の　②来ました　③泊りに　④家に
E ①来ました　②甘え　③に　④子供が

▶ 응용 정답
A. ①③②④ 백화점에 쇼핑하러 왔습니다.
B. ①④②③ 분실물을 찾으러 왔습니다.
C. ①②④③ 친구를 보러 왔습니다.
D. ①④③② 친척집에 숙박하러 왔습니다.
E. ④②③① 아이가 응석을 부리러 왔습니다.

관련 단어

友達(ともだち) 친구
家(うち)へ 집에
遊(あそ)ぶ 놀다
(동사의 ます형) (동작성 명사)
~に来(く)る ~하러 오다
公園(こうえん)へ 공원에
散歩(さんぽ) 산책
美味(おい)しい 物(もの)
맛있는 것
食(た)べる 먹다
春(はる)になる 봄이 되다
桜(さくら)を見(み)る
벚꽃을 보다
ネットカフェに 인터넷 카페에
ゲームをする 게임을 하다
彼女(かのじょ)に会(あ)う
그녀를 만나다
海(うみ)へ 바다에
泳(およ)ぐ 수영하다
デパート 백화점
買(か)い物(もの) 쇼핑
忘(わす)れ物(もの) 분실물
取(と)りに来(く)る 찾으러 오다
親戚(しんせき) 친척
泊(とま)る 숙박하다
子供(こども) 아이
甘(あま)える 응석을 부리다

058

공식(TIPS ～たい형 만들기) 참고

[동사의 ます형] ～たい ～하고 싶다 (1, 2인칭의 희망)

1. 한글로 표현해 보세요. (정답은 2참고)

1 今寿司が食べたい。
　いま すし　た

2 週末友達と海辺へドライブがしたい。
　しゅうまつ ともだち　うみ べ

3 日本の北海道へ行きたい。
　に ほん　ほっかいどう　い

4 疲れていたので一日中寝たい。
　つか　いちにちじゅう ね

5 日本の漫画が読みたい。
　に ほん　まん が　よ

6 温泉でゆっくりしたい。
　おん せん

7 美味しいお茶が飲みたい。
　おい　ちゃ　の

2. 일본어로 표현해 보세요. (정답은 1참고)

1 지금 초밥을 먹고 싶다.
2 주말 친구와 해변가에 드라이브를 하고 싶다.
3 일본의 홋카이도에 가고 싶다.
4 피곤했기 때문에 하루 종일 자고 싶다.
5 일본의 만화를 읽고 싶다.
6 온천에서 느긋하게 지내고 싶다.
7 맛있는 차를 마시고 싶다.

3. 응용 ▶ 숫자를 순서대로 배열해 보세요. (응용 정답은 아래 참고)

A ①アニメ　　　②見たい　　③が　　　　④日本の
B ①冬は　　　　②食べたい　③鍋料理　　④が
C ①日本の　　　②が　　　　③読みたい　④小説
D ①休みたい　　②一人で　　③ゆっくり　④休みには
E ①いろいろな　②話が　　　③したい　　④人と

▶ 응용 정답
A. ④①③② 일본의 애니메이션을 보고 싶다. / B. ①③④② 겨울은 전골 요리를 먹고 싶다. /
C. ①④②③ 일본의 소설을 읽고 싶다. / D. ④②③① 휴일에는 혼자서 느긋하게 쉬고 싶다. /
E. ①④②③ 여러 사람과 이야기를 하고 싶다.

TIPS (동사의 ます형)～たい ～하고 싶다

구분	정중형	반말(보통)체
현재	～たいです ～하고 싶습니다	～たい ～하고 싶다
현재부정	～たくないです ～하고 싶지 않습니다	～たくない ～하고 싶지 않다
과거	～たかったです ～하고 싶었습니다	～たかった ～하고 싶었다
과거부정	～たくなかったです ～하고 싶지 않았습니다	～たくなかった ～하고 싶지 않았다

관련 단어

今(いま) 지금
寿司(すし) 초밥
食(た)べる 먹다
(동사의 ます형) ～たい
～하고 싶다
週末(しゅうまつ) 주말
友達(ともだち)と 친구와
海辺(うみべ)へ 해변가에
ドライブ 드라이브
日本(にほん) 일본
北海道(ほっかいどう)
홋카이도
行(い)く 가다
疲(つか)れる 피곤하다
一日中(いちにちじゅう)
하루 종일
寝(ね)る 자다
漫画(まんが) 만화
読(よ)む 읽다
温泉(おんせん)で 온천에서
ゆっくりする 느긋하게 지내다
美味(おい)しい 맛있다
お茶(ちゃ)が飲(の)みたい
차를 마시고 싶다
アニメが見(み)たい
애니메이션을 보고 싶다
冬(ふゆ) 겨울
鍋料理(なべりょうり)
냄비 요리, 전골 요리
小説(しょうせつ) 소설
休(やす)み 휴일
一人(ひとり)で 혼자서
いろいろな人(ひと)
여러 사람
話(はなし)がしたい
이야기를 하고 싶다

84

059

[동사의 ます형] ~たがる　～하고 싶어 하다 (3인칭의 희망)

1. 한글로 표현해 보세요. (정답은 2참고)

1 息子はパイロットになりたがっています。
　むすこ

2 子供は新しい携帯を買いたがっています。
　こども　あたら　けいたい　か

3 彼女は寿司を食べたがっています。
　かのじょ　すし　た

4 子供がアニメを見たがっています。
　こども　み

5 娘は遊園地で遊びたがっています。
　むすめ　ゆうえんち　あそ

6 疲れていた主人は寝たがっています。
　つか　しゅじん　ね

7 友達は日本の沖縄へ行きたがっています。
　ともだち　にほん　おきなわ　い

2. 일본어로 표현해 보세요. (정답은 1참고)

1 아들은 조종사가 되고 싶어 합니다.

2 아이는 새 휴대폰을 사고 싶어 합니다.

3 그녀는 초밥을 먹고 싶어 합니다.

4 아이가 애니메이션을 보고 싶어 합니다.

5 딸은 유원지에서 놀고 싶어 합니다.

6 지쳐있던 남편은 자고 싶어 합니다.

7 친구는 일본의 오키나와에 가고 싶어 합니다.

3. 응용 ▶ 숫자를 순서대로 배열해 보세요. (응용 정답은 아래 참고)

A ①日本へ　②彼女は　③旅行し　④たがっています

B ①酒が好きな　②彼女は　③飲みたがっています　④お酒を

C ①息子は　②知りたがっています　③大学受験の　④結果を

D ①娘は　②やりたがって　③ゲームを　④います

E ①彼女は　②行きたがっています　③パリへ　④フランスの

▶ 응용 정답

A. ②①③④　그녀는 일본에 여행가고 싶어 합니다.
B. ①②④③　술을 좋아하는 그녀는 술을 마시고 싶어 합니다.
C. ①③④②　아들은 대학 수험 결과를 알고 싶어 합니다.
D. ①③②④　딸은 게임을 하고 싶어 합니다.
E. ①④③②　그녀는 프랑스 파리에 가고 싶어 합니다.

관련 단어

息子(むすこ) 아들

パイロット 파일럿, 조종사

(명사) ~になる ~이 되다

(동사의 ます형) ~たがる
～하고 싶어 하다

子供(こども) 아이

新(あたら)しい 새롭다

携帯(けいたい) 휴대폰

買(か)う 사다

彼女(かのじょ) 그녀, 여자 친구

寿司(すし)を食(た)べる
초밥을 먹다

アニメを見(み)る
애니메이션을 보다

娘(むすめ) 딸

遊園地(ゆうえんち)で
유원지에서

遊(あそ)ぶ 놀다

疲(つか)れる 피곤하다, 지치다

主人(しゅじん) 남편

寝(ね)る 자다

友達(ともだち) 친구

日本(にほん) 일본

沖縄(おきなわ)へ 오키나와에

行(い)く 가다

旅行(りょこう)する 여행하다

酒(さけ)が好(す)きだ
술을 좋아하다

飲(の)む 마시다

大学受験(だいがくじゅけん)
대학 수험, 대학 입학 시험

結果(けっか) 결과

知(し)る 알다

ゲームをやる 게임을 하다

フランスのパリへ
프랑스 파리에

[동사의 ます형] ~ながら ~하면서

1. 한글로 표현해 보세요. (정답은 2참고)

1 音楽を聞きながら歩きます。
　おんがく　　き　　　　　　ある

2 歌を歌いながら踊ります。
　うた　うた　　　　　　おど

3 本を見ながら料理をします。
　ほん　み　　　　りょうり

4 ピアノを弾きながら歌を歌います。
　　　　　ひ　　　　　うた　うた

5 お茶を飲みながら本を読みます。
　ちゃ　の　　　　　ほん　よ

6 写真を見ながら友達と話します。
　しゃしん　み　　　ともだち　はな

7 映画を見ながらお菓子を食べます。
　えいが　み　　　　かし　た

2. 일본어로 표현해 보세요. (정답은 1참고)

1 음악을 들으면서 걷습니다.
2 노래를 부르면서 춤춥니다.
3 책을 보면서 요리를 합니다.
4 피아노를 치면서 노래를 부릅니다.
5 차를 마시면서 책을 읽습니다.
6 사진을 보면서 친구와 이야기합니다.
7 영화를 보면서 과자를 먹습니다.

3. 응용 ▶ 숫자를 순서대로 배열해 보세요. (응용 정답은 아래 참고)

A ①焼き肉　　　②食べながら　③話します　　④を
B ①歩きながら　②聞きます　　③音楽　　　　④を
C ①彼女　　　　②笑います　　③話しながら　④と
D ①お菓子　　　②食べながら　③ゲームをします　④を
E ①歌を　　　　②歌います　　③登りながら　④山に

▶ 응용 정답
A. ①④②③ 불고기를 먹으면서 이야기합니다.
B. ①③④② 걸으면서 음악을 듣습니다.
C. ①④③② 그녀와 이야기하면서 웃습니다.
D. ①④②③ 과자를 먹으면서 게임을 합니다.
E. ④③①② 산을 오르면서 노래를 부릅니다.

관련 단어

音楽(おんがく)を聞(き)く
음악을 듣다

(동사의 ます형) ~ながら
~하면서

歩(ある)く 걷다

歌(うた)を歌(うた)う
노래를 부르다

踊(おど)る 춤추다

本(ほん)を見(み)る 책을 보다

料理(りょうり)をする 요리를 하다

ピアノを弾(ひ)く 피아노를 치다

お茶(ちゃ)を飲(の)む 차를 마시다

本(ほん)を読(よ)む 책을 읽다

写真(しゃしん)を見(み)る
사진을 보다

友達(ともだち)と 친구와

話(はな)す 이야기하다

映画(えいが) 영화

お菓子(かし)を食(た)べる
과자를 먹다

焼(や)き肉(にく) 불고기

彼女(かのじょ) 그녀, 여자 친구

笑(わら)う 웃다

ゲームをする 게임을 하다

山(やま)に登(のぼ)る
산에 오르다

061

[동사의 ます형] ~やすい ~하기 쉽다(편하다)

1. 한글로 표현해 보세요. (정답은 2참고)

1 彼の話し方は分かりやすい。
   かれ　はな　かた　わ

2 しゃぶしゃぶを食べやすく切る。
   　　　　　　　　た　　　　き

3 この本は読みやすい。
   　　ほん　よ

4 このパソコンは使いやすい。
   　　　　　　　　つか

5 ここは何でもあって暮らしやすい。
   　　　なん　　　　　　く

6 その歌は歌いやすい。
   　　うた　うた

7 ここは住みやすい。
   　　　　す

2. 일본어로 표현해 보세요. (정답은 1참고)

1 그의 말투는 알기 쉽다.

2 샤브샤브를 먹기 쉽게 자르다.

3 이 책은 읽기 쉽다.

4 이 컴퓨터는 사용하기 쉽다.

5 여기는 뭐든지 있어 생활하기 편하다.

6 그 노래는 부르기 쉽다.

7 여기는 살기 편하다.

3. 응용 ▶ 숫자를 순서대로 배열해 보세요. (응용 정답은 아래 참고)

A	①この	②間違い	③問題は	④やすい
B	①ここは	②働き	③やすい	④女性が
C	①彼	②とは	③取りやすい	④連絡を
D	①中年	②太り	③やすい	④になると
E	①この	②歩き	③靴は	④やすい

▶ 응용 정답

A. ①③②④ 이 문제는 틀리기 쉽다.
B. ①④②③ 여기는 여성이 일하기 쉽다.
C. ①②④③ 그와는 연락을 취하기 쉽다.
D. ①④②③ 중년이 되면 살찌기 쉽다.
E. ①③②④ 이 신발은 걷기 편하다.

관련 단어

彼(かれ) 그
話(はな)し方(かた) 말투
分(わ)かる 알다
(동사의 ます형) ~やすい
~하기 쉽다(편하다)
しゃぶしゃぶを食(た)べる
샤브샤브를 먹다
切(き)る 자르다
この本(ほん) 이 책
読(よ)む 읽다
パソコン 컴퓨터
使(つか)う 사용하다
ここ 여기
何(なん)でも 뭐든지
暮(く)らす 생활하다
その歌(うた) 그 노래
歌(うた)う 노래하다
住(す)む 살다
問題(もんだい) 문제
間違(まちが)う 틀리다
女性(じょせい) 여성
働(はたら)く 일하다
連絡(れんらく)を取(と)る
연락을 취하다
中年(ちゅうねん) 중년
~になると ~가 되면
太(ふと)る 살찌다
靴(くつ) 신발
歩(ある)く 걷다

062

[동사의 ます형] ~にくい ~하기 어렵다(힘들다)

1. 한글로 표현해 보세요. (정답은 2참고)

1 中国語は勉強しにくい。
　ちゅうごく ご　　べんきょう

2 彼の話し方は分かりにくい。
　かれ　はな　かた　わ

3 ちょっと言いにくい。
　　　　　い

4 この本は難しくて理解しにくい。
　　ほん　むずか　　　りかい

5 この漢字は読みにくい。
　　かん じ　よ

6 彼女のいない生活なんて考えにくい。
　かの じょ　　　　せい かつ　　　かんが

7 あの人とは付き合いにくい。
　　ひと　　つ　あ

2. 일본어로 표현해 보세요. (정답은 1참고)

1 중국어는 공부하기 어렵다.
2 그의 말투는 알기 어렵다.
3 좀 말하기 어렵다.
4 이 책은 어려워서 이해하기 어렵다.
5 이 한자는 읽기 어렵다.
6 그녀가 없는 생활 따위 생각하기 어렵다.
7 저 사람과는 사귀기 어렵다.

3. 응용 ▶ 숫자를 순서대로 배열해 보세요. (응용 정답은 아래 참고)

A ①中国語の　②にくい　③発音し　④単語は
B ①この薬は　②飲み　③にくい　④苦くて
C ①ソウルは　②暮らし　③にくい　④物価が高くて
D ①どうして　②けんかして　③理解しにくい　④いるのか
E ①仕事を　②探し　③最近　④にくい

▶ 응용 정답
A. ①④③② 중국어 단어는 발음하기 어렵다.
B. ①④②③ 이 약은 써서 마시기 어렵다.
C. ①④②③ 서울은 물가가 비싸서 지내기 힘들다.
D. ①②④③ 왜 싸우고 있는지 이해하기 어렵다.
E. ③①②④ 최근 일을 찾기 어렵다.

관련 단어

中国語(ちゅうごくご) 중국어
勉強(べんきょう)する
공부하다
(동사의 ます형) ~にくい
~하가 어렵다(힘들다)
彼(かれ) 그
話(はな)し方(かた) 말투
分(わ)かる 알다, 이해하다
ちょっと 좀
言(い)う 말하다
この本(ほん) 이 책
難(むずか)しい 어렵다
理解(りかい)する 이해하다
この漢字(かんじ) 이 한자
読(よ)む 읽다
彼女(かのじょ)
그녀, 여자 친구
生活(せいかつ)なんて
생활 따위
考(かんが)える 생각하다
あの人(ひと)とは
저 사람과는
付(つ)き合(あ)う
서로 사귀다
単語(たんご) 단어
発音(はつおん)する 발음하다
薬(くすり)は苦(にが)い
약은 쓰다
飲(の)む 마시다
ソウル 서울
物価(ぶっか)が高(たか)い
물가가 비싸다
暮(く)らす 살다, 지내다
どうして 왜
喧嘩(けんか)する 싸우다
最近(さいきん) 최근
仕事(しごと)を探(さが)す
일을 찾다

88

063

> ## [동사의 ます형] (い형용사 い탈락)(な형용사 だ탈락) ~すぎる
> ### 너무 ~하다

1. 한글로 표현해 보세요. (정답은 2참고)

1 焼き肉を食べすぎた。
や　にく　た

2 昨日はお酒を飲みすぎた。
きのう　さけ　の

3 このすいかは大きすぎる。
おお

4 彼は真面目すぎる。
かれ　まじめ

5 量が多すぎる。
りょう　おお

6 彼女は美しすぎる。
かのじょ　うつく

7 彼は考えすぎる性格だ。
かれ　かんが　せいかく

2. 일본어로 표현해 보세요. (정답은 1참고)

1 불고기를 너무 먹었다.

2 어제는 술을 너무 마셨다.

3 이 수박은 너무 크다.

4 그는 너무 진지하다.

5 양이 너무 많다.

6 그녀는 너무 예쁘다.

7 그는 너무 생각하는 성격이다.

3. 응용 ▶ 숫자를 순서대로 배열해 보세요. (응용 정답은 아래 참고)

A ①この　　　　②深　　　　　③プールは　　④すぎる
B ①かわいすぎる　②彼女の　　　③ペット　　　④は
C ①彼女　　　　②慎重すぎる　③は　　　　　④性格だ
D ①今日は　　　②嬉しすぎる　③宝くじに　　④当たって
E ①この　　　　②濃すぎる　　③ラーメンの　④味は

▶ 응용 정답
A. ①③②④　이 수영장은 너무 깊다.
B. ②③④①　그녀의 애완동물은 너무 귀엽다.
C. ①③②④　그녀는 너무 신중한 성격이다.
D. ①③④②　오늘은 복권에 당첨되어 너무 기쁘다.
E. ①③④②　이 라면의 맛은 너무 진하다.

관련 단어

焼(や)き肉(にく) 불고기

食(た)べる 먹다

(063 접속형태 참고) ~すぎる
너무 ~하다

昨日(きのう) 어제

お酒(さけ)を飲(の)む
술을 마시다

このすいか 이 수박

大(おお)きい 크다

彼(かれ) 그

真面目(まじめ)だ
성실하다, 진지하다

量(りょう)が多(おお)い
양이 많다

彼女(かのじょ) 그녀

美(うつく)しい 예쁘다

考(かんが)える 생각하다

性格(せいかく) 성격

このプール 이 수영장

深(ふか)い 깊다

ペット 애완동물

かわいい 귀엽다

慎重(しんちょう)だ 신중하다

今日(きょう) 오늘

宝(た)くじに当(あ)たる
복권에 당첨되다

嬉(うれ)しい 기쁘다

ラーメンの味(あじ)
라면의 맛

濃(こ)い 진하다

064

[동사의 ます형] ~始(はじ)める　～하기 시작하다

1. 한글로 표현해 보세요. (정답은 2참고)

1 ギターを習い始める。
　　　　なら　　はじ

2 ゼロからやり始める。
　　　　　　はじ

3 ブログを書き始める。
　　　　か　　はじ

4 東京で一人で暮らし始める。
　とうきょう　ひとり　く　　はじ

5 新しい商売をやり始める。
　あたら　しょうばい　　はじ

6 ジムに通い始める。
　　　　かよ　はじ

7 日本の小説を読み始める。
　にほん　しょうせつ　よ　はじ

2. 일본어로 표현해 보세요. (정답은 1참고)

1 기타를 배우기 시작하다.

2 처음부터 하기 시작하다.

3 블로그를 쓰기 시작하다.

4 도쿄에서 혼자서 생활하기 시작하다.

5 새로운 장사를 하기 시작하다.

6 헬스클럽에 다니기 시작하다.

7 일본의 소설을 읽기 시작하다.

3. 응용 ▶ 숫자를 순서대로 배열해 보세요. (응용 정답은 아래 참고)

A ①パソコン　　②使い　　③を　　④始める
B ①快適　　　②に　　　③始める　④暮らし
C ①店を　　　②新しい　③やり　　④始める
D ①旅行の　　②立て　　③始める　④計画を
E ①農業をやり　②始める　③田舎へ　④帰って

▶ 응용 정답

A. ①③②④ 컴퓨터를 사용하기 시작하다.
B. ①②④③ 쾌적하게 생활하기 시작하다.
C. ②①③④ 새로운 가게를 하기 시작하다.
D. ①④②③ 여행 계획을 세우기 시작하다.
E. ③④①② 시골에 돌아가서 농업을 하기 시작하다.

관련 단어

ギター 기타
習(なら)う 배우다
(동사의 ます형) ~始(はじ)める
～하기 시작하다
ゼロから 처음부터
やり始(はじ)める
하기 시작하다
ブログを書(か)く
블로그 쓰다
東京(とうきょう)で 도쿄에서
一人(ひとり)で 혼자서
暮(く)らす 지내다, 생활하다
新(あたら)しい 새롭다
商売(しょうばい) 장사
ジムに通(かよ)う
헬스클럽에 다니다
日本(にほん) 일본
小説(しょうせつ) 소설
読(よ)む 읽다
パソコンを使(つか)う
컴퓨터를 사용하다
快適(かいてき)に 쾌적하게
店(みせ) 가게
旅行(りょこう) 여행
計画(けいかく) 계획
立(た)てる 세우다
田舎(いなか)へ帰(かえ)る
시골에 돌아가다
農業(のうぎょう)をやる
농업을 하다

065

[동사의 ます형] ~終(お)わる   다 ~하다

---

1. 한글로 표현해 보세요. (정답은 2참고)

1 読(よ)み終(お)わった本(ほん)は図書館(としょかん)に返(かえ)してください。

2 ご飯(はん)を食(た)べ終(お)わった後(あと)できれいに片付(かたづ)ける。

3 歌(うた)い終(お)わったので他(ほか)の人(ひと)にマイクを渡(わた)す。

4 勉強(べんきょう)し終(お)わった後(あと)で少(すこ)し休(やす)んだ。

5 パソコンを使(つか)い終(お)わったら電源(でんげん)を切(き)ってください。

6 ジュースを飲(の)み終(お)わりました。

7 小説(しょうせつ)を読(よ)み終(お)わりました。

---

2. 일어로 표현해 보세요. (정답은 1참고)

1 다 읽은 책은 도서관에 반납해 주세요.

2 밥을 다 먹은 후에 깨끗이 치운다.

3 노래를 다 불렀기 때문에 다른 사람에게 마이크를 건네주다.

4 공부를 다 한 후에 조금 쉬었다.

5 컴퓨터를 다 쓰면 전원을 꺼 주세요.

6 주스를 다 마셨습니다.

7 소설을 다 읽었습니다.

---

3. 응용 ▶ 숫자를 순서대로 배열해 보세요. (응용 정답은 아래 참고)

A ①飲み終わった ②ゴミ箱に ③ペットボトルは ④捨ててください

B ①映画を　　②食事　　③しましょう　　④見終わってから

C ①出してください ②レポートを ③金曜日までに ④書き終わったら

D ①宿題し ②終わったら　　③遊びます　　④友達と

E ①人が　　②先に言うのは　　③失礼です　　④話し終わる前に

▶ 응용 정답

A. ①③②④　다 마시면 페트병을 쓰레기통에 버려주세요.

B. ①④②③　영화를 다 보고 나서 식사합시다.

C. ②④③①　리포트를 다 쓰면 금요일까지 제출해 주세요.

D. ①②④③　숙제가 다 끝나면 친구와 놉니다.

E. ①④②③　남이 다 이야기하기 전에 먼저 말하는 것은 실례입니다.

관련 단어

読(よ)む 읽다

(동사의 ます형) ~終(お)わる
다 ~하다

図書館(としょかん) 도서관

返(かえ)す 반납하다

ご飯(はん)を食(た)べる 밥을 먹다

~た後(あと)で ~한 후에

きれいに片付(かたづ)ける
깨끗이 치우다

歌(うた)う 노래하다

他(ほか)の人(ひと)に 다른 사람에게

マイクを渡(わた)す 마이크를 건네주다

勉強(べんきょう)する 공부를 하다

少(すこ)し 조금

休(やす)む 쉬다

パソコンを使(つか)う 컴퓨터를 쓰다

電源(でんげん)を切(き)る
전원을 끄다

ジュースを飲(の)む 주스를 마시다

小説(しょうせつ) 소설

ペットボトル 페트병

ゴミ箱(ばこ) 쓰레기통

~に捨(す)てる ~에 버리다

映画(えいが)を見(み)る 영화를 보다

~てから ~하고 나서

食事(しょくじ)する 식사하다

レポートを書(か)く 리포트를 쓰다

金曜日(きんようび) 금요일

~までに ~까지

出(だ)す 제출하다, 내다

宿題(しゅくだい) 숙제

友達(ともだち)と 친구와

遊(あそ)ぶ 놉니다

話(はな)し終わる前(まえ)
다 이야기하기 전

人(ひと) 남, 사람

先(さき)に言(い)う 먼저 말하다

失礼(しつれい) 실례

066

[동사의 ます형] ~続(つづ)ける　계속 ~하다

1. 한글로 표현해 보세요. (정답은 2참고)

1 運動場を走り続けています。
　うんどうじょう　はし　つづ

2 二人でしゃべり続けています。
　ふたり　　　　つづ

3 試験のために頑張り続けています。
　しけん　　　　がんば　つづ

4 友達とけんかし続けています。
　ともだち　　　　つづ

5 仕事について悩み続けています。
　しごと　　　　なや　つづ

6 自分と戦い続けています。
　じぶん　たたか　つづ

7 彼女と話し続けています。
　かのじょ　はな　つづ

2. 일본어로 표현해 보세요. (정답은 1참고)

1 운동장을 계속 달리고 있습니다.
2 둘이서 계속 수다를 떨고 있습니다.
3 시험을 위해 계속 분발하고 있습니다.
4 친구와 계속 싸우고 있습니다.
5 일에 대해 계속 고민하고 있습니다.
6 자신과 계속 싸우고 있습니다.
7 그녀와 계속 얘기하고 있습니다.

3. 응용 ▶ 숫자를 순서대로 배열해 보세요. (응용 정답은 아래 참고)

A ①友達と　②図書館で　③勉強し　④続けています
B ①彼女は　②休まないで　③続けています　④仕事し
C ①追い　②続けています　③私は　④自分の夢を
D ①本を　②読み　③続けています　④テストのために
E ①彼女の　②ことを　③続けています　④思い

▶ 응용 정답
A.①②③④ 친구와 도서관에서 계속 공부하고 있습니다.
B.①②④③ 그녀는 쉬지 않고 계속 일을 하고 있습니다.
C.③④①② 나는 자신의 꿈을 계속 좇고 있습니다.
D.④①②③ 테스트를 위해 책을 계속 읽고 있습니다.
E.①②④③ 그녀를 계속 생각하고 있습니다.

관련 단어

運動場(うんどうじょう) 운동장
走(はし)る 달리다
(동사의 ます형) ~続(つづ)ける 계속 ~하다
二人(ふたり)で 둘이서
しゃべる 말하다(수다떨다)
試験(しけん)のために 시험을 위해
頑張(がんば)る 분발하다
友達(ともだち)と 친구와
喧嘩(けんか)する 싸우다
仕事(しごと)について 일에 대해서
悩(なや)む 고민하다
自分(じぶん)と 자신과
戦(たたか)う 싸우다
彼女(かのじょ)と 그녀와
話(はな)す 말하다
図書館(としょかん)で 도서관에서
勉強(べんきょう)する 공부하다
休(やす)む 쉬다
~ないで ~하지 않고
仕事(しごと)する 일하다
私(わたし) 나, 저
夢(ゆめ) 꿈
追(お)う 쫓다
テストのために 테스트를 위해
本(ほん)を読(よ)む 책을 읽다
彼女(かのじょ)のことを 그녀를, 그녀에 대해
思(おも)う 생각하다

067

공식(TIPS ～そうだ(양태) 접속 형태) 참고

> [동사의 ます형] ～**そうだ** ～할 것 같다, ～해 보이다
>
> [동사의 ます형] ～**そうに(そうも/そうにも)ない**
> ～할 것 같지(같지도) 않다

1. 한글로 표현해 보세요. (정답은 2참고)

1 今にも雨が降りそうです。
　いま　　あめ　ふ

2 よい点数を取りそうです。
　　　てんすう　と

3 彼女は優しそうですね。
　かのじょ　やさ

4 合格して嬉しそうですね。
　ごうかく　　うれ

5 その日まで待てそうにない。
　　ひ　　ま

6 この料理は美味しくなさそうです。
　　　りょうり　おい

7 天気がよさそうですね。
　てんき

2. 일본어로 표현해 보세요. (정답은 1참고)

1 지금이라도 비가 내릴 것 같습니다.

2 좋은 점수를 딸 것 같습니다.

3 그녀는 상냥해 보이는 군요.

4 합격해서 기뻐 보이는 군요.

5 그날까지 기다릴 수 있을 것 같지 않다.

6 이 요리는 맛이 없어 보입니다.

7 날씨가 좋아 보이네요.

3. 응용 ▶ 숫자를 순서대로 배열해 보세요. (응용 정답은 아래 참고)

A ①面白　　　②そうな　　　③漫画　　　④ですね
B ①難し　　　②そうですね　③数学問題は　④この
C ①そうですね ②この　　　　③指輪は　　　④高
D ①冬は　　　②寒　　　　　③そうですね　④北海道の
E ①ないですね ②そうも　　　③降り　　　　④雨は

▶ **응용 정답**　A. ①②③④ 재미있어 보이는 만화네요. / B. ④③①② 이 수학 문제는 어려워
보이는 군요. / C. ②③④① 이 반지는 비싸 보이네요. / D. ④①②③ 홋카이도의 겨울은 추워
보이네요. / E. ④③②① 비는 내릴 것 같지도 않네요.

TIPS　～そうだ(양태) 접속형태 (～할 것 같다, ～해 보이다)

동사	ます형+そうだ	ふりそうだ 내릴 것 같다.
	ます형+そうにない	ふりそうにない 내릴 것 같지 않다.
	ます형+そうもない	ふりそうもない 내릴 것 같지도 않다.
	ます형+そうにもない	ふりそうにもない 내릴 것 같지도 않다.
い형용사	い탈락+そうだ	さむそうだ 추울 것 같다. 추워 보이다.
な형용사	だ탈락+そうだ	げんきそうだ 건강한 것 같다. 건강해 보이다.
예외	よい+そうだ	よさそうだ 좋을 것 같다. 좋아 보이다.
	ない+そうだ	なさそうだ 없을 것 같다. 없어 보이다.

관련 단어

今(いま)にも 지금이라도
雨(あめ)が降(ふ)る
비가 내리다
(동사의 ます형)～そうだ(양태)
～할 것 같다, ～해 보이다
良(よ)い 좋다
点数(てんすう)を取(と)る
점수를 따다
彼女(かのじょ) 그녀, 여자 친구
優(やさ)しい 상냥하다
合格(ごうかく)する 합격하다
嬉(うれ)しい 기쁘다
その日(ひ)まで 그 날까지
(동사의 ます형)～そうに(そうも/そう
にも)ない ～할 것 같지(같지도) 않다
待(ま)てる 기다릴 수 있다
この料理(りょうり) 이 요리
美味(おい)しい 맛있다
天気(てんき)が良(よ)い
날씨가 좋다
面白(おもしろ)い 재미있다
漫画(まんが) 만화
数学問題(すうがくもんだい)
수학 문제
難(むずか)しい 어렵다
指輪(ゆびわ)は高(たか)い
반지는 비싸다
北海道(ほっかいどう) 홋카이도
冬(ふゆ)は寒(さむ)い 겨울은 춥다

068

[동사의 ます형] ~なさい　〜하세요, 〜해라, 〜하렴

1. 한글로 표현해 보세요. (정답은 2참고)

1 時間がないから早く歩きなさい。
　じ　かん　　　　　　はや　ある

2 生ごみを早く捨てなさい。
　なま　　　　はや　す

3 もう遅いから早く寝なさい。
　　　おそ　　　はや　ね

4 疲れたら休みなさい。
　つか　　　やす

5 ご飯はゆっくりと食べなさい。
　はん　　　　　　　た

6 早く準備しなさい。
　はや　じゅん び

7 正直に言ってみなさい。
　しょうじき　い

2. 일본어로 표현해 보세요. (정답은 1참고)

1 시간이 없으니까 빨리 걸으렴.

2 음식물 쓰레기를 빨리 버리렴.

3 이제 늦으니까 빨리 자렴.

4 피곤하면 쉬렴.

5 밥은 천천히 먹으렴.

6 빨리 준비하렴.

7 솔직히 말해 보렴.

3. 응용 ▶ 숫자를 순서대로 배열해 보세요. (응용 정답은 아래 참고)

A ①行きなさい　②午後2時　　③まで　　④そこに
B ①食べ　　　　②なさい　　③好き嫌い　④しないで
C ①窓を　　　　②開けなさい　③から　　④暑い
D ①よく　　　　②聞き　　　③なさい　　④人の話は
E ①言いたい　　②ことが　　③あったら　④言いなさい

▶ 응용 정답

A. ②③④① 오후 2시까지 거기에 가렴.
B. ③④①② 편식하지 말고 먹으렴.
C. ④③①② 더우니까 창문을 열렴.
D. ④①②③ 남의 얘기는 잘 들으렴.
E. ①②③④ 말하고 싶은 것이 있으면 말하렴.

관련 단어

時間(じかん)がない
시간이 없다

~から ~하기 때문에

早(はや)く 빨리

歩(ある)く 걷다

(동사의 ます형) ~なさい
~하세요, ~해라, ~하렴

生(なま)ごみ 음식물 쓰레기

捨(す)てる 버리다

もう遅(おそ)い 이미 늦다

寝(ね)る 자다

疲(つか)れる 피곤하다

~たら
~하면, ~한다면, ~했더니

休(やす)む 쉬다

ご飯(はん) 밥

ゆっくりと 천천히

食(た)べる 먹다

準備(じゅんび)する 준비하다

正直(しょうじき)に 솔직히

言(い)ってみる 말해 보다

午後(ごご)2時(にじ) 오후 2시

~まで ~까지

そこに行(い)く 거기에 가다

好(す)き嫌(きら)い 편식

~しないで ~하지 말고, ~하지 않고

暑(あつ)い 덥다

窓(まど)を開(あ)ける
창문을 열다

人(ひと)の話(はなし)
남의 이야기

よく聞(き)く 잘 듣다

言(い)いたいこと 말하고 싶은 것

ある 있다

정체의 늪은 삶의 또 다른 거름
: 사람은 물처럼 흘러가야 아름다운 생명력을 지닐 수 있다.

누구나 삶을 살아가다 보면, 정체의 늪에 빠지곤 한다.

그 정체의 늪은 여러 가지 요인에서 오며, 우리에게 스트레스를 주곤 한다. 인생에서 누구나 순풍을 만난 듯 잘 나가는 시절이 있는가 하면, 왠지 일이 자꾸 꼬이는 경우도 적지 않게 찾아온다. 이런 정체의 늪에 빠졌을 때 우리는 어떻게 헤쳐 나가면 좋을까?

심한 경우에는 우울증을 수반하기에 참 힘든 경우도 많다.

나의 일본 유학 시절은 행복했지만, 끊임없는 자기와의 싸움이기도 했다. 일본 외국어 전문학교 한일 통역과에 재학 중일 때는 통역과 번역에 대한 막연한 생각들이 점점 구체화 되어갈수록 내가 준비해야 할 일과 버거움에 몸부림치기도 했다.

한일 통역과 1년 과정이었지만, 현지에서 통번역을 하는 유명한 선생님으로부터 말의 쓰임새나 오용부분, 그리고 한국어의 중요성 등 많은 부분에서 나의 일본어를 되새겨보는 계기가 되었다.

통역 과제물로 제출한 리포트에 '당신의 밝은 미래를 기대합니다'라고 말해 주신 일본인 선생님, 그 선생님의 따뜻한 말이 지금도 나의 뇌리에 생생하다. 그리고 단어의 뉘앙스를 세심하게 그 어원까지 설명해 주신 선생님도 기억에 생생하다.

난 일본 외국어 전문학교 한일 통역과 1년 과정을 통해 겸손함을 배웠다. '뛰는 놈 위에 나는 놈' 있다고 하지 않았는가, 내 주위에는 항상 고수가 있다. 그 고수는 결코 잘난 척을 하지 않는다. 경륜에서 우러나오는 기품이 그것을 아름답게 말해 줄 뿐이다.

나도 그런 한 사람이 되고 싶다. 나이를 먹어 간다는 건, 그런 건가 보다.

PART 7

동사의 기본형 초급 회화 꿀꺽 패턴

파트7에서는 동사의 기본형 초급 회화 꿀꺽 패턴으로 동사의 기본형과 관련된 여러 형태를 정해진 패턴에 넣어서 활용하면 되는 비교적 간단한 문형입니다. 경주가 본 궤도에 서서히 도약하면서 오르고 있네요. 이 경주를 완주하는 그 시간까지 여러분을 응원합니다.

069

[동사의 기본형] ~ことができる ~할 수 있다

1. 한글로 표현해 보세요. (정답은 2참고)

1 私はいろいろなものを作ることができます。
わたし　　　　　　　　つく

2 私はギターを弾くことができます。
わたし　　　　ひ

3 私は日本語を話すことができます。
わたし　にほんご　はな

4 ここではたばこを吸うことができません。
　　　　　　　　す

5 急な用事があって友達に会うことができませんで
きゅう　ようじ　　　ともだち　あ
した。

6 私はきれいに掃除することができます。
わたし　　　　　そうじ

7 私は運転することができます。
わたし　うんてん

2. 일본어로 표현해 보세요. (정답은 1참고)

1 나는 여러 가지 물건을 만들 수 있습니다.

2 나는 기타를 칠 수 있습니다.

3 나는 일본어를 말할 수 있습니다.

4 여기서는 담배를 피울 수 없습니다.

5 급한 볼일이 있어 친구를 만날 수 없었습니다.

6 나는 깨끗하게 청소할 수 있습니다.

7 나는 운전할 수 있습니다.

3. 응용 ▶ 숫자를 순서대로 배열해 보세요. (응용 정답은 아래 참고)

A ①私は　　②嘘を　　③つく　　④ことができない

B ①できます　②私は　　③泳ぐ　　④ことが

C ①教える　　②ことができます　③日本語を　　④私は

D ①わさびを　②食べる　③ことができません　　④私は

E ①ことができます　　②借りる　③本を3冊まで　④図書館では

▶ 응용 정답
A. ①②③④　나는 거짓말을 못한다.
B. ②③④①　나는 수영할 수 있습니다.
C. ④③①②　나는 일본어를 가르칠 수 있습니다.
D. ④①②③　나는 고추냉이를 먹을 수 없습니다.
E. ④③②①　도서관에서는 책을 3권까지 빌릴 수 있습니다.

관련 단어

私(わたし) 나, 저

いろいろな物(もの)
여러 가지 물건

作(つく)る 만들다

(동사의 기본형) ~ことができる
~할 수 있다

(동사의 기본형) ~ことができます
~할 수 있습니다

(동사의 기본형) ~ことができません
~할 수 없습니다

(동사의 기본형) ~ことができません
でした ~할 수 없었습니다

ギターを弾(ひ)く
기타를 치다

日本語(にほんご) 일본어

話(はな)す 이야기하다

ここでは 여기서는

たばこを吸(す)う
담배를 피다

急(きゅう)だ 급하다

用事(ようじ)がある
볼일이 있다

友達(ともだち)に会(あ)う
친구를 만나다

きれいに 깨끗하게

掃除(そうじ)する 청소하다

運転(うんてん)する 운전하다

嘘(うそ)をつく
거짓말을 하다

泳(およ)ぐ 수영하다

日本語(にほんご) 일본어

教(おし)える 가르치다

わさび 고추냉이

食(た)べる 먹다

図書館(としょかん)では
도서관에서는

本(ほん) 책

3冊(さんさつ)まで 3권까지

借(か)りる 빌리다

070

[동사의 기본형] ~ことがある　～하는 일이 있다

1. 한글로 표현해 보세요. (정답은 2참고)

1 時々鍵をかけずに出掛けることがあります。

2 仕事で朝早く家を出ることがあります。

3 たまに街で友達に会うことがあります。

4 隣の部屋からピアノの音が聞こえることがあります。

5 夜寝るとき、汗をかくことがあります。

6 たまに夜中に起きることがあります。

7 友達が遊びに来ることがあります。

2. 일본어로 표현해 보세요. (정답은 1참고)

1 가끔 열쇠를 잠그지 않고 외출하는 일이 있습니다.

2 일로 아침 일찍 집을 나가는 일이 있습니다.

3 가끔 길에서 친구를 만나는 일이 있습니다.

4 옆방에서 피아노 소리가 들리는 일이 있습니다.

5 밤에 잘 때 땀을 흘리는 일이 있습니다.

6 가끔 한밤중에 일어나는 일이 있습니다.

7 친구가 놀러 오는 일이 있습니다.

3. 응용 ▶ 숫자를 순서대로 배열해 보세요. (응용 정답은 아래 참고)

A ①ことがあります　②見に行く　③海を　④たまに

B ①時々　　　　　②料理を　　③作る　　④ことがあります

C ①あります　　　②バスが　　③遅れる　④ことが

D ①しない　　　　②ことが　　③あります　④宿題を

E ①たまに　　　　②ことが　　③散歩する　④あります

▶ 응용 정답

A. ④③②① 가끔 바다를 보러 가는 일이 있습니다.

B. ①②③④ 가끔 요리를 만드는 일이 있습니다.

C. ②③④① 버스가 늦는 일이 있습니다.

D. ④①②③ 숙제를 하지 않는 일이 있습니다.

E. ①③②④ 가끔 산책하는 일이 있습니다.

관련 단어

時々(ときどき) 가끔

鍵(かぎ)をかける
열쇠를 잠그다

~ずに(ないで) ~하지 않고, ~하지 말고

出掛(でか)ける 외출하다

(동사의 기본형) ~ことがある
~하는 일이 있다

仕事(しごと)で 일로

朝(あさ)早(はや)く 아침 일찍

家(いえ)を出(で)る 집을 나가다

たまに 가끔

街(まち)で 길에서

友達(ともだち) 친구

~に会(あ)う ~을 만나다

隣(となり)の部屋(へや) 옆방

~から ~에서

ピアノの音(おと) 피아노 소리

~が聞(き)こえる ~가 들리다

夜(よる) 밤

寝(ね)るとき 잘 때

汗(あせ)をかく 땀을 흘리다

夜中(よなか)に起(お)きる
한밤중에 일어나다

遊(あそ)びに来(く)る 놀러 오다

海(うみ) 바다

見(み)に行(い)く 보러 가다

料理(りょうり)を作(つく)る
요리를 만들다

バスが遅(おく)れる 버스가 늦다

宿題(しゅくだい)をする
숙제를 하다

散歩(さんぽ)する 산책하다

[동사의 기본형] ~ ことにする ~하기로 하다

1. 한글로 표현해 보세요. (정답은 2참고)

1 夜は早く寝ることにしました。
　よる　はや　ね

2 要らない電気を消すことにしています。
　い　　でんき　け

3 朝野菜ジュースを飲むことにしています。
　あさ　やさい　　　　　　の

4 たばこを吸わないことにしました。
　　　　す

5 口に合わないものは食べないことにしています。
　くち　あ　　　　　　　た

6 毎日運動することにしました。
　まいにちうんどう

7 健康のために、料理を作ることにしました。
　けんこう　　　　　りょうり　つく

2. 일본어로 표현해 보세요. (정답은 1참고)

1 밤에는 일찍 자기로 했습니다.

2 필요 없는 전기를 끄기로 하고 있습니다.

3 아침에 야채 주스를 마시기로 하고 있습니다.

4 담배를 피우지 않기로 했습니다.

5 입에 맞지 않는 것은 먹지 않기로 했습니다.

6 매일 운동하기로 했습니다.

7 건강을 위해 요리를 만들기로 했습니다.

3. 응용 ▶ 숫자를 순서대로 배열해 보세요. (응용 정답은 아래 참고)

A ①毎日　　　　　②歩く　　　③ことに　　④しています

B ①ことにしています　②調べる　　③辞書で　　④知らない単語は

C ①お酒は　　　　②ことに　　③しました　④飲まない

D ①ことに　　　　②使わない　③しました　④わさびは

E ①しました　　　②ことに　　③食べない　④ハンバーガーは

▶ 응용 정답

A. ①②③④　매일 걷기로 하고 있습니다.

B. ④③②①　모르는 단어는 사전으로 찾기로 하고 있습니다.

C. ①④②③　술은 마시지 않기로 했습니다.

D. ④②①③　고추냉이는 사용하지 않기로 했습니다.

E. ④③②①　햄버거는 먹지 않기로 했습니다.

관련 단어

夜(よる) 밤

早(はや)く 일찍, 빨리

寝(ね)る 자다

(동사의 기본형) ~ことにする
~하기로 하다

(동사의 ない형) ~ないことにする
~하지 않기로 하다

要(い)る 필요하다

電気(でんき)を消(け)す
전기를 끄다

朝(あさ) 아침

野菜(やさい) 야채

ジュースを飲(の)む
주스를 마시다

たばこを吸(す)う 담배를 피우다

口(くち)に合(あ)う 입에 맞다

食(た)べる 먹다

毎日(まいにち) 매일

運動(うんどう)する 운동하다

健康(けんこう) 건강

~のために ~을 위해

料理(りょうり) 요리

作(つく)る 만들다

歩(ある)く 걷다

知(し)る 알다

単語(たんご) 단어

辞書(じしょ)で 사전으로

調(しら)べる 찾다, 알아보다

お酒(さけ) 술

わさび 고추냉이

使(つか)う 사용하다

ハンバーガー 햄버거

072

[동사의 기본형] ~ことになる　~하게 되다

1. 한글로 표현해 보세요. (정답은 2참고)

1　私が発表することになりました。
　　わたし　　はっぴょう

2　日本へ出張することになりました。
　　にほん　　しゅっちょう

3　ここでは車を止めてはいけないことになりました。
　　　　　　くるま　と

4　新しい家に引っ越すことになりました。
　　あたら　いえ　ひ　こ

5　分けて掃除することになりました。
　　わ　　そう じ

6　飲み会でお酒を飲むことになりました。
　　の　かい　　さけ　の

7　この仕事はしなくてもいいことになりました。
　　　　し ごと

2. 일본어로 표현해 보세요. (정답은 1참고)

1　내가 발표하게 되었습니다.

2　일본에 출장 가게 되었습니다.

3　여기서는 차를 세워서는 안 되게 되었습니다.

4　새로운 집에 이사하게 되었습니다.

5　나눠서 청소하게 되었습니다.

6　회식에서 술을 마시게 되었습니다.

7　이 일은 하지 않아도 되게 되었습니다.

3. 응용 ▶ 숫자를 순서대로 배열해 보세요. (응용 정답은 아래 참고)

A　①なりました　②ことに　　　③行かない　　　④そこには
B　①働く　　　　②ことに　　　③なりました　　④日本で
C　①タバコを　　②吸っては　　③ことになりました　④いけない
D　①辞める　　　②仕事を　　　③なりました　　④ことに
E　①走る　　②ことになりました　③クラス代表で　④運動会で

▶ 응용 정답
A. ④③②①　거기에는 가지 않게 되었습니다.
B. ④①②③　일본에서 일하게 되었습니다.
C. ①②④③　담배를 피우면 안 되게 되었습니다.
D. ②①④③　일을 그만두게 되었습니다.
E. ④③①②　운동회에서 학급 대표로 달리게 되었습니다.

관련 단어

発表(はっぴょう)**する**
발표하다

(동사의 기본형) ~ことになる
~하게 되다

日本(にほん)**へ** 일본에

出張(しゅっちょう)**する**
출장 가다

ここでは 여기에서는

車(くるま)**を止**(と)**める**
차를 세우다

~てはいけない
~해서는 안 된다

新(あたら)**しい** 새롭다

家(いえ) 집

~に引(ひ)**っ越**(こ)**す**
~에 이사하다

分(わ)**ける** 나누다

掃除(そうじ)**する** 청소하다

飲(の)**み会**(かい)**で** 회식에서

お酒(さけ)**を飲**(の)**む** 술을 마시다

この仕事(しごと) 이 일

(동사의 ない형) ~なくてもいい
~하지 않아도 된다

そこには 거기에는

行(い)**く** 가다

働(はたら)**く** 일하다

タバコを吸(す)**う** 담배를 피우다

仕事(しごと)**を辞**(や)**める**
일을 그만두다

運動会(うんどうかい)**で**
운동회에서

クラス代表(だいひょう)**で**
학급 대표로

走(はし)**る** 달리다

073

[동사의 기본형] ~ように ~하도록

1. 한글로 표현해 보세요. (정답은 2참고)

1 内容を忘れないようにメモしておきます。
　ないよう　わす

2 車の運転ができるように練習します。
　くるま　うんてん　　　　　れんしゅう

3 日本語の新聞が読めるように頑張ります。
　にほんご　しんぶん　よ　　　　がんば

4 風邪が治るようにゆっくり休みます。
　かぜ　なお　　　　　　やす

5 試験があるので寝ないようにコーヒーを飲みます。
　しけん　　　　ね　　　　　　　　　の

6 遅刻しないように早く家を出ます。
　ちこく　　　　　はや　いえ　で

7 相手がよく聞こえるように話します。
　あいて　き　　　　はな

2. 일본어로 표현해 보세요. (정답은 1참고)

1 내용을 잊지 않도록 메모해 둡니다.
2 차 운전을 할 수 있도록 연습합니다.
3 일본어 신문을 읽을 수 있도록 분발합니다.
4 감기가 낫도록 천천히 쉽니다.
5 시험이 있기 때문에 자지 않도록 커피를 마십니다.
6 지각하지 않도록 빨리 집을 나옵니다.
7 상대방이 잘 들리도록 이야기합니다.

3. 응용 ▶ 숫자를 순서대로 배열해 보세요. (응용 정답은 아래 참고)

A ①傘を　②容易します　③降られないように　④雨に
B ①かけておきます　②ないように　③目覚ましい時計を　④寝坊し
C ①読める　②ように　③頑張ります　④日本語の小説が
D ①説明します　②ように　③分かる　④学生が
E ①見えるように　②字を大きく　③書きます　④よく

▶ 응용 정답

A. ④③①② 비를 맞지 않도록 우산을 준비합니다.
B. ④②③① 늦잠자지 않도록 자명종 시계를 설정해둡니다.
C. ④①②③ 일본어 소설을 읽을 수 읽도록 분발합니다.
D. ④③②① 학생이 알도록 설명하겠습니다.
E. ④①②③ 잘 보이도록 글씨를 크게 씁니다.

관련 단어

内容(ないよう) 내용
忘(わす)**れる** 잊다
(동사의 기본형) **~ように** ~하도록
メモしておく 메모해 두다
車(くるま) 차
運転(うんてん)**ができる**
운전을 할 수 있다
練習(れんしゅう)**する** 연습하다
日本語(にほんご) 일본어
新聞(しんぶん) 신문
~が読(よ)**める** ~을 읽을 수 있다
頑張(がんば)**る** 분발하다
風邪(かぜ)**が治**(なお)**る**
감기가 낫다
ゆっくり休(やす)**む** 천천히 쉬다
試験(しけん)**がある** 시험이 있다
寝(ね)**る** 자다
コーヒーを飲(の)**む** 커피를 마시다
遅刻(ちこく)**する** 지각하다
早(はや)**く** 일찍, 빨리
家(いえ)**を出**(で)**る** 집을 나가다
相手(あいて) 상대
よく聞(き)**こえる** 잘 들리다
話(はな)**す** 이야기하다
雨(あめ)**に降**(ふ)**られる** 비를 맞다
傘(かさ) 우산
容易(ようい)**する** 준비하다
寝坊(ねぼう)**する** 늦잠자다
目覚(めざ)**ましい時計**(どけい)
자명종(알람) 시계
かけておく 설정해 두다
小説(しょうせつ) 소설
学生(がくせい)**が分**(わ)**かる**
학생이(을) 알다
説明(せつめい)**する** 설명하다
見(み)**える** 보이다
字(じ) 글자
大(おお)**きく** 크게
書(か)**く** 쓰다

074

[동사의 기본형] ~ようにする ~하도록 하다

1. 한글로 표현해 보세요. (정답은 2참고)

1 早めに寝るようにしています。
   はや　ね

2 毎日新聞を読むようにしています。
   まいにちしんぶん　よ

3 使った物は元に戻すようにしています。
   つか　もの　もと　もど

4 毎日30分ずつ歩くようにしています。
   まいにちさんじっぷん　ある

5 嫌いな物も食べるようにしています。
   きら　もの　た

6 毎日漢字を10個ずつ覚えるようにしています。
   まいにちかんじ　じっこ　おぼ

7 運動のために、階段を使うようにしています。
   うんどう　かいだん　つか

2. 일본어로 표현해 보세요. (정답은 1참고)

1 일찍 자도록 하고 있습니다.

2 매일 신문을 읽도록 하고 있습니다.

3 사용한 것은 원래 상태로 되돌려 놓도록 하고 있습니다.

4 매일 30분씩 걷도록 하고 있습니다.

5 싫어하는 것도 먹도록 하고 있습니다.

6 매일 한자를 10개씩 외우도록 하고 있습니다.

7 운동을 위해 계단을 사용 하도록 하고 있습니다.

3. 응용 ▶ 숫자를 순서대로 배열해 보세요. (응용 정답은 아래 참고)

A ①食事した後で　②すぐ洗う　③ようにしています ④食器を

B ①ようにしています　②とる　③ビタミンCを　④健康のために

C ①ように　②運動する　③しています　④毎日

D ①エッセイを　②読む　③ように　④しています

E ①吸わない　②ように　③しています　④タバコを

▶ 응용 정답

A. ①④②③　식사한 후에 식기를 바로 씻도록 하고 있습니다.

B. ④③②①　건강을 위해 비타민C를 섭취하도록 하고 있습니다.

C. ④②①③　매일 운동하도록 하고 있습니다.

D. ①②③④　에세이를 읽도록 하고 있습니다.

E. ④①②③　담배를 피우지 않도록 하고 있습니다.

관련 단어

早(はや)めに 일찍, 빨리

寝(ね)る 자다

(동사의 기본형) ~ようにする
~하도록 하다

毎日(まいにち) 매일

新聞(しんぶん)を読(よ)む
신문을 읽다

使(つか)った物(もの)
사용한 것

元(もと)に戻(もど)す
원래 상태로 되돌리다

30分(さんじっぷん)ずつ
30분씩

歩(ある)く 걷다

嫌(きら)いな物(もの)
싫어하는 것

食(た)べる 먹다

漢字(かんじ) 한자

10個(じっこ/じゅっこ)ずつ 10개씩

覚(おぼ)える 외우다

運動(うんどう) 운동

~のために ~을 위해

階段(かいだん) 계단

使(つか)う 사용하다

食事(しょくじ)する 식사하다

~た後(あと)で ~한 후에

食器(しょっき) 식기

すぐ洗(あら)う 바로 씻다

健康(けんこう) 건강

ビタミンCを取(と)る
비타민C를 섭취하다

運動(うんどう)する 운동하다

エッセイ 에세이

タバコを吸(す)う 담배를 피우다

075

[동사의 기본형] ~ようになる ~하게 되다

1. 한글로 표현해 보세요. (정답은 2참고)

1 日本語が話せるようになりました。
　にほんご　はな

2 パソコンが使えるようになりました。
　　　　　つか

3 運転ができるようになりました。
　うんてん

4 嫌いなにんじんが食べられるようになりました。
　きら　　　　　　　た

5 頑張って漢字が読めるようになりました。
　がんば　かんじ　よ

6 プールで泳げるようになりました。
　　　　およ

7 早めに寝られるようになりました。
　はや　ね

2. 일본어로 표현해 보세요. (정답은 1참고)

1 일본어를 말할 수 있게 되었습니다.
2 컴퓨터를 쓸 수 있게 되었습니다.
3 운전을 할 수 있게 되었습니다.
4 싫어하는 당근을 먹을 수 있게 되었습니다.
5 분발하여 한자를 읽을 수 있게 되었습니다.
6 수영장에서 수영할 수 있게 되었습니다.
7 일찍 잘 수 있게 되었습니다.

3. 응용 ▶ 숫자를 순서대로 배열해 보세요. (응용 정답은 아래 참고)

A ①日本語の　②小説が　③読める　④ようになりました
B ①ようになりました　②持つ　③興味を　④中国語に
C ①が　　②できる　③ようになりました　④家事
D ①赤ちゃん　②歩ける　③ようになりました　④が
E ①聞こえる　②セリフが　③ようになりました　④日本ドラマの

▶ 응용 정답
A. ①②③④　일본어 소설을 읽을 수 있게 되었습니다.
B. ④③②①　중국어에 흥미를 가지게 되었습니다.
C. ④①②③　가사를 할 수 있게 되었습니다.
D. ①④②③　아기가 걸을 수 있게 되었습니다.
E. ④②①③　일본 드라마 대사가 들리게 되었습니다.

관련 단어

日本語(にほんご) 일본어
話(はな)せる 말할 수 있다
(동사의 기본형) ~ようになる
~하게 되다
パソコン 컴퓨터
使(つか)える 사용할 수 있다
運転(うんてん) 운전
~ができる ~을 할 수 있다
嫌(きら)いだ 싫어하다
にんじん 당근
食(た)べられる 먹을 수 있다
頑張(がんば)る 분발하다
漢字(かんじ) 한자
読(よ)める 읽을 수 있다
プールで 수영장에서
泳(およ)げる 수영할 수 있다
早(はや)めに 일찍, 빨리
寝(ね)られる 잘 수 있다
小説(しょうせつ) 소설
中国語(ちゅうごくご) 중국어
興味(きょうみ)を持(も)つ
흥미를 가지다
家事(かじ)ができる
가사를 할 수 있다
赤(あか)ちゃん 아기
歩(ある)ける 걸을 수 있다
日本(にほん)ドラマのセリフ
일본 드라마 대사
~が聞(き)こえる
~가 들리다

076

[동사의 기본형] ~つもりだ ~할 생각이다

1. 한글로 표현해 보세요. (정답은 2참고)

1 土曜日は何をするつもりですか。
　 どようび　なに

2 日本語だけじゃなくて、中国語も習うつもりです。
　 にほんご　　　　　　　　　ちゅうごくご　なら

3 お昼にラーメンを食べるつもりです。
　 ひる　　　　　　　た

4 たばこは吸わないつもりです。
　　　　　　す

5 レポートは月曜日に出すつもりです。
　　　　　　げつようび　だ

6 夜12時ごろに寝るつもりです。
　 よるじゅうに じ　　ね

7 今日までするつもりだったんだけど、できません
　 きょう
でした。

2. 일본어로 표현해 보세요. (정답은 1참고)

1 토요일은 무엇을 할 생각입니까?

2 일본어뿐만 아니라, 중국어도 배울 생각입니다.

3 점심에 라면을 먹을 생각입니다.

4 담배는 피지 않을 생각입니다.

5 리포트는 월요일에 낼 생각입니다.

6 밤 12경에 잘 생각입니다.

7 오늘까지 할 생각이었는데, 하지 못했습니다.

3. 응용 ▶ 숫자를 순서대로 배열해 보세요. (응용 정답은 아래 참고)

A	①つもりです	②留学する	③へ	④日本
B	①する	②つもり	③ですか	④どう
C	①つもりです	②日本語の先生に	③なる	④将来
D	①今日は	②どこで	③何をする	④つもりなの?
E	①どこで	②つもり	③ですか	④働く

▶ 응용 정답
A. ④③②① 일본에 유학할 생각입니다.
B. ④①②③ 어떻게 할 생각입니까?
C. ④②③① 장래 일본어 선생이 될 생각입니다.
D. ①②③④ 오늘은 어디서 무엇을 할 생각이니?
E. ①④②③ 어디서 일할 생각입니까?

관련 단어

土曜日(どようび) 토요일
何(なに)をする 무엇을 하다
(동사의 기본형) ~つもりだ
~할 생각이다
日本語(にほんご) 일본어
~だけじゃなくて
~뿐만 아니라
中国語(ちゅうごくご) 중국어
習(なら)う 배우다
お昼(ひる)に 점심에
ラーメンを食(た)べる
라면을 먹다
たばこは吸(す)う
담배는 피우다
レポート 리포트
月曜日(げつようび) 월요일
~に出(だ)す ~에 내다
夜(よる)12時(じゅうにじ)ごろに
밤 12시경에
寝(ね)る 자다
今日(きょう)まで 오늘까지
するつもり 할 생각
~だったんだけど
~이었는데, ~이었지만
できる 할 수 있다
日本(にほん)へ 일본에
留学(りゅうがく)する 유학하다
どう 어떻게
将来(しょうらい) 장래
先生(せんせい)になる
선생님이 되다
どこで 어디에서
働(はたら)く 일하다

077

[동사의 기본형] ~予定(よてい)だ ~할 예정이다

1. 한글로 표현해 보세요. (정답은 2참고)

1 友達と旅行する予定だ。
  ともだち　りょこう　　　よてい

2 私は来年留学する予定だ。
  わたし　らいねんりゅうがく　　よてい

3 国内で休暇を過ごす予定だ。
  こくない　きゅうか　す　　よてい

4 明日お客さんと会う予定だ。
  あした　きゃく　　　あ　よてい

5 会社で来週登山する予定だ。
  かいしゃ　らいしゅうとざん　　よてい

6 会議は午後３時に終わる予定だ。
  かいぎ　ごご　じ　お　　　よてい

7 来週海外へ行く予定だ。
  らいしゅうかいがい　い　よてい

2. 일본어로 표현해 보세요. (정답은 1참고)

1 친구와 여행갈 예정이다.

2 나는 내년에 유학갈 예정이다.

3 국내에서 휴가를 보낼 예정이다.

4 내일 손님과 만날 예정이다.

5 회사에서 다음 주 등산할 예정이다.

6 회의는 오후 3시에 끝날 예정이다.

7 다음 주 해외에 갈 예정이다.

3. 응용 ▶ 숫자를 순서대로 배열해 보세요. (응용 정답은 아래 참고)

A ①明日　　②出発する　　③予定だ　　④私は
B ①予定だ　②する　　　　③宿題を　　④漢字の
C ①予定だ　②道路の　　　③工事をする　④ここは
D ①10時に　②予定です　　③到着する　　④バスは
E ①ですか　②予定　　　　③送金する　　④いつ

▶ 응용 정답
A. ④①②③　나는 내일 출발할 예정이다.
B. ④③②①　한자 숙제를 할 예정이다.
C. ④②③①　여기는 길 공사를 할 예정이다.
D. ④①③②　버스는 10시에 도착할 예정입니다.
E. ④③②①　언제 송금할 예정입니까?

관련 단어

友達(ともだち)と 친구와

旅行(りょこう)する 여행하다

(동사의 기본형) ~予定(よてい)だ
~할 예정이다

来年(らいねん) 내년

留学(りゅうがく)する
유학하다

国内(こくない)で 국내에서

休暇(きゅうか) 휴가

過(す)ごす 보내다

明日(あした) 내일

お客(きゃく)さん 손님

~と会(あ)う ~와 만나다

会社(かいしゃ)で 회사에서

来週(らいしゅう) 다음주

登山(とざん)する 등산하다

会議(かいぎ) 회의

午後(ごご) 오후

３時(さんじ)に終(お)わる
3시에 끝나다

海外(かいがい)へ行(い)く
해외에 가다

私(わたし) 나, 저

出発(しゅっぱつ)する
출발하다

漢字(かんじ) 한자

宿題(しゅくだい)をする
숙제를 하다

ここは 여기는

道路(どうろ) 도로

工事(こうじ)をする 공사를 하다

バス 버스

10時(じゅうじ)に 10시에

到着(とうちゃく)する 도착하다

いつ 언제

送金(そうきん)する 송금하다

078

> **[보통형]** **(な형용사 어간+な/である)(명사+の/である)** ~**はずだ**
>
> ~할 것이다

1. 한글로 표현해 보세요. (정답은 2참고)

1　それはできるはずだ。

2　彼女なら分かるはずだ。
　　かのじょ　わ

3　今日はここに友達が来るはずだ。
　　きょう　　　　ともだち　く

4　明日彼に会うはずだ。
　　あした かれ あ

5　この問題は君には易しいはずだ。
　　もんだい きみ やさ

6　あなたには何度も話したはずだ。
　　　　　　なん ど　はな

7　何も文句はないはずだ。
　　なに もん く

2. 일본어로 표현해 보세요. (정답은 1참고)

1　그것은 할 수 있을 것이다.

2　그녀라면 알 것이다.

3　오늘은 여기에 친구가 올 것이다.

4　내일 그를 만날 것이다.

5　이 문제는 자네에게는 쉬울 것이다.

6　당신에게는 몇 번이나 이야기했을 것이다.

7　아무것도 불평은 없을 것이다.

3. 응용 ▶ 숫자를 순서대로 배열해 보세요. (응용 정답은 아래 참고)

A　①はずだ　　　②そう言った　　③確か　　　④私は

B　①明日　　　　②到着する　　　③はずだ　　④彼女は

C　①はずだ　　　②12時ごろに　　③着く　　　④友達は

D　①はずだ　　　②来る　　　　　③もうすぐ　④彼は

E　①この漫画は　②よく　　　　　③売れる　　④はずだ

▶ 응용 정답

A. ④③②①　나는 분명 그렇게 말했을 것이다.

B. ④①②③　그녀는 내일 도착할 것이다.

C. ④②③①　친구는 12시경에 도착할 것이다.

D. ④③②①　그는 이제 곧 올 것이다.

E. ①②③④　이 만화는 잘 팔릴 것이다.

관련 단어

それ 그것

できる 할 수 있다

(078 접속형태 참고) ~はずだ
~할 것이다

彼女(かのじょ)なら 그녀라면

分(わ)かる 알다, 알 수 있다

今日(きょう) 오늘

ここ 여기

友達(ともだち)が来(く)る
친구가 오다

明日(あした) 내일

彼(かれ)に会(あ)う
그를 만나다

この問題(もんだい) 이 문제

君(きみ) 자네, 너

易(やさ)しい 쉽다

あなたには 당신에게는

何度(なんど)も 몇 번이나

話(はな)す 이야기하다

何(なに)も 아무것도

文句(もんく)はない
불평은 없다

私(わたし) 나, 저

確(たし)か 분명

そう言(い)う 그렇게 말하다

到着(とうちゃく)する
도착하다

12時(じゅうにじ)ごろに
12시경에

着(つ)く 도착하다

もうすぐ 이제 곧

この漫画(まんが) 이 만화

よく売(う)れる 잘 팔리다

079

[동사의 기본형] ~前(まえ)に ～하기 전에

1. 한글로 표현해 보세요. (정답은 2참고)

1 日が沈む前に家に帰ります。
　ひ　しず　まえ　いえ　かえ

2 旅行する前にチケットを予約します。
　りょこう　まえ　　　　　　よやく

3 始める前にいろいろ準備します。
　はじ　まえ　　　　　じゅんび

4 到着する前に連絡します。
　とうちゃく　まえ　れんらく

5 寝る前に歯を磨きます。
　ね　まえ　は　みが

6 ご飯を食べる前に手をきれいに洗います。
　はん　た　まえ　て　　　　　あら

7 学校に行く前にジュースを飲みます。
　がっこう　い　まえ　　　　　　　の

2. 일본어로 표현해 보세요. (정답은 1참고)

1 날이 저물기 전에 집에 돌아갑니다.

2 여행하기 전에 티켓을 예약합니다.

3 시작하기 전에 여러 가지 준비합니다.

4 도착하기 전에 연락하겠습니다.

5 자기 전에 이를 닦습니다.

6 밥을 먹기 전에 손을 깨끗이 씻습니다.

7 학교에 가기 전에 주스를 마십니다.

3. 응용 ▶ 숫자를 순서대로 배열해 보세요. (응용 정답은 아래 참고)

A ①チェックします ②目次を ③前に ④本を買う
B ①トイレに ②行って ③きます ④授業の前に
C ①顔を ②前に ③洗います ④寝る
D ①片付けます ②荷物を ③前に ④引っ越しの
E ①前に ②資料を ③配ります ④プレゼンの

▶ 응용 정답

A. ④③②① 책을 사기 전에 목차를 체크합니다.
B. ④①②③ 수업 전에 화장실에 갔다 오겠습니다.
C. ④②①③ 자기 전에 얼굴을 씻습니다.
D. ④③②① 이사하기 전에 짐을 정리합니다.
E. ④①②③ 프레젠테이션 전에 자료를 배부합니다.

관련 단어

日(ひ)が沈(しず)む 날이 저물다
(동사의 기본형)

~前(まえ)に ～하기 전에

家(いえ)に帰(かえ)る 집에 돌아가다

旅行(りょこう)する 여행하다

チケットを予約(よやく)する
티켓을 예약하다

始(はじ)める 시작하다

いろいろ 여러가지

準備(じゅんび)する 준비하다

到着(とうちゃく)する 도착하다

連絡(れんらく)する 연락하다

寝(ね)る 자다

歯(は)を磨(みが)く 이를 닦다

ご飯(はん)を食(た)べる 밥을 먹다

手(て)を洗(あら)う 손을 씻다

きれいに 깨끗하게, 예쁘게

学校(がっこう)に行(い)く
학교에 가다

ジュースを飲(の)む 주스를 마시다

本(ほん)を買(か)う 책을 사다

目次(もくじ)をチェックする
목차를 체크하다

授業(じゅぎょう) 수업

トイレ 화장실

行(い)ってくる 갔다 오다

顔(かお)を洗(あら)う 얼굴을 씻다

引(ひ)っ越(こ)し 이사

荷物(にもつ) 짐

片付(かたづ)ける 정리하다, 치우다

プレゼン 프레젠테이션

資料(しりょう) 자료

配(くば)る 배부하다

080

[동사의 기본형] ~と　～하면

1. 한글로 표현해 보세요. (정답은 2참고)

1 春になると、花が咲きます。
はる　　　　　　はな　さ

2 カードを作ると、サービスが受けられます。
　　　　つく　　　　　　　　　　　う

3 日本のドラマを見ると、日本の文化が分かります。
に ほん　　　　　　み　　　　に ほん　ぶん か　わ

4 コーヒーを飲むと、眠くなくなります。
　　　　　の　　　　ねむ

5 6月の末になると、梅雨になります。
ろくがつ　すえ　　　　　　つゆ

6 映画のチケットがないと、中に入れません。
えい が　　　　　　　　　　　なか　はい

7 飲みすぎると、体の調子が悪くなります。
の　　　　　　　　からだ ちょう し　わる

2. 일본어로 표현해 보세요. (정답은 1참고)

1 봄이 되면 꽃이 핍니다.
2 카드를 만들면 서비스를 받을 수 있습니다.
3 일본의 드라마를 보면 일본의 문화를 알 수 있습니다.
4 커피를 마시면 졸리지 않게 됩니다.
5 6월말이 되면 장마가 됩니다.
6 영화 티켓이 없으면 안에 들어갈 수 없습니다.
7 너무 마시면 몸 상태가 나빠집니다.

3. 응용 ▶ 숫자를 순서대로 배열해 보세요. (응용 정답은 아래 참고)

A	①できます	②リラックス	③聞くと	④音楽を
B	①いると	②眠く	③なります	④疲れて
C	①押すと	②出ます	③ジュースが	④ボタンを
D	①なります	②きれいに	③浴びると	④シャワーを
E	①なると	②寒く	③なります	④12月に

▶ 응용 정답

A. ④③②① 음악을 들으면 긴장을 풀 수 있습니다.
B. ④①②③ 피곤해 있으면 졸립니다.
C. ④①③② 버튼을 누르면 주스가 나옵니다.
D. ④③②① 샤워를 하면 깨끗해집니다.
E. ④①②③ 12월이 되면 추워집니다.

관련 단어

春(はる) 봄
(명사) ~になる ~이 되다
(い형용사 い탈락) ~くなる ~해지다
(동사의 기본형) ~と ~하면
花(はな)が咲(さ)く 꽃이 피다
カードを作(つく)る 카드를 만들다
サービスを受(う)ける 서비스를 받다
日本(にほん) 일본
ドラマを見(み)る 드라마를 보다
文化(ぶんか) 문화
~が分(わ)かる ~를 알 수 있다
コーヒーを飲(の)む
커피를 마시다
眠(ねむ)い 졸리다
~くなくなる ~하지 않게 되다
末(すえ) 말
梅雨(つゆ) 장마철
映画(えいが) 영화
チケットがない 티켓이 없다
中(なか)に入(はい)る
안에 들어가다
(동사의 ます형) ~すぎる 너무 ~하다
体(からだ) 몸
調子(ちょうし) 몸 상태, 컨디션
悪(わる)い 나쁘다
音楽(おんがく)を聞(き)く
음악을 듣다
リラックスする 긴장을 풀다
疲(つか)れる 피곤하다
ボタンを押(お)す
버튼을 누르다
ジュースが出(で)る
주스가 나오다
シャワーを浴(あ)びる
샤워를 하다
きれいになる 깨끗해지다
12月(じゅうにがつ) 12월
寒(さむ)くなる 추워지다

081

[보통형] (な형용사 だ탈락)(명사) ~なら ~라면

1. 한글로 표현해 보세요. (정답은 2참고)

1 私ならそんなことをしない。
  わたし

2 明日晴れなら行きます。
  あした は   い

3 温泉なら湯布院がいいです。
  おんせん   ゆ ふ いん

4 それならちょっと待ちましょう。
              ま

5 その仕事なら彼が適任だ
     し ごと かれ てきにん

6 彼なら間違いない。
  かれ ま ちが

7 嫌なら結構です。
  いや けっこう

2. 일본어로 표현해 보세요. (정답은 1참고)

1 나라면 그런 짓을 하지 않는다.

2 내일 맑다면 가겠습니다.

3 온천이라면 유후인이 좋습니다.

4 그렇다면 잠깐 기다립시다.

5 그 일이라면 그가 적임이다.

6 그라면 틀림없다.

7 싫다면 됐습니다.

3. 응용 ▶ 숫자를 순서대로 배열해 보세요. (응용 정답은 아래 참고)

A ①そうしなさい ②なら   ③飼いたい   ④ペットを
B ①思う   ②なら   ③そうしなさい ④そう
C ①なら   ②あの店が   ③新鮮で安い   ④野菜
D ①明日の   ②スケジュール ③なら   ④どうですか
E ①私も   ②手伝います ③なら   ④必要

▶ 응용 정답
A. ④③②① 애완동물을 기르고 싶다면 그렇게 하세요.
B. ④①②③ 그렇게 생각한다면 그렇게 하세요.
C. ④①②③ 야채라면 저 가게가 신선하고 쌉니다.
D. ①②③④ 내일 스케줄이라면 어떻습니까?
E. ④③①② 필요하다면 저도 돕겠습니다.

관련 단어

私(わたし) 나, 저
(동사의 기본형) ~なら ~라면
そんなこと 그런 것
明日(あした) 내일
晴(は)れ 맑음
行(い)く 가다
温泉(おんせん) 온천
湯布院(ゆふいん) 유후인
いい 좋다
それなら 그렇다면
ちょっと 잠깐
待(ま)つ 기다리다
(동사의 ます형) ~ましょう ~합시다
その仕事(しごと) 그 일
彼(かれ) 그
適任(てきにん)だ 적임이다
間違(まちが)いない 틀림없다
嫌(いや)だ 싫어하다
結構(けっこう)だ 됐다
ペットを飼(か)う
애완동물을 기르다
(동사의 ます형) ~たい ~하고 싶다
そう 그렇게
(동사의 ます형) ~なさい
~하세요, ~하렴
思(おも)う 생각하다
野菜(やさい) 야채
あの店(みせ) 저 가게
新鮮(しんせん)だ 신선하다
安(やす)い 싸다
スケジュール 스케줄
どうですか 어떻습니까?
必要(ひつよう)だ 필요하다
手伝(てつだ)う 돕다

082

[보통형] ~そうだ　~라고 한다(전문)

1. 한글로 표현해 보세요. (정답은 2참고)

1 明日(あした)は雨(あめ)が降(ふ)るそうです。

2 今日(きょう)から試験(しけん)だそうです。

3 ここの図書館(としょかん)はとても便利(べんり)だそうです。

4 沖縄(おきなわ)は寒(さむ)くないそうです。

5 彼女(かのじょ)は休(やす)みだそうですよ。

6 彼(かれ)は飲(の)み会(かい)には行(い)かないそうです。

7 あの話(はなし)は嘘(うそ)だそうです。

2. 일본어로 표현해 보세요. (정답은 1참고)

1 내일은 비가 내린다고 합니다.
2 오늘부터 시험이라고 합니다.
3 여기 도서관은 매우 편리하다고 합니다.
4 오키나와는 춥지 않다고 합니다.
5 그녀는 휴일이라고 합니다.
6 그는 회식에는 가지 않는다고 합니다.
7 그 이야기는 거짓말이라고 합니다.

3. 응용 ▶ 숫자를 순서대로 배열해 보세요. (응용 정답은 아래 참고)

A ①昨日(きのう)は　②雪(ゆき)が　③降(ふ)った　④そうです

B ①便利(べんり)　②じゃない　③そうです　④ここの交通(こうつう)は

C ①そうです　②元気(げんき)だ　③人(ひと)は　④あの

D ①バナナは　②体(からだ)に　③そうです　④いい

E ①そうです　②目(め)が　③悪(わる)い　④彼(かれ)は

▶ 응용 정답

A.①②③④ 어제는 눈이 내렸다고 합니다. / B.④①②③ 여기 교통은 편리하지 않다고 합니다. /
C.④③②① 저 사람은 건강하다고 합니다. / D.①②④③ 바나나는 몸에 좋다고 합니다. /
E.④②③① 그는 눈이 나쁘다고 합니다.

TIPS ~そうだ(전문) 접속형태 (~라고 한다, ~했다고 한다)

동사	기본형+そうだ	降(ふ)るそうだ 내린다고 한다
	과거형+そうだ	降(ふ)ったそうだ 내렸다고 한다
い형용사	기본형+そうだ	寒(さむ)いそうだ 춥다고 한다
	과거형+そうだ	寒(さむ)かったそうだ 추웠다고 한다
な형용사	기본형+そうだ	元気(げんき)だそうだ 건강하다고 한다
	과거형+そうだ	元気(げんき)だったそうだ 건강했다고 한다
ない	기본형+そうだ	ないそうだ 없다고 한다
	과거형+そうだ	なかったそうだ 없었다고 한다
よい	기본형+そうだ	よいそうだ 좋다고 한다
	과거형+そうだ	よかったそうだ 좋았다고 한다

관련 단어

明日(あした) 내일

雨(あめ)が降(ふ)る 비가 내리다

(동사의 기본형) ~そうだ ~라고 한다(전문)

(동사의 과거형) ~そうだ ~했다고 한다(전문)

今日(きょう)から 오늘부터

試験(しけん)だ 시험이다

図書館(としょかん) 도서관

便利(べんり)だ 편리하다

沖縄(おきなわ) 오키나와

寒(さむ)い 춥다

~くない ~하지 않다

彼女(かのじょ) 그녀

休(やす)みだ 휴일이다

彼(かれ) 그

飲(の)み会(かい) 회식

行(い)く 가다

あの話(はなし) 그 얘기

嘘(うそ)だ 거짓말이다

昨日(きのう) 어제

雪(ゆき)が降(ふ)る 눈이 내리다

交通(こうつう) 교통

便利(べんり)だ 편리하다

~じゃない ~하지 않다

あの人(ひと) 저 사람

元気(げんき)だ 건강하다

バナナ 바나나

体(からだ)にいい 몸에 좋다

目(め)が悪(わる)い 눈이 나쁘다

[보통형] ~ようだ/[보통형] ~みたいだ　~인 것 같다

1. 한글로 표현해 보세요. (정답은 2참고)

1 ドアが壊れているようだ。
こわ

2 新しいカレーのメニューのようだ。
あたら

3 何か作っているようだ。
なに　つく

4 どうやら風邪を引いたみたい。
かぜ　ひ

5 この辺で事故があったみたい。
へん　じこ

6 あの人は日本人みたいですね。
ひと　にほんじん

7 明日は曇るみたい。
あした　くも

2. 일본어로 표현해 보세요. (정답은 1참고)

1 문이 부서져 있는 것 같다.

2 새로운 카레 메뉴인 것 같다.

3 무언가 만들고 있는 것 같다.

4 아무래도 감기에 걸린 것 같다.

5 이 부근에서 사고가 있었던 것 같다.

6 저 사람은 일본인인 것 같네요.

7 내일은 흐린 것 같다.

3. 응용 ▶ 숫자를 순서대로 배열해 보세요. (응용 정답은 아래 참고)

	①	②	③	④
A	①みたい	②晴れる	③は	④今日
B	①風邪	②は	③みたいね	④大丈夫
C	①ようだ	②夢の	③これは	④まるで
D	①疲れている	②よう	③だった	④父は
E	①ようだ	②来た	③外に	④誰かが

▶ 응용 정답

A. ④③②① 오늘은 맑은 것 같다.
B. ①②④③ 감기는 괜찮은 것 같네.
C. ③④②① 이것은 마치 꿈인 것 같다.
D. ④①②③ 아버지는 피곤한 것 같았다.
E. ③④②① 밖에 누군가가 온 것 같다.

관련 단어

ドアが壊(こわ)れる
문이 부서지다

(보통형) ~ようだ
~인 것 같다

(보통형) ~みたいだ
~인 것 같다

新(あたら)しい 새롭다

カレーのメニュー 카레 메뉴

何(なに)か 무언가

作(つく)る 만들다

どうやら 아무래도

風邪(かぜ)を引(ひ)く
감기에 걸리다

この辺(へん)で 이 부근에서

事故(じこ)がある
사고가 있다

あの人(ひと) 저 사람

日本人(にほんじん) 일본인

明日(あした) 내일

曇(くも)る 흐리다

今日(きょう) 오늘

晴(は)れる 맑다

大丈夫(だいじょうぶ)だ
괜찮다

これ 이것

まるで 마치

夢(ゆめ) 꿈

父(ちち) 아버지

疲(つか)れる 피곤하다

外(そと)に 밖에

誰(だれ)か 누군가

来(く)る 오다

084

[보통형] ~らしい ~인 것 같다 / [명사] ~らしい ~답다

1. 한글로 표현해 보세요. (정답은 2참고)

1 赤ちゃんがやっと寝たらしい。
   あか　　　　　　　　ね

2 あの人は大学院を出たらしい。
   　ひと　だいがくいん　で

3 この近くに美味しいお店ができたらしい。
   　ちか　　おい　　　　みせ

4 その人は日本で大学を出たらしい。
   　ひと　にほん　だいがく　で

5 日本には有名な夏祭りがあるらしい。
   にほん　　ゆうめい　なつまつ

6 自分らしく生きていきたいですね。
   じぶん　　　い

7 大人らしく行動していますね。
   おとな　　　こうどう

2. 일본어로 표현해 보세요. (정답은 1참고)

1 아기가 겨우 잔 것 같다.
2 저 사람은 대학원을 나온 것 같다.
3 이 근처에 맛있는 가게가 생긴 것 같아.
4 그 사람은 일본에서 대학교를 나온 것 같다.
5 일본에는 유명한 여름축제가 있는 것 같다.
6 자신답게 살아가고 싶군요.
7 어른답게 행동하고 있네요.

3. 응용 ▶ 숫자를 순서대로 배열해 보세요. (응용 정답은 아래 참고)

A ①あの大学を　②大変　　　　　③らしい　　④卒業するのは
B ①らしい　　　②日本で勉強した　③子供の頃　④あの人は
C ①しっかりして②いますね　　　　③らしく　　④大学生
D ①ですね　　　②考え方　　　　　③らしい　　④田中さん
E ①らしく　　　②暮らして　　　　③いますね　④あなた

▶ 응용 정답
A. ①④②③ 저 대학을 졸업하는 것은 힘든 것 같다.
B. ④③②① 저 사람은 어린 시절 일본에서 공부한 것 같다.
C. ④③①② 대학생답게 야무지네요.
D. ④③②① 다나카 씨다운 사고방식이네요.
E. ④①②③ 당신답게 지내고 있네요.

관련 단어

赤(あか)ちゃん 아기
やっと 겨우, 간신히
寝(ね)る 자다
(보통형) ~らしい ~인 것 같다
(명사) ~らしい ~답다
あの人(ひと) 저 사람
大学院(だいがくいん) 대학원
出(で)る 나오다
この近(ちか)くに 이 근처에
美味(おい)しい 맛있다
お店(みせ)ができる
가게가 생기다
その人(ひと) 그 사람
日本(にほん)で 일본에서
大学(だいがく) 대학교
有名(ゆうめい)だ 유명하다
夏祭(なつまつ)り 여름축제
自分(じぶん)らしく
자신답게
生(い)きる 살다
~ていきたい ~해 가고 싶다
大人(おとな)らしく 어른답게
行動(こうどう)する 행동하다
卒業(そつぎょう)する
졸업하다
大変(たいへん)だ 힘들다
子供(こども)の頃(ころ)
어린 시절
勉強(べんきょう)する
공부하다
大学生(だいがくせい) 대학생
しっかりする 야무지다
田中(たなか)さん 다나카 씨
考(かんが)え方(かた)
사고방식
あなたらしく 당신답게
暮(く)らす 지내다, 생활하다

085

[동사의 기본형] ~間(あいだ)に ~동안에, ~사이에

1. 한글로 표현해 보세요. (정답은 2참고)

1 日本にいる間に、温泉に行ってみたいです。
　にほん　　　あいだ　　おんせん　い

2 料理を作っている間に、部屋の掃除をしてください。
　りょうり　つく　　　　あいだ　　へや　そうじ

3 暇な間に、おかずを作っておきます。
　ひま　あいだ　　　　　　つく

4 ちょっと見ない間に、子供が大きくなっていた。
　　　　　み　あいだ　こども　おお

5 冬休みの間に、漢字の勉強をしてください。
　ふゆやす　あいだ　かんじ　べんきょう

6 休み時間の間に、音楽を聞いたりお茶を飲んだり
　やす　じかん　あいだ　おんがく　き　　　　　ちゃ　の
　します。

7 靴が安い間に、買ってください。
　くつ　やす　あいだ　か

2. 일본어로 표현해 보세요. (정답은 1참고)

1 일본에 있는 동안에 온천에 가보고 싶습니다.

2 요리를 만들고 있는 동안에 방청소를 해 주세요.

3 한가한 동안에 반찬을 만들어 둡니다.

4 잠깐 안 보는 사이에 아이가 커져 있었다.

5 겨울방학 동안에 한자 공부를 해 주세요.

6 쉬는 시간 동안에 음악을 듣거나 차를 마시거나 합니다.

7 신발이 저렴한 동안에 사주세요.

3. 응용 ▶ 숫자를 순서대로 배열해 보세요. (응용 정답은 아래 참고)

A ①掃除をする　　　　②間に　　　③本を読んでいる　　④子供が

B ①家族が　②自転車を使っていない　③間に　④自分がちょっと使う

C ①旅行に　②間に　③行ってくる　④休みの

D ①財布を　②無くしてしまった　③間に　④知らない

E ①寝ている　　　　②間に　　　③汗をかきました　　④妹は

▶ 응용 정답

A. ④③②① 아이가 책을 읽고 있는 동안에 청소를 한다.
B. ①②③④ 가족이 자전거를 사용하지 않는 동안에 자신이 잠깐 사용하다.
C. ④②①③ 휴가 동안에 여행에 갔다 오다.
D. ④③①② 모르는 사이에 지갑을 분실해버렸다.
E. ④①②③ 여동생은 자는 동안에 땀을 흘렸습니다.

관련 단어

日本(にほん) 일본

(동사의 기본형)

~間(あいだ)に ~동안에, ~사이에

温泉(おんせん) 온천

行(い)く 가다

~てみたい ~해 보고 싶다

料理(りょうり) 요리

作(つく)る 만들다

部屋(へや)の掃除(そうじ) 방 청소

暇(ひま)だ 한가하다

おかず 반찬

~ておく ~해 두다

ちょっと見(み)る 잠깐 보다

子供(こども) 아이

大(おお)きくなる 커지다

冬休(ふゆやす)み 겨울방학

漢字(かんじ) 한자

勉強(べんきょう) 공부

休(やす)み時間(じかん) 쉬는 시간

音楽(おんがく)を聞(き)く 음악을 듣다

お茶(ちゃ)を飲(の)む 차를 마시다

靴(くつ)が安(やす)い 신이 싸다

買(か)う 사다

本(ほん)を読(よ)む 책을 읽다

家族(かぞく) 가족

自転車(じてんしゃ) 자전거

自分(じぶん)が使(つか)う 자신이 사용하다

休(やす)み 휴일, 휴식

旅行(りょこう) 여행

~てくる ~해 오다

知(し)る 알다

財布(さいふ) 지갑

無(な)くす 분실하다

~てしまう ~해 버리다

妹(いもうと) 여동생

寝(ね)る 자다

汗(あせ)をかく 땀을 흘리다

086

[동사의 기본형] ~な ~하지 마라(금지)

1. 한글로 표현해 보세요. (정답은 2참고)

1 ばかなことを言うな。
   い

2 大きな声で話すな。
   おお こえ はな

3 ハンカンで魚を釣るな。
   さかな つ

4 健康に悪いから怒るな。
   けんこう わる おこ

5 人のものに触るな。
   ひと さわ

6 危ないからそっちには行くな。
   あぶ い

7 ここではたばこを吸うな。
   す

2. 일본어로 표현해 보세요. (정답은 1참고)

1 바보 같은 말을 하지 마라.
2 큰 소리로 이야기하지 마라.
3 한강에서 물고기를 잡지마라.
4 건강에 나쁘니까 화내지 마라.
5 남의 물건에 손을 대지 마라.
6 위험하니까 그쪽에는 가지 마라.
7 여기서는 담배를 피우지 마라.

3. 응용 ▶ 숫자를 순서대로 배열해 보세요. (응용 정답은 아래 참고)

A ①な   ②触る   ③に   ④これ
B ①赤ちゃんが   ②起こるから   ③うるさく   ④するな
C ①大声で   ②中では   ③話すな   ④電車の
D ①運転する   ②酒を   ③飲むな   ④ときは
E ①悩む   ②な   ③一人   ④で

▶ 응용 정답
A. ④③②① 이것에 손을 대지 마라.
B. ①②③④ 아기가 깨니까 시끄럽게 하지 마라.
C. ④②①③ 전철 안에서는 큰 소리로 말하지 마라.
D. ①④②③ 운전할 때는 술을 마시지 마라.
E. ③④①② 혼자서 고민하지 마라.

관련 단어

ばかなこと 바보 같은 것
言(い)う 말하다
(동사의 기본형) ~な ~하지 마라
大(おお)きな声(こえ)
큰 소리
話(はな)す
이야기하다, 말하다
ハンカンで 한강에서
魚(さかな)を釣(つ)る
낚시를 하다
健康(けんこう) 건강
悪(わる)い 나쁘다
~から ~하니까, ~때문에
怒(おこ)る 화내다
人の物(もの) 남의 것
~に触(さわ)る ~에 손을 대다
危(あぶ)ない 위험하다
そっち 그쪽
行(い)く 가다
ここでは 여기에서는
たばこを吸(す)う
담배를 피우다
赤(あか)ちゃん 아기
起(お)こる 일어나다, 깨다
うるさくする 시끄럽게 하다
電車(でんしゃ) 전차, 전철
中(なか)では 안에서는
大声(おおごえ)で 큰 소리로
運転(うんてん)する 운전하다
酒(さけ)を飲(の)む
술을 마시다
一人(ひとり)で 혼자서
悩(なや)む 고민하다

087

[동사의 보통형] ~ し、[동사의 보통형] ~ し　～하고, ～하고

1. 한글로 표현해 보세요. (정답은 2참고)

1　今日は宿題も多いし、熱もあるし、大変です。
　　きょう　　しゅくだい　おお　　　　ねつ　　　　　　　　たいへん

2　この店は魚も美味しいし、おかずも多いし、とて
　　みせ　さかな　おい　　　　　　　　　　おお
　　も気に入っています。
　　　き　い

3　最近仕事もできたし、生活も楽しいし、ハッピー
　　さいきん　しごと　　　　　　せいかつ　たの
　　です。

4　ここは駅からも近いし、家賃も安いし、暮らしや
　　　　　えき　　　　ちか　　　やちん　やす　　　く
　　すいです。

5　忙しいし、お金もないし、飲み会には行けない。
　　いそが　　　　かね　　　　　の　かい　　　い

6　今日は雪も降っているし、デートもあるし、気分
　　きょう　ゆき　ふ　　　　　　　　　　　　　　　　きぶん
　　がいいです。

7　旅行に行ってお土産も買ったし、いい思い出も作
　　りょこう　い　　　　みやげ　か　　　　　　おも　で　つく
　　ったし、最高です。
　　　　　さいこう

2. 일본어로 표현해 보세요. (정답은 1참고)

1　오늘은 숙제도 많고 열도 있고 힘듭니다.
2　이 가게는 생선도 맛있고 반찬도 많고 매우 마음에 듭니다.
3　최근 일도 생기고 생활도 즐겁고 행복합니다.
4　여기는 역에서도 가깝고 집세도 싸고 생활하기 편합니다.
5　바쁘고 돈도 없고 회식에는 갈 수 없다.
6　오늘은 눈도 내리고 있고 데이트도 있고 기분이 좋습니다.
7　여행을 가서 선물도 샀고 좋은 추억도 만들었고 최고입니다.

3. 응용 ▶ 숫자를 순서대로 배열해 보세요. (응용 정답은 아래 참고)

A　①料理も作ったし　　　②話も　　　③できたし　④最高です
B　①大変です　②出るし　　③せきも　　④熱もあるし
C　①相談も　　②できたし　③幸せです　④彼女も会ったし
D　①夏休みだし　②旅行も　　③行けるし　④気分がいいです
E　①万事オッケーです　　　②うまくいっているし
　　③仕事も　　　　　　　　④彼女もできたし

▶ 응용 정답 (A、B、는 A와 B를 바꿔서도 괜찮음)

A. ①②③④　요리도 만들었고 얘기도 잘 됐고 최고입니다.
B. ④③②①　열도 있고 기침도 나고 힘듭니다.
C. ④①②③　그녀도 만났고 상담도 잘 됐고 행복합니다.
D. ①②③④　여름방학이고 여행 갈 수 있고 기분이 좋습니다.
E. ④③②①　여자 친구도 생겼고 일도 잘되고 있고 만사 오케이입니다.

관련 단어

宿題(しゅくだい) 숙제
多(おお)い 많다
熱(ねつ)もある 열도 있다
大変(たいへん)だ 힘들다
この店(みせ) 이 가게
魚(さかな) 생선
美味(おい)しい 맛있다
おかず 반찬
とても気(き)に入(い)る
매우 마음에 들다
最近(さいきん) 최근
仕事(しごと)もできる 일도 생기다
生活(せいかつ) 생활
楽(たの)しい 즐겁다
ハッピーだ 행복하다
駅(えき)からも 역에서도
近(ちか)い 가깝다
家賃(やちん)も安(やす)い 집세도 싸다
暮(く)らしやすい 생활하기 편하다
忙(いそが)しい 바쁘다
お金(かね)もない 돈도 없다
飲(の)み会(かい) 회식
行(い)ける 갈 수 있다
雪(ゆき)も降(ふ)る 눈도 내리다
デートもある 데이트도 있다
気分(きぶん)がいい 기분이 좋다
旅行(りょこう)に行(い)く 여행을 가다
お土産(みやげ)も買(か)う 선물도 사다
思(おも)い出(で) 추억
作(つく)る 만들다
最高(さいこう) 최고
料理(りょうり) 요리
せきも出(で)る 기침도 나다
彼女(かのじょ)も会(あ)う
그녀도 만나다
相談(そうだん)もできる
상담도 할 수 있다
幸(しあわ)せだ 행복하다
夏休(なつやす)み 여름방학
うまくいく 잘 되다
万事(ばんじ)オッケー 만사 ok

088

[보통형] ~でしょう　~하겠지요

1. 한글로 표현해 보세요. (정답은 2참고)

1 明日は雪が降るでしょう。
　あした　ゆき　ふ

2 論文を書くなら、ネットで資料を探した方がいい
　ろんぶん　か　　　　　　　　　しりょう　さが　　ほう
　でしょう。

3 彼にその仕事は無理でしょう。
　かれ　　　しごと　むり

4 あの歌手のCDは今月から発売されるでしょう。
　　　かしゅ　　　　こんげつ　　はつばい

5 頑張れば、ソウルの大学に行けるでしょう。
　がんば　　　　　　　　だいがく　い

6 彼女はもうすぐ来るでしょう。
　かのじょ　　　　　く

7 明後日から寒くなるでしょう。
　あさって　　さむ

2. 일본어로 표현해 보세요. (정답은 1참고)

1 내일은 눈이 내리겠지요.

2 논문을 쓸 거라면 인터넷으로 자료를 찾는 편이 좋겠지요.

3 그에게 그 일은 무리겠지요.

4 저 가수의 CD는 이번 달부터 발매되겠지요.

5 분발하면 서울에 있는 대학에 갈 수 있겠지요.

6 그녀는 이제 곧 오겠지요.

7 모레부터 추워지겠지요.

3. 응용 ▶ 숫자를 순서대로 배열해 보세요. (응용 정답은 아래 참고)

A ①遅いから　　②友達は　　③来ない　　④でしょう
B ①でしょう　　②うそ　　　③話は　　　④友達の
C ①一体　　　　②だれ　　　③でしょう　④彼は
D ①でしょう　　②雨が　　　③降る　　　④今日から
E ①スーツは　　②いい　　　③でしょう　④この

▶ 응용 정답
A. ①②③④　(시간이) 늦었으니까 친구는 오지 않겠지요.
B. ④③②①　친구의 얘기는 거짓말이겠지요.
C. ④①②③　그는 도대체 누구지요?
D. ④②③①　오늘부터 비가 내리겠지요.
E. ④①②③　이 양복은 좋죠?

관련 단어

明日(あした) 내일
雪(ゆき)が降(ふ)る 눈이 내리다
(보통형) ~でしょう ~하겠지요
論文(ろんぶん)を書(か)く
논문을 쓰다
(동사의 기본형) ~なら ~라면
ネットで 인터넷으로
資料(しりょう) 자료
探(さが)す 찾다
~た方(ほう)がいい ~하는 편이 좋다
彼(かれ) 그
その仕事(しごと) 그 일
無理(むり)だ
무리다, 무리하다, 곤란하다
あの歌手(かしゅ) 저 가수
今月(こんげつ)から 이번 달부터
発売(はつばい)される 발매되다
頑張(がんば)る
분발하다, 노력하다
ソウルの大学(だいがく)
서울에 있는 대학
行(い)ける 갈 수 있다
彼女(かのじょ) 그녀
もうすぐ 이제 곧
来(く)る 오다
明後日(あさって)から
모레부터
寒(さむ)い 춥다
~くなる ~해지다
遅(おそ)いから 늦었으니까
友達(ともだち) 친구
話(はなし) 이야기
嘘(うそ) 거짓말
一体(いったい) 도대체
誰(だれ) 누구
今日(きょう) 오늘
雨(あめ)が降(ふ)る
비가 내리다
スーツはいい 양복은 좋다

PART 8

동사의 て형 초급 회화 꿀꺽 패턴

파트8에서는 동사의 て형 초급 회화 꿀꺽 패턴으로 동사의 て형과 관련된 여러 형태를 정해진 패턴에 넣어서 활용하면 되는 문형입니다. 경주가 본 궤도에 도약하면서 오르고 있네요. 이 경주를 완주하는 그 시간까지 여러분을 응원합니다. 동사의 て형 공식은 아래와 같습니다.

동사의 て형 공식(~하고, ~해서)

1그룹	う・つ・る탈락+って/かう-かって 사고, 사서 ぬ・ぶ・む탈락+んで/よぶ-よんで 부르고, 불러서 く탈락+いて/つく-ついて 도착하고, 도착해서 ぐ탈락+いで/かぐ-かいで 냄새를 맡고, 맡아서 す탈락+して/かす-かして 빌려주고, 빌려줘서 예외) いく-いって 가고, 가서
2그룹	る탈락+て/おきる-おきて 일어나고, 일어나서
3그룹	する-します-して 하고, 해서 / くる-きます-きて 오고, 와서

용어설명: 보통형–명사, 동사, い형용사, な형용사의 기본형, 과거형을 말함.

089

[동사의 て형] ~ていく　~해 가다

1. 한글로 표현해 보세요. (정답은 2참고)

1 出掛けるとき、携帯とカギを持っていきます。
　でか　　　　　けいたい　　　　　も

2 運動のために、駅まで歩いていきました。
　うんどう　　　　えき　　ある

3 いろいろな友達を作っていきたいです。
　　　　　　ともだち　つく

4 これからも勉強を頑張っていきます。
　　　　　べんきょう　がんば

5 そろそろ時間になったので友達が帰っていきました。
　　　　　じかん　　　　　　ともだち　かえ

6 5月の末なのにだんだん暑くなっていきますね。
　ごがつ　すえ　　　　　　　あつ

7 毎年物価は上がっていく。
　まいとしぶっか　あ

2. 일본어로 표현해 보세요. (정답은 1참고)

1 외출할 때 휴대폰과 열쇠를 가지고 갑니다.
2 운동을 위해 역까지 걸어서 갔습니다.
3 여러 친구를 만들어 가고 싶습니다.
4 앞으로도 공부를 분발해가겠습니다.
5 슬슬 시간이 되었기 때문에 친구가 돌아갔습니다.
6 5월 말인데 점점 더워져가네요.
7 매년 물가는 올라간다.

3. 응용 ▶ 숫자를 순서대로 배열해 보세요. (응용 정답은 아래 참고)

A ①時間が　②ないので　③走って　④いく
B ①つもりです　②楽しんでいく　③アニメを　④これからも
C ①風がだんだん　②強くなって　③いくそうです　④台風で
D ①ために　②美味しいものを　③買っていく　④飲み会の
E ①背が　②なっていく　③高く　④毎年

▶ 응용 정답
A. ①②③④ 시간이 없기 때문에 달려가다.
B. ④③②① 앞으로도 애니메이션을 즐기면서 갈 생각입니다.
C. ④①②③ 태풍으로 바람이 점점 강해져 간다고 합니다.
D. ④①②③ 회식을 위해 맛있는 것을 사서 가다.
E. ④①③② 매년 키가 커져 간다.

관련 단어

出掛(でか)ける 외출하다
携帯(けいたい) 휴대폰
カギを持(も)つ 열쇠를 가지다
(동사의 て형) ~ていく ~해 가다
運動(うんどう) 운동
~のために ~을 위해
駅(えき)まで 역까지
歩(ある)く 걷다
いろいろな友達(ともだち) 여러 친구
作(つく)る 만들다
これからも 앞으로도
勉強(べんきょう) 공부
頑張(がんば)る 분발하다
そろそろ 슬슬
時間(じかん) 시간
帰(かえ)る 돌아가다
5月(ごがつ)の末(すえ) 5월 말
~なのに ~인데도
だんだん 점점
暑(あつ)くなる 더워지다
毎年(まいとし) 매년
物価(ぶっか) 물가
上(あ)がる 올라가다
走(はし)る 달리다
アニメ 애니메이션
楽(たの)しむ 즐기다
台風(たいふう)で 태풍으로
風(かぜ)が強(つよ)い 바람이 강하다
飲(の)み会(かい) 회식
美味(おい)しい 맛있다
買(か)う 사다
背(せ)が高(たか)い 키가 크다

090

공식(TIPS ～て형 만들기) 참고

[동사의 て형] ~ てくる　～해지다, ～해 오다

1. 한글로 표현해 보세요. (정답은 2참고)

1 コンビニでお弁当を買ってきました。
べんとう か

2 宿題をやってきました。
しゅくだい

3 友達が向こうから歩いてきました。
ともだち む ある

4 レポートを書いてきました。
か

5 赤ちゃんがだんだん大きくなってきました。
あか おお

6 だんだん寒くなってきました。
さむ

7 ここは夜になると、賑やかになってきます。
よる にぎ

2. 일본어로 표현해 보세요. (정답은 1참고)

1 편의점에서 도시락을 사 왔습니다.　　2 숙제를 해 왔습니다.
3 친구가 맞은편에서 걸어왔습니다.　　4 리포트를 써 왔습니다.
5 아기가 점점 커졌습니다.　　6 점점 추워졌습니다.
7 여기는 밤이 되면 떠들썩해집니다.

3. 응용 ▶ 숫자를 순서대로 배열해 보세요. (응용 정답은 아래 참고)

A ①きました　②近づいて　③子犬が　④こっちに
B ①寿司を　②買って　③きました　④美味しい
C ①日本語が　②だんだん　③上手に　④なってきました
D ①ラーメンを　②きたので　③食べました　④お腹がすいて
E ①プレゼンの　②して　③きました　④準備を

▶ 응용 정답
A. ④③②①　이쪽으로 강아지가 다가왔습니다. / B. ④①②③　맛있는 초밥을 사왔습니다. /
C. ①②③④　일본어가 점점 능숙해졌습니다. / D. ④②①③　배가 고팠기 때문에 라면을 먹었습니다. /
E. ①④②③　프레젠테이션의 준비를 해왔습니다.

TIPS (동사의 て형) 만들기

그룹	형태	공식	활용 예
1그룹	촉음편(~う・~つ・~る)	って	かう→かって
	발음편(~ぬ・~ぶ・~む)	んで	よむ→よんで
	い음편(~く)	いて	かく→かいて
	(~ぐ)	いで	かぐ→かいで
	いく	예외	いく→いって
	~す	して	はなす→はなして
2그룹	い단・え단+る앞	る탈락	たべる→たべて
3그룹	来(く)る	불규칙	くる→きて
	する	암기	する→して

관련 단어

コンビニ 편의점
お弁当(べんとう) 도시락
買(か)う 사다
(동사의 て형) ~てくる
~해 오다
宿題(しゅくだい)をやる
숙제를 하다
友達(ともだち) 친구
向(む)こうから 맞은편에서
歩(ある)く 걷다
レポートを書(か)く
리포트를 쓰다
赤(あか)ちゃん 아기
だんだん 점점
大(おお)きくなる 커지다
寒(さむ)くなる 추워지다
ここ 여기
夜(よる)になる 밤이 되다
賑(にぎ)やかになる
떠들석해지다
こっち 이쪽
子犬(こいぬ) 강아지
近(ちか)づく 다가오(가)다
美味(おい)しい 맛있다
寿司(すし) 초밥
日本語(にほんご) 일본어
上手(じょうず)になる
능숙해지다
お腹(なか)がすく
배가 고프다
ラーメンを食(た)べる
라면을 먹다
プレゼンの準備(じゅんび)
프레젠테이션의 준비

091

[동사의 て형] ~てみる　～해 보다

1. 한글로 표현해 보세요. (정답은 2참고)

1 いろいろ試してみます。
　　　　ため

2 美味しいから食べてみてください。
　おい　　　　た

3 このぺんを使ってみてください。
　　　　　つか

4 とにかくやってみましょう。

5 どうなっているのか行ってみましょう。
　　　　　　　　　　　い

6 これ、面白いから見てみて。
　　　おもしろ　　み

7 この漫画を読んでみました。
　　まんが　よ

2. 일본어로 표현해 보세요. (정답은 1참고)

1 여러 가지 시험해 보겠습니다.

2 맛있으니까 먹어봐 주세요.

3 이 펜을 사용해 봐 주세요.

4 어쨌든 해 봅시다.

5 어떻게 되어 있는지 가 봅시다.

6 이거, 재밌으니까 봐 봐.

7 이 만화를 읽어 봤습니다.

3. 응용 ▶ 숫자를 순서대로 배열해 보세요. (응용 정답은 아래 참고)

A ①送ってみます ②メールを ③ため 　　④確認の
B ①美味しいから ②行って 　③みたらどう？ ④あの店は
C ①これ 　　　②食べて 　③みて 　　④美味しいよ
D ①着て 　　　②みて 　　③ください 　④このセーターを
E ①電源を 　　②みて 　　③ください 　④入れて

▶ 응용 정답
A. ④③②① 확인을 위해 메일을 보내 봅니다.
B. ④①②③ 저 가게는 맛있으니까 가 보면 어때?
C. ①②③④ 이거, 먹어 봐. 맛있어.
D. ④①②③ 이 스웨터를 입어 봐 주세요.
E. ①④②③ 전원을 넣어 봐 주세요.

관련 단어

いろいろ　여러 가지
試(ため)す　시험하다
(동사의 て형) ~てみる
～해 보다
美味(おい)しい　맛있다
~から　～때문에
食(た)べる　먹다
~てください　～해 주세요
このぺん　이 부근
使(つか)う　사용하다
とにかく　어쨌든, 좌우간
やってみる　해 보다
どうなっているのか
어떻게 되어 있는지
行(い)く　가다
これ　이것
面白(おもしろ)い　재밌다
見(み)る　보다
この漫画(まんが)　이 만화
読(よ)む　읽다
確認(かくにん)のため
확인을 위해
メールを送(おく)る
메일을 보내다
あの店(みせ)　저 가게
~たらどう？　～하면 어때?
このセーター　이 스웨터
着(き)る　입다
電源(でんげん)　전원
入(い)れる　넣다

092

[동사의 て형] ~ておく ～해 놓다, ～해 두다

1. 한글로 표현해 보세요. (정답은 2참고)

1 いつも鍵をかけておきます。
　　　かぎ

2 キムチは冷蔵庫に入れておきます。
　　　　　れいぞうこ　い

3 相手に電話しておきました。
　あいて　でんわ

4 朝着るために、シャツにアイロンをかけておきます。
　あさき

5 いつも日本語の予習をしておきます。
　　　　にほんご　よしゅう

6 コンサートのチケットを予約しておきます。
　　　　　　　　　　　　よやく

7 十分な睡眠を取っておきます。
　じゅうぶん　すいみん　と

2. 일본어로 표현해 보세요. (정답은 1참고)

1 언제나 열쇠를 잠궈 둡니다.
2 김치는 냉장고에 넣어 둡니다.
3 상대에게 전화해 두었습니다.
4 아침에 입기 위해 셔츠에 다림질을 해 둡니다.
5 언제나 일본어 예습을 해 둡니다.
6 콘서트 티켓을 예약해 둡니다.
7 충분한 수면을 취해 둡니다.

3. 응용 ▶ 숫자를 순서대로 배열해 보세요. (응용 정답은 아래 참고)

A ①おきました　②作って　③物を　④美味しい
B ①電話を　②して　③おきました　④確認の
C ①調べて　②おきました　③について　④これ
D ①洗って　②自分の　③おきました　④服を
E ①おきました　②勉強して　③なので　④試験

▶ 응용 정답

A. ④③②① 맛있는 것을 만들어 두었습니다.
B. ④①②③ 확인 전화를 해 두었습니다.
C. ④③①② 이것에 대해 조사해 두었습니다.
D. ②④①③ 자신의 옷을 씻어 두었습니다.
E. ④③②① 시험이기 때문에 공부해 두었습니다.

관련 단어

いつも 언제나
鍵(かぎ)をかける
열쇠를 잠그다
(동사의 て형) ~ておく
~해 두다
キムチ 김치
冷蔵庫(れいぞうこ) 냉장고
入(い)れる 넣다
相手(あいて) 상대
電話(でんわ)する 전화하다
朝(あさ) 아침
着(き)る 입다
~ために ~하기 위해
シャツ 셔츠
アイロンをかける
다림질을 하다
日本語(にほんご) 일본어
予習(よしゅう) 예습
コンサートのチケット
콘서트 티켓
予約(よやく)する 예약하다
十分(じゅうぶん)だ 충분하다
睡眠(すいみん)を取(と)る
수면을 취하다
美味(おい)しい物(もの)
맛있는 것
作(つく)る 만들다
確認(かくにん) 확인
これについて 이것에 대해
調(しら)べる 조사하다
自分(じぶん)の服(ふく)
자신의 옷
洗(あら)う 씻다
試験(しけん)なので
시험이기 때문에
勉強(べんきょう)する
공부하다

093

[동사의 て형] ~てしまう　~해 버리다, ~하고 말다

1. 한글로 표현해 보세요. (정답은 2참고)

1　鍵を無くしてしまいました。
　　かぎ　　な

2　美味しかったので食べてしまいました。
　　おい　　　　　　　た

3　先に帰ってしまいました。
　　さき　かえ

4　自転車が壊れてしまいました。
　　じ てんしゃ　こわ

5　友達とケンカをしてしまいました。
　　ともだち

6　人の足を踏んでしまいました。
　　ひと　あし　ふ

7　家にノートを忘れてしまいました。
　　いえ　　　　　　わす

2. 일본어로 표현해 보세요. (정답은 1참고)

1　**열쇠를 잃어**버렸습니다.

2　**맛있었기 때문에 먹어** 버렸습니다.

3　**먼저 돌아가** 버렸습니다.

4　**자전거가 부서지**고 말았습니다.

5　**친구와 싸움을** 하고 말았습니다.

6　**남의 발을 밟아** 버렸습니다.

7　**집에 노트를 잃어**버렸습니다.

3. 응용 ▶ 숫자를 순서대로 배열해 보세요. (응용 정답은 아래 참고)

A　①風邪の　②ため　　③学校を　④休んでしまいました
B　①しまいました　　②遅れて　③時間に　④電車の
C　①覚えた　②忘れて　③しまいました　　④漢字を
D　①お金が　②なってしまいました　③100万円に　④貯金した
E　①昨日　　②落として　③しまいました　　④財布を

▶ 응용 정답
A. ①②③④ 감기 때문에 학교를 쉬어 버렸습니다.
B. ④③②① 전철 시간에 늦고 말았습니다.
C. ①④②③ 외운 한자를 잊어버렸습니다.
D. ④①③② 저금한 돈이 100만엔이 되어 버렸습니다.
E. ①④②③ 어제 지갑을 분실하고 말았습니다.

관련 단어

鍵(かぎ)を無(な)くす
열쇠를 잃어버리다

(동사의 て형) ~てしまう
~해 버리다, ~하고 말다

美味(おい)しい 맛있다

~ので ~하기 때문에

食(た)べる 먹다

先(さき)に 먼저

帰(かえ)る 돌아가다

自転車(じてんしゃ) 자전거

壊(こわ)れる 부서지다

友達(ともだち)と 친구와

ケンカをする 싸움을 하다

人(ひと)の足(あし)
남의 발

踏(ふ)む 밟다

家(いえ) 집

ノートを忘(わす)れる
노트를 잊어버리다

風邪(かぜ)のため
감기 때문에

学校(がっこう) 학교

休(やす)む 쉬다

電車(でんしゃ) 전철, 전차

時間(じかん) 시간

遅(おく)れる 늦다

覚(おぼ)える 외우다

漢字(かんじ) 한자

貯金(ちょきん)する 저금하다

お金(かね) 돈

100万円(ひゃくまんえん) 100만엔

(명사) ~になる ~이 되다

昨日(きのう) 어제

財布(さいふ)を落(お)とす
지갑을 분실하다

094

[동사의 て형] **てある** 〜해져 있다, 〜해 두다

1. 한글로 표현해 보세요. (정답은 2참고)

1 ビールは冷蔵庫に入れてあります。
   れいぞうこ い

2 部屋の電気が消してありました。
   へや でんき け

3 机の上に本が置いてありました。
   つくえ うえ ほん お

4 部屋の窓が閉めてあります。
   へや まど し

5 教室の花瓶に花が生けてあります。
   きょうしつ かびん はな い

6 外に車が止めてあります。
   そと くるま と

7 壁に素敵な絵がかけてあります。
   かべ すてき え

2. 일본어로 표현해 보세요. (정답은 1참고)

1 맥주는 냉장고에 들어 있습니다.
2 방의 전기가 꺼져 있었습니다.
3 책상 위에 책이 놓여 있습니다.
4 방의 창문이 닫혀 있습니다.
5 교실의 꽃병에 꽃이 꽂혀 있습니다.
6 밖에 차가 세워져 있습니다.
7 벽에 멋진 그림이 걸려 있습니다.

3. 응용 ▶ 숫자를 순서대로 배열해 보세요. (응용 정답은 아래 참고)

A ①冷蔵庫に ②メモが ③貼って   ④あった
B ①ある   ②書いて ③こう   ④ここに
C ①かばんが ②置いて ③あった   ④テーブルの上に
D ①部屋の   ②開けて ③あります   ④窓が
E ①あった   ②教室に ③クリスマスツリ-が ④飾って

▶ 응용 정답
A. ①②③④ 냉장고에 메모가 붙어 있었다.
B. ④③②① 여기에 이렇게 쓰여 있다.
C. ④①②③ 테이블 위에 가방이 놓여 있었다.
D. ①④②③ 방의 창문이 열려 있습니다.
E. ②③④① 교실에 크리스마스트리가 장식되어 있었다.

관련 단어

ビール 맥주
冷蔵庫(れいぞうこ) 냉장고
入(い)れる 넣다
(동사의 て형) 〜てある
〜해져 있다, 〜해 두다
部屋(へや) 방
電気(でんき) 전기
消(け)す 끄다
机(つくえ)の上(うえ)
책상 위
本(ほん) 책
置(お)く 두다, 놓다
部屋(へや)の窓(まど)
방의 창문
閉(し)める 닫다
教室(きょうしつ) 교실
花瓶(かびん) 꽃병
花(はな) 꽃
生(い)ける 꽂다
外(そと)に 밖에
車(くるま) 차
止(と)める 세우다
壁(かべ) 벽
素敵(すてき)だ 멋지다
絵(え) 그림
かける 걸다
メモ 메모
貼(は)る 붙이다
ここ 여기
こう書(か)く 이렇게 쓰다
テーブルの上(うえ)
테이블 위
かばん 가방
開(あ)ける 열다
教室(きょうしつ) 교실
クリスマスツリ- 크리스마스 트리
飾(かざ)る 장식하다

095

[동사의 て형] ~てください ~해 주세요

1. 한글로 표현해 보세요. (정답은 2참고)

1 どうぞ、食べてください。
   <small>た</small>

2 早く起きてください。
   <small>はや　お</small>

3 英語を教えてください。
   <small>えい ご　おし</small>

4 早く寝てください。
   <small>はや　ね</small>

5 この音楽を聞いてください。
   <small>おん がく　　き</small>

6 ここに座ってください。
   <small>すわ</small>

7 日本語で話してください。
   <small>に ほん ご　はな</small>

2. 일본어로 표현해 보세요. (정답은 1참고)

1 자, 드세요.

2 빨리 일어나 주세요.

3 영어를 가르쳐 주세요.

4 빨리 자 주세요.

5 이 음악을 들어 주세요.

6 여기에 앉아 주세요.

7 일본어로 말해 주세요.

3. 응용 ▶ 숫자를 순서대로 배열해 보세요. (응용 정답은 아래 참고)

A ①開けて　　②ください　③あそこの　④窓を
B ①立って　　②ください　③席を　　　④名前を呼びますから
C ①読んで　　②ください　③本の　　　④漢字を
D ①面白い　　②見て　　　③ください　④映画を
E ①ください　②歩いて　　③のため　　④ダイエット

▶ 응용 정답
A. ③④①② 저기 창문을 열어 주세요.
B. ④③①② 이름을 부를 테니까 자리를 일어서 주세요.
C. ③④①② 책의 한자를 읽어 주세요.
D. ①④②③ 재밌는 영화를 봐 주세요.
E. ④③②① 다이어트를 위해 걸어 주세요.

관련 단어

どうぞ 부디, 아무쪼록

食(た)べる 먹다

早(はや)く 일찍, 빨리

起(お)きる 일어나다

(동사의 て형) ~てください
~해 주세요

英語(えいご) 영어

教(おし)える 가르치다

寝(ね)る 자다

この音楽(おんがく) 이 음악

聞(き)く 듣다

ここ 여기/あそこ 저기

座(すわ)る 앉다

日本語(にほんご)で 일본어로

話(はな)す 이야기하다

窓(まど) 창문

開(あ)ける 열다

名前(なまえ)を呼(よ)ぶ
이름을 부르다

席(せき)を立(た)つ
자리를 서다

本(ほん)の漢字(かんじ)
책의 한자

読(よ)む 읽다

面白(おもしろ)い 재밌다

映画(えいが)を見(み)る
영화를 보다

ダイエットのため
다이어트를 위해

歩(ある)く 걷다

096

[동사의 て형] ~てから ~하고 나서

1. 한글로 표현해 보세요. (정답은 2참고)

1 よく考えてから話します。
   かんが／はな

2 朝起きてから散歩をします。
   あさ お／さん ぽ

3 宿題をしてから寝ます。
   しゅくだい／ね

4 遊んでからシャワーを浴びます。
   あそ／あ

5 買い物をしてから食事をします。
   か もの／しょく じ

6 テレビを見てから洗います。
   み／あら

7 映画のチケットを予約してから友達に会います。
   えい が／よ やく／とも だち あ

2. 일본어로 표현해 보세요. (정답은 1참고)

1 잘 생각하고 나서 이야기합니다.
2 아침에 일어나서 산책을 합니다.
3 숙제를 하고 나서 잡니다.
4 놀고 나서 샤워를 합니다.
5 쇼핑을 하고 나서 식사를 합니다.
6 텔레비전을 보고 나서 씻습니다.
7 영화 티켓을 예약하고 나서 친구를 만납니다.

3. 응용 ▶ 숫자를 순서대로 배열해 보세요. (응용 정답은 아래 참고)

A ①かいてから ②水を   ③飲みます   ④汗を
B ①相談します ②から   ③会って   ④友達と
C ①皿洗いを   ②から   ③します   ④食べて
D ①カードを   ②無くしてから ③銀行に   ④電話します
E ①起きて   ②少し   ③勉強します   ④寝てから

▶ 응용 정답
A. ④①②③ 땀을 흘리고 나서 물을 마십니다.
B. ④③②① 친구와 만나고 나서 의논합니다.
C. ④②①③ 먹고 나서 설거지를 합니다.
D. ①②③④ 카드를 분실하고 나서 은행에 전화합니다.
E. ②④①③ 조금 자고 나서 일어나 공부합니다.

관련 단어

よく考(かんが)える 잘 생각하다
(동사의 て형) ~てから ~하고 나서
話(はな)す 이야기하다
朝(あさ) 아침
起(お)きる 일어나다
散歩(さんぽ) 산책
宿題(しゅくだい)をする 숙제를 하다
寝(ね)る 자다
遊(あそ)ぶ 놀다
シャワーを浴(あ)びる
샤워를 하다
買(か)い物(もの)をする
쇼핑을 하다
食事(しょくじ)をする 식사를 하다
テレビを見(み)る 텔레비전을 보다
洗(あら)う 씻다
映画(えいが) 영화
チケットを予約(よやく)する
티켓을 예약하다
友達(ともだち)に会(あ)う
친구를 만나다
汗(あせ)をかく 땀을 흘리다
水(みず)を飲(の)む
물을 마시다
相談(そうだん)する
상담하다, 의논하다
食(た)べる 먹다
皿洗(さらあら)いをする
설거지를 하다
カードを無(な)くす
카드를 분실하다
銀行(ぎんこう) 은행
電話(でんわ)する 전화하다
少(すこ)し 조금
勉強(べんきょう)する
공부하다

097

[동사의 て형] ~てほしい　～해 주길 바란다, ～했으면 좋겠다

1. 한글로 표현해 보세요. (정답은 2참고)

1 もっと時間を出して運動してほしい。
　　　　じかん　だ　　　　うんどう

2 風邪が早く治ってほしい。
　かぜ　　はや　なお

3 ノートを貸してほしい。
　　　　　か

4 もっとゆっくり話してほしい。
　　　　　　　　　はな

5 もっと頑張ってほしい。
　　　　がんば

6 英語を教えてほしい。
　えいご　おし

7 散らかっているから部屋を掃除してほしい。
　ち　　　　　　　　　　へや　　そうじ

2. 일본어로 표현해 보세요. (정답은 1참고)

1 좀 더 시간을 내서 운동을 했으면 좋겠다.

2 감기가 빨리 나으면 좋겠다.

3 노트를 빌려줬으면 좋겠다.

4 좀 더 천천히 이야기했으면 좋겠다.

5 좀 더 분발했으면 좋겠다.

6 영어를 가르쳐 줬으면 좋겠다.

7 어질러져 있기 때문에 방을 청소했으면 좋겠다.

3. 응용 ▶ 숫자를 순서대로 배열해 보세요. (응용 정답은 아래 참고)

A ①ほしい　　　　②教えて　　　　③読み方を　　　④この漢字の

B ①渡して　　　　②これを　　　　③ほしい　　　　④彼女に

C ①この番組を見て　②笑って　　　　③ほしい　　　　④もっと

D ①早めに　　　　②レポートを　　③出して　　　　④ほしい

E ①貸して　　　　②ほしい　　　　③あなたの　　　④自転車を

▶ 응용 정답

A. ④③②① 이 한자의 읽는 법을 가르쳐 줬으면 좋겠다.

B. ②④①③ 이것을 그녀에게 건네줬으면 좋겠다.

C. ①④②③ 이 방송을 보고 좀 더 웃어 줬으면 좋겠다.

D. ①②③④ 빨리 리포트를 제출해 줬으면 좋겠다.

E. ③④①② 당신의 자전거를 빌려줬으면 좋겠다.

관련 단어

もっと 좀 더

時間(じかん)を出(だ)す
시간을 내다

運動(うんどう)する 운동하다

(동사의 て형) ～てほしい
～해 주길 바란다, ～했으면 좋겠다

風邪(かぜ) 감기

早(はや)く 일찍, 빨리

治(なお)る 낫다

ノートを貸(か)す
노트를 빌려주다

ゆっくり 천천히

話(はな)す 얘기하다

頑張(がんば)る 분발하다

英語(えいご) 영어

教(おし)える 가르치다

散(ち)らかる 어지러지다

部屋(へや) 방

掃除(そうじ)する 청소하다

この漢字(かんじ) 이 한자

読(よ)み方(かた) 읽는 법

彼女(かのじょ) 그녀

これを渡(わた)す
이것을 건네

番組(ばんぐみ)を見(み)る
방송을 보다

笑(わら)う 웃다

早(はや)めに 일찌감치, 일찍, 빨리

レポートを出(だ)す
리포트를 내다

あなた 당신

自転車(じてんしゃ) 자전거

098

[동사의 て형] ~てもいい　~해도 좋다(허가)

1. 한글로 표현해 보세요. (정답은 2참고)

1　少し休んでもいい。
　　すこ　やす

2　外で遊んでもいい。
　　そと　あそ

3　これ、使ってもいいですか。
　　　　　　つか

4　私が運転してもいいですか。
　　わたし　うんてん

5　その飲み物を飲んでもいいですか。
　　　　の　もの　の

6　早く帰ってもいいですか。
　　はや　かえ

7　ちょっと話をしてもいいですか。
　　　　　　はなし

2. 일본어로 표현해 보세요. (정답은 1참고)

1　조금 쉬어도 좋아.

2　밖에서 놀아도 좋아.

3　이거 사용해도 되나요?

4　내가 운전해도 되나요?

5　그 음료수를 마셔도 되나요?

6　빨리 돌아가도 되나요?

7　잠깐 이야기를 해도 되나요?

3. 응용 ▶ 숫자를 순서대로 배열해 보세요. (응용 정답은 아래 참고)

A　①入っても　　　②いいですか　③ここの　　④事務室に
B　①ちょっと　　　②ペンを　　　③借りても　　④いいですか
C　①いいですか　　②寝ても　　　③ベッドで　　④少し
D　①お腹が空いていたら　②食べても　③いいです　④これを
E　①部屋が　　　　②狭くても　　③いいです　　④私は

▶ 응용 정답
A. ③④①② 　여기 사무실에 들어가도 되나요?
B. ①②③④ 　잠깐 펜을 빌려도 되나요?
C. ④③②① 　조금 침대에서 자도 되나요?
D. ①④②③ 　배가 고프면 이것을 먹어도 되요.
E. ④①②③ 　나는 방이 좁아도 좋아요.

관련 단어

少(すこ)し 조금

休(やす)む 쉬다

(동사의 て형) ~てもいい
~해도 좋다

外(そと)で 밖에서

遊(あそ)ぶ 놀다

これ 이것

使(つか)う 사용하다

私(わたし) 나, 저

運転(うんてん)する 운전하다

飲(の)み物(もの) 마실 것

飲(の)む 마시다

早(はや)く 일찍, 빨리

帰(かえ)る 돌아가다

ちょっと 잠깐

話(はなし)をする
이야기를 하다

ここ 여기

事務室(じむしつ) 사무실

~に入(はい)る
~에 들어가다

ペンを借(か)りる
펜을 빌리다

ベッドで寝(ね)る
침대에서 자다

お腹(なか)が空(す)く
배가 고프다

~たら
~하면, ~한다면, ~했더니

食(た)べる 먹다

部屋(へや)が狭(せま)い
방이 좁다

099

[동사의 て형] ~てはいけない ~하면 안 된다(금지)

1. 한글로 표현해 보세요. (정답은 2참고)

1 ここで遊んではいけない。
　　　あそ

2 そんなに無駄遣いをしてはいけない。
　　　　　　む だ づか

3 あまり無理をしてはいけない。
　　　　　む り

4 悪いことはしてはいけない。
　　わる

5 人を無視してはいけません。
　　ひと　む し

6 彼を信じてはいけません。
　　かれ　しん

7 図書館では大声で話してはいけません。
　　と しょ かん　　おお ごえ　はな

2. 일본어로 표현해 보세요. (정답은 1참고)

1 여기서 놀면 안 된다.
2 그렇게 낭비를 하면 안 된다.
3 너무 무리를 하면 안 된다.
4 나쁜 짓을 하면 안 된다.
5 남을 무시하면 안 됩니다.
6 그를 믿으면 안 됩니다.
7 도서관에서는 큰 소리로 이야기하면 안 됩니다.

3. 응용 ▶ 숫자를 순서대로 배열해 보세요. (응용 정답은 아래 참고)

A ①人との　　　　②破っては　　　③いけない　　　④約束を
B ①いけない　　　②判断しては　　③外見で　　　　④人を
C ①を　　　　　　②甘やかしては　③いけません　　④子供
D ①会議があるので②遅刻しては　　③いけません　　④会社に
E ①いけません　　②しては　　　　③人の話を　　　④かげで

▶ 응용 정답
A. ①④②③　사람과의 약속을 어기면 안 된다.
B. ④③②①　사람을 외관으로 판단하면 안 된다.
C. ④①②③　아이를 응석 부리게 하면 안 됩니다.
D. ①④②③　회의가 있기 때문에 회사에 지각하면 안 됩니다.
E. ④③②①　뒤에서 남의 이야기를 하면 안 됩니다.

관련 단어

ここ 여기
遊(あそ)ぶ 놀다
(동사의 て형) ~てはいけない
~하면 안 된다
(동사의 て형) ~てはいけません
~하면 안 됩니다
そんなに 그렇게
無駄遣(むだづか)いをする
낭비를 하다
あまり 너무
無理(むり)をする 무리를 하다
悪(わる)いことをする
나쁜 짓을 하다
無視(むし)する 무시하다
彼(かれ)を信(しん)じる
그를 믿다
図書館(としょかん)では
도서관에서는
大声(おおごえ)で 큰 소리로
話(はな)す 이야기하다
人(ひと)との 사람과의
約束(やくそく) 약속
破(やぶ)る 깨다
外見(がいけん)で 외견으로
判断(はんだん)する 판단하다
子供(こども) 아이
甘(あま)やかす 응석 부리게 하다
会議(かいぎ)がある 회의가 있다
~ので ~하기 때문에
会社(かいしゃ) 회사
~に遅刻(ちこく)する ~에 지각하다
かげで 뒤(배후)에서
話(はなし)をする 이야기를 하다

정체의 늪은 삶의 또 다른 거름
: 사람은 물처럼 흘러가야 아름다운 생명력을 지닐 수 있다.

일본 외전을 마치고 난 나가사키 국제대학교의 국제 관광학과에 입학했다. 한국에서 전문 대학을 졸업했기에 서른이 되어서야 대학교에 들어간 셈이다.

세운지 얼마 안 된 학교라 그런지 수업료 면에서 많은 혜택이 있어 선택한 면이 크다. 도쿄에서 라면집 아르바이트를 하며 1년간 모은 60만엔은 학비와 생활비로 조금 쓰는 사이에 거의 바닥이 나버렸다. 입학한지 2개월, 아르바이트도 하지 않은 상태이다.

결국 한국에 저금해 둔 350만원정도의 내 돈을 송금해 받아 생계를 이어나갔다. 참 힘든 시기였다. 이 돈이 다 떨어질 무렵, 문부성 사비 장학생과 아르바이트도 시작하게 되었다. 참 힘든 시기였던 만큼, 뜻이 있는 곳에 길도 함께 했다.

그래서 난 열심히 공부하기로 마음먹었다. 장학금을 받으며 수업료를 낼 수 있도록 노력했고, 그 노력은 4년간 장학금을 받는 결실로 이어졌다.

그리고 하우스텐보스에서 아르바이트를 하며 조금씩 저축을 해나갔다. 목표 의식이 뚜렷한 나였기에 질주할 수 있었지만, 그래도 사람이다 보니, 정체의 늪에 빠지는 경우도 있었다.

과연 내가 지금의 일들을 잘하고 있는가라는 의문과 외로움이 나의 뇌리를 돌아다녔다.

그럴 때 나를 지켜준 것은 다름 아닌, 하우스텐보스의 운하였다. 그 흘러가는 물속에 내리비친 따스함을 통해 바라본 한낮의 평온함만이 내가 살아가는 유일한 이유인 듯 했다.

연못처럼 물이 고여 있으면 물은 썩기 마련이다. 사람 역시 마찬가지이다. 난 끊임없이 흘러가야 한다고 되뇌었다. 나의 피가 내 몸을 순환하듯 그렇게 나도 사회와 마주하며 대립과 갈등보다는 내가 나아가야 할 지향점을 향해 아름답게 흘러가야 한다고 그렇게 되뇌곤 했다.

PART 9
동사의 た형 초급 회화 꿀꺽 패턴

파트9에서는 동사의 た형 초급 회화 꿀꺽 패턴으로 동사의 た형과 관련된 여러 형태를 정해진 패턴에 넣어서 활용하면 되는 문형입니다. 경주가 본 궤도에 도약하면서 점프하며 오르고 있네요. 이 경주를 완주하는 그 시간까지 여러분을 응원합니다.

동사의 た형 공식은 아래와 같습니다.

동사의 た형 공식(~했다, ~한)

1그룹	う·つ·る탈락+った /かうーかった 샀다
	ぬ·ぶ·む탈락+んだ /しぬーしんだ 죽었다
	く탈락+いた/きくーきいた 들었다/물었다
	ぐ탈락+いだ/かぐーかいだ 냄새를 맡았다
	す탈락+した/はなすーはなした 말했다
	예외) いくーいった 갔다
2그룹	る탈락+た/やめるーやめた 그만두었다
3그룹	するーしますーした 했다 /くるーきますーきた 왔다

용어설명: 보통형—명사, 동사, い형용사, な형용사의 기본형, 과거형을 말함.

100

[동사의 た형+り] ~**たり**

[동사의 た형+り] ~**たりする** ~하거나 ~하거나 하다

---

1. 한글로 표현해 보세요. (정답은 2참고)

1 行ったり来たりしている。
  (い) (き)

2 本を読んだり散歩したりしている。
  (ほん) (よ) (さん ぽ)

3 音楽を聞いたり話したりします。
  (おん がく) (き) (はな)

4 ノートを貸したり借りたりします。
  (か) (か)

5 生活の中で泣いたり笑ったりしています。
  (せい かつ) (なか) (な) (わら)

6 家を出たり入ったりします。
  (いえ) (で) (はい)

7 部屋で寝たり起きたりします。
  (へ や) (ね) (お)

2. 일본어로 표현해 보세요. (정답은 1참고)

1 왔다 갔다 하고 있다.　　　　2 책을 읽거나 산책하거나 하고 있다.

3 음악을 듣거나 이야기하거나 합니다.　　4 노트를 빌려주거나 빌리거나 합니다.

5 생활 속에서 울거나 웃거나 하고 있습니다.　6 집을 출입하거나 합니다.

7 방에서 자거나 일어나거나 합니다.

3. 응용 ▶ 숫자를 순서대로 배열해 보세요. (응용 정답은 아래 참고)

A ①します　　②走ったり　　③歩いたり　　④運動場を

B ①ドアを　　②開けたり　　③閉めたり　　④します

C ①売ったり　　②買ったり　　③します　　④ものを

D ①します　　②上がったり　　③下がったり　　④物価が

E ①音楽を聞いたり　②します　　③掃除したり　　④部屋を

▶ **응용 정답**(A たり B たり는 A와 B를 바꿔서도 괜찮음) A. ④③②① 운동장을 걷거나 달리거나 합니다. / B. ①②③④ 문을 열거나 닫거나 합니다. / C. ④①②③ 물건을 팔거나 사거나 합니다. / D. ④②③① 물가가 오르거나 내리거나 합니다. / E. ④③①② 방을 청소하거나 음악을 듣거나 합니다.

TIPS (동사의 た형+り) 만들기

그룹	형태	공식	활용 예
1그룹	촉음편(~う·~つ·~る)	ったり	かう→かったり
	발음편(~ぬ·~ぶ·~む)	んだり	よむ→よんだり
	い음편(~く)	いたり	かく→かいたり
	(~ぐ)	いだり	かぐ→かいだり
	いく	예외	いく→いったり
	~す	したり	はなす→はなしたり
2그룹	い단·え단+る앞	る탈락	たべる→たべたり
3그룹	来(く)る	불규칙	くる→きたり
	する	암기	する→したり

관련 단어

行(い)く 가다 / 来(く)る 오다
(100 접속형태 참고)
~たり~たりする
~하거나 ~하거나 하다

本(ほん)を読(よ)む
책을 읽다

散歩(さんぽ)する 산책하다

音楽(おんがく)を聞(き)く
음악을 듣다

話(はな)す 이야기하다

ノートを貸(か)す
노트를 빌려주다

借(か)りる 빌리다

生活(せいかつ) 생활

~の中(なか)で ~속에서

泣(な)く 울다

笑(わら)う 웃다

家(いえ)を出(で)る
집을 나가다

入(はい)る 들어가다

部屋(へや)で 방에서

寝(ね)る 자다

起(お)きる 일어나다

運動場(うんどうじょう)
운동장

歩(ある)く 걷다

走(はし)る 달리다

ドアを開(あ)ける 문을 열다

閉(し)める 닫다

ものを売(う)る 물건을 팔다

買(か)う 사다

物価(ぶっか)が上(あ)がる
물가가 올라가다

下(さ)がる 내려가다

掃除(そうじ)する 청소하다

101

공식(TIPS ～た형 만들기) 참고

[동사의 た형] ～たことがある ～한 적이 있다(경험)

1. 한글로 표현해 보세요. (정답은 2참고)

1 日本のアニメを見たことがある。
　にほん　　　　　　み

2 日本の小説を読んだことがある。
　にほん　しょうせつ　よ

3 中国語を習ったことがある。
　ちゅうごくご　なら

4 中国の音楽を聞いたことがある。
　ちゅうごく　おんがく　き

5 日本の長崎へ行ったことがある。
　にほん　ながさき　い

6 ここに来たことがある。
　　　　き

7 彼女と話したことがある。
　かのじょ　はな

2. 일본어로 표현해 보세요. (정답은 1참고)

1 일본 애니메이션을 본 적이 있다.　　2 일본의 소설을 읽은 적이 있다.

3 중국어를 배운 적이 있다.　　4 중국의 음악을 들은 적이 있다.

5 일본의 나가사키에 간 적이 있다.　　6 여기에 온 적이 있다.

7 그녀와 이야기한 적이 있다.

3. 응용 ▶ 숫자를 순서대로 배열해 보세요. (응용 정답은 아래 참고)

A ①ことがある　②会った　③一度　④彼と

B ①彼女と　②付き合った　③ことが　④ある

C ①それを　②ことが　③ある　④考えた

D ①食べた　②ことが　③ある　④寿司を

E ①私は　②登った　③ことがある　④富士山に

▶ 응용 정답

A. ④③②①　그녀와 한번 만난 적이 있다. / B. ①②③④　그녀와 사귄 적이 있다. /
C. ①④②③　그것을 생각한 적이 있다. / D. ④①②③　초밥을 먹은 적이 있다. /
E. ①④②③　나는 후지산을 오른 적이 있다.

TIPS (동사의 た형) 만들기

그룹	형태	공식	활용 예
1그룹	촉음편(～う·～つ·～る)	った	かう→かった
	발음편(～ぬ·～ぶ·～む)	んだ	よむ→よんだ
	い음편(～く)	いた	かく→かいた
	(～ぐ)	いだ	かぐ→かいだ
	いく	예외	いく→いった
	～す	した	はなす→はなした
2그룹	い단·え단+る앞	る탈락	たべる→たべた
3그룹	来(く)る	불규칙	くる→きた
	する	암기	する→した

관련 단어

日本(にほん) 일본

アニメを見(み)る
애니메이션을 보다

(동사의 た형) ～たことがある
～한 적이 있다

小説(しょうせつ) 소설

読(よ)む 읽다

中国語(ちゅうごくご) 중국어

習(なら)う 배우다

音楽(おんがく)を聞(き)く
음악을 듣다

長崎(ながさき)へ行(い)く
나가사키에 가다

ここに来(く)る 여기에 오다

彼女(かのじょ)と 그녀와

話(はな)す 이야기하다

彼(かれ)と 그와

一度(いちど) 한번

会(あ)う 만나다

付(つ)き合(あ)う 사귀다

それを 그것을

考(かんが)える 생각하다

寿司(すし)を食(た)べる
초밥을 먹다

富士山(ふじさん) 후지산

～に登(のぼ)る ～에 오르다

102

[동사의 た형] ~たほうがいい
~하는 편이 좋다(제안이나 권유)

1. 한글로 표현해 보세요. (정답은 2참고)

1 早く寝たほうがいい。
　はや　ね

2 車に気をつけたほうがいい。
　くるま　き

3 その映画は見たほうがいい。
　えい が　み

4 この問題について考えたほうがいい。
　もん だい　　　　かんが

5 雨なので早く帰ったほうがいい。
　あめ　　　はや　かえ

6 ちょっと休んだほうがいい。
　やす

7 ダイエットのために運動したほうがいい。
　　　　　　　　うん どう

2. 일본어로 표현해 보세요. (정답은 1참고)

1 빨리 자는 편이 좋다.

2 차를 조심하는 편이 좋다.

3 그 영화는 보는 편이 좋다.

4 이 문제에 대해 생각하는 편이 좋다.

5 비가 내리기 때문에 빨리 돌아가는 편이 좋다.

6 잠깐 쉬는 편이 좋다.

7 다이어트를 위해 운동하는 편이 좋다.

3. 응용 ▶ 숫자를 순서대로 배열해 보세요. (응용 정답은 아래 참고)

A ①あなたは　　②友達に　　③話した　　④ほうがいい
B ①ほうがいい　②謝った　　③あなたは　④彼に
C ①掃除した　　②ほうがいい　③あなたは　④部屋を
D ①ほうがいい　②いった　　③持って　　④傘を
E ①時間だから　②急いだ　　③ほうがいい　④電車の

▶ 응용 정답
A. ①②③④ 당신은 친구에게 이야기하는 편이 좋다.
B. ③④②① 당신은 그에게 사과하는 편이 좋다.
C. ③④①② 당신은 방을 청소하는 편이 좋다.
D. ④③②① 우산을 가지고 가는 편이 좋다.
E. ④①②③ 전철 시간이기 때문에 서두르는 편이 좋다.

관련 단어

早(はや)く 일찍, 빨리

寝(ね)る 자다

車(くるま) 차

~に気(き)をつける
~를 조심하다

(동사의 た형) ~たほうがいい
~하는 편이 좋다

その映画(えいが) 그 영화

見(み)る 보다

問題(もんだい)について
문제에 대해

考(かんが)える 생각하다

雨(あめ)だ 비가 내리다

~なので ~때문에

帰(かえ)る 돌아가다

ちょっと休(やす)む
잠깐 쉬다

ダイエット 다이어트

~のために ~를 위해

運動(うんどう)する 운동하다

貴方(あなた) 당신

友達(ともだち) 친구

~に話(はな)す
~에게 이야기하다

彼(かれ) 그

~に謝(あやま)る
~에게 사과하다

部屋(へや) 방

掃除(そうじ)する 청소하다

傘(かさ)を持(も)つ
우산을 가지다

電車(でんしゃ) 전차, 전철

時間(じかん) 시간

~だから ~때문에

急(いそ)ぐ 서두르다

103

[동사의 た형] ~たばかりだ
막 ~했다(일이 일어난지 얼마되지 않음)

1. 한글로 표현해 보세요. (정답은 2참고)

1 今空港に着いたばかりだ。
　　いまくうこう　　つ

2 コンサートが始まったばかりだ。
　　　　　　　　はじ

3 家に帰ったばかりだ。
　　うち　かえ

4 ここに引っ越したばかりだ。
　　　　　ひ　こ

5 大学を出たばかりだ。
　　だいがく　で

6 日本語を習い始めたばかりだ。
　　にほんご　なら　はじ

7 今彼女に会ったばかりだ。
　　いまかのじょ　あ

2. 일본어로 표현해 보세요. (정답은 1참고)

1 지금 공항에 막 도착했다.

2 콘서트가 막 시작됐다.

3 집에 막 돌아왔다.

4 여기에 막 이사했다.

5 대학교를 막 나왔다.

6 일본어를 막 배우기 시작했다.

7 지금 여자 친구를 막 만났다.

3. 응용 ▶ 숫자를 순서대로 배열해 보세요. (응용 정답은 아래 참고)

A ①彼女は　　　②始めた　　　③ばかりだ　　　④日本語を

B ①帰った　　　②ばかりだ　　　③友達は　　　④出張から

C ①私は　　　　②ばかりだ　　　③入学した　　　④大学に

D ①彼は　　　　②病院から　　　③退院した　　　④ばかりだ

E ①彼女は　　　②友達と　　　③ばかりだ　　　④話した

▶ 응용 정답

A. ①④②③　그녀는 일본어를 막 시작했다.

B. ③④①②　친구는 출장에서 막 돌아왔다.

C. ①④③②　나는 대학교에 막 입학했다.

D. ①②③④　그는 병원에서 막 퇴원했다.

E. ①②④③　그녀는 친구와 막 이야기했다.

관련 단어

今(いま) 지금

空港(くうこう) 공항

~に**着**(つ)く ~에 도착하다

(동사의 た형) ~たばかりだ
막 ~했다

コンサートが始(はじ)**まる**
콘서트가 시작되다

家(うち)**に帰**(かえ)**る**
집에 돌아가다

ここに引(ひ)**っ越**(こ)**す**
여기에 이사하다

大学(だいがく)**を出**(で)**る**
대학교를 나오다

日本語(にほんご) 일본어

習(なら)**い始**(はじ)**める**
배우기 시작하다

今(いま) 지금

彼女(かのじょ) 여자 친구, 그녀

~に**会**(あ)**う** ~를 만나다

出張(しゅっちょう)**から**
출장에서

~に**入学**(にゅうがく)**する**
~에 입학하다

彼(かれ) 그

病院(びょういん) 병원

退院(たいいん)**する** 퇴원하다

友達(ともだち) 친구

~**と話**(はな)**す** ~와 이야기하다

104

[동사의 た형] ~た後(あと)で/ [명사] ~の後(あと)で ~한 후, ~한 다음

1. 한글로 표현해 보세요. (정답은 2참고)

1 会議の後でどうするか決めます。
  かいぎ　あと　　　　　　　き

2 旅行の後で成長した。
  りょこう　あと　せいちょう

3 遊んだ後で手をきれいに洗います。
  あそ　　あと　て　　　　　　あら

4 走った後で少し休みます。
  はし　　あと　すこ　やす

5 食事した後で食器を洗います。
  しょくじ　　あと　しょっき　あら

6 よく考えた後で結論を出します。
  かんが　　あと　けつろん　だ

7 会社に着いた後で簡単に掃除します。
  かいしゃ　つ　　あと　かんたん　そうじ

2. 일본어로 표현해 보세요. (정답은 1참고)

1 회의 후에 어떻게 할지 정합니다.
2 여행 후에 성장했다.
3 논 후에 손을 깨끗이 씻습니다.
4 달린 후에 조금 쉽니다.
5 식사한 후에 식기를 씻습니다.
6 잘 생각한 후에 결론을 냅니다.
7 회사에 도착한 후에 간단히 청소합니다.

3. 응용 ▶ 숫자를 순서대로 배열해 보세요. (응용 정답은 아래 참고)

A ①仕事の　　②後で　　③一杯　　④飲みましょう
B ①なりましたか　②どう　③後で　④その
C ①後で　②すぐ　③寝ます　④勉強した
D ①後で　②レポートを　③出します　④書いた
E ①書きます　②感想文を　③後で　④映画を見た

▶ 응용 정답
A. ①②③④ 일한 후에 한잔 마십시다.
B. ④③②① 그 후에 어떻게 되었나요?
C. ④①②③ 공부한 후에 바로 잡니다.
D. ②④①③ 리포트를 쓴 후에 냅니다.
E. ④③②① 영화를 본 후에 감상문을 씁니다.

관련 단어

会議(かいぎ) 회의
(동사의 た형) ~たあとで
(명사) ~の後(あと)で
~한 후에/~한 다음
どうするか 어떻게 할지
決(き)める 결정하다
旅行(りょこう) 여행
成長(せいちょう)する 성장하다
遊(あそ)ぶ 놀다
きれいに 깨끗이
手(て)を洗(あら)う 손을 씻다
走(はし)る 달리다
少(すこ)し 조금
休(やす)む 쉬다
食事(しょくじ)する 식사하다
食器(しょっき) 식기
よく考(かんが)える 잘 생각하다
結論(けつろん)を出(だ)す
결론을 내다
会社(かいしゃ)に着(つ)く
회사에 도착하다
簡単(かんたん)に 간단히
掃除(そうじ)する 청소하다
仕事(しごと) 일
一杯(いっぱい) 한잔
飲(の)む 마시다
~ましょう ~합시다
その後(あと)で 그 후에
どうなりましたか
어떻게 되었습니까?
勉強(べんきょう)する 공부하다
すぐ寝(ね)る 바로 자다
レポートを書(か)く 리포트를 쓰다
出(だ)す 내다, 제출하다
映画(えいが)を見(み)る 영화를 보다
感想文(かんそうぶん) 감상문

138

105

[동사의 た형] ~たまま / [명사] ~のまま ~한 채로

1. 한글로 표현해 보세요. (정답은 2참고)

1 そのままで食(た)べてもいいです。

2 今(いま)のままでいいと思(おも)います。

3 窓(まど)は開(あ)けたままだった。

4 買(か)い物(もの)に行(い)ったまま帰(かえ)ってこない。

5 彼女(かのじょ)は立(た)ったまま仕事(しごと)をする。

6 本(ほん)を開(あ)けたままにしないでください。

7 靴(くつ)を履(は)いたままでいいです。

2. 일본어로 표현해 보세요. (정답은 1참고)

1 그대로 먹어도 좋습니다.

2 지금 그대로 괜찮다고 생각합니다.

3 창문은 연 채였다.

4 쇼핑하러 간 채 돌아오지 않는다.

5 그녀는 선 채로 일을 한다.

6 책을 펼친 채로 두지 말아 주세요.

7 신을 신은 채로 괜찮습니다.

3. 응용 ▶ 숫자를 순서대로 배열해 보세요. (응용 정답은 아래 참고)

A ①話して　②ください　③今回のことは　④ありのままに

B ①昔の　②まま　③だった　④その家は

C ①返さない　②ままで　③借りた　④本を

D ①話を　②まま　③する　④立った

E ①ままに　②して　③おきなさい　④その

▶ 응용 정답

A. ③④①② 이번 일은 있는 그대로 말해 주세요.

B. ④①②③ 그 집은 옛날 그대로였다.

C. ④③②① 책을 빌린 채로 돌려주지 않는다.

D. ④②①③ 선 채로 이야기를 하다.

E. ④①②③ 그대로 해 놓으세요.

관련 단어

(동사의 た형) ~たまま

(명사) ~のまま ~한 채로

そのままで 그대로

食(た)べる 먹다

~てもいいです ~해도 좋습니다

今(いま)のままで 지금 그대로

~と思(おも)う ~라고 생각하다

窓(まど)を開(あ)ける 창문을 열다

買(か)い物(もの) 쇼핑, 장보기

行(い)く 가다

帰(かえ)る 돌아가다

~てくる ~해 오다

彼女(かのじょ) 그녀

立(た)つ 서다

仕事(しごと)をする 일을 하다

本(ほん)を開(あ)ける 책을 열다

~ないでください ~하지 말아주세요

靴(くつ)を履(は)く 신발을 신다

今回(こんかい)のことは 이번 일은

ありのままに 있는 그대로

話(はな)す 이야기하다

~てください ~해 주세요

その家(いえ) 그 집

昔(むかし)のまま 옛날 그대로

借(か)りる 빌리다

返(かえ)す 돌려주다

立(た)つ 서다

話(はなし)をする 이야기를 하다

~ておく ~해 두다

(동사의 ます형) ~なさい

~하렴, ~하세요

106

[동사의 た형+ら] ~たら　～하면, ～한다면, ～했더니

1. 한글로 표현해 보세요. (정답은 2참고)

1　人に会ったらあいさつしてね。
　　ひと　あ

2　どうしたらいいですか。

3　これを食べてみたらどうですか。
　　　　　た

4　洗濯したらきれいにたたみます。
　　せんたく

5　時間があったら食事しましょう。
　　じかん　　　　しょくじ

6　できたらご連絡します。
　　　　　　　れんらく

7　来たら知らせてください。
　　き　　し

2. 일본어로 표현해 보세요. (정답은 1참고)

1　사람을 만나면 인사하렴.

2　어떻게 하면 좋나요?

3　이것을 먹어 보면 어때요?

4　세탁하면 깨끗이 갭니다.

5　시간이 있으면 식사합시다.

6　다 되면 연락하겠습니다.

7　오면 알려 주세요.

3. 응용 ▶ 숫자를 순서대로 배열해 보세요. (응용 정답은 아래 참고)

A　①買いません　②かったら　③高　④もし
B　①だったら　　②遠足は　　③行きません　④雨
C　①旅行　　　　②いきたいです　③に　④合格したら
D　①一緒に　　　②行け　　　③たら　④いいですね
E　①いいか　　　②答えたら　③分かりません　④どう

▶ 응용 정답
A. ④③②① 만일 비싸면 사지 않습니다.
B. ④①②③ 비라면 소풍은 가지 않습니다.
C. ④①③② 합격하면 여행을 가고 싶습니다.
D. ①②③④ 함께 갈 수 있으면 좋겠네요.
E. ④②①③ 어떻게 대답하면 좋을지 모르겠습니다.

관련 단어

人(ひと)に会(あ)う
사람을 만나다

(동사의 た형+ら) ~たら
～하면, ～한다면, ～했더니

あいさつ 인사하다

どう 어떻게

~たらいいですか
～하면 좋습니까?

食(た)べてみる 먹어 보다

どうですか 어떻습니까?

洗濯(せんたく) 세탁

きれいにたたむ 깨끗이 개다

時間(じかん)がある
시간이 있다

食事(しょくじ)する 식사하다

~ましょう ～합시다

できる 다 되다

ご連絡(れんらく)する
연락하다

来(く)る 오다

知(し)らせる 알리다

~てください ～해 주세요

もし 만일

高(たか)い 비싸다

買(か)う 사다

雨(あめ)だったら 비라면, 비가 오면

遠足(えんそく)は 行(い)く
소풍은 가다

合格(ごうかく) 합격

旅行(りょこう)に 行(い)く
여행을 가다

一緒(いっしょ)に 함께

行(い)ける 갈 수 있다

いいですね 좋네요

答(こた)える 대답하다

~たらいいか ～하면 좋은지

分(わ)かる 알 수 있다

[동사의 た+ら형] ~たらどうですか
～하면 어때요?(제안)

1. 한글로 표현해 보세요. (정답은 2참고)

관련 단어

1 彼女に言ってみたらどうですか。
かのじょ　い

彼女(かのじょ) 그녀

2 学校へ行ってみたらどうですか。
がっこう　い

言(い)う 말하다

～てみる ～해 보다

3 その本を読んでみたらどうですか。
ほん　よ

(동사의 た형+ら) ~たらどうですか
～하면 어때요?

4 運動したらどうですか。
うんどう

学校(がっこう)へ行(い)く
학교에 가다

5 これを食べてみたらどうですか。
た

本(ほん)を読(よ)む 책을 읽다

6 作文を書いてみたらどうですか。
さくぶん　か

運動(うんどう)する 운동하다
これを食(た)べる 이것을 먹다

7 彼女のことを理解したらどうですか。
かのじょ　　　　りかい

作文(さくぶん)を書(か)く
작문을 쓰다

2. 일본어로 표현해 보세요. (정답은 1참고)

彼女(かのじょ)のことを
그녀를, 그녀에 대해

1 그녀에게 말해 보면 어때요?　　2 학교에 가 보면 어때요?

理解(りかい)する 이해하다

3 그 책을 읽어 보면 어때요?　　4 운동하면 어때요?

電話(でんわ)する 전화하다

5 이것을 먹어 보면 어때요?　　6 작문을 써 보면 어때요?

新(あたら)しく 새롭게

7 여자 친구를 이해하면 어때요?

チャレンジする 도전하다

3. 응용 ▶ 숫자를 순서대로 배열해 보세요. (응용 정답은 아래 참고)

一緒(いっしょ)に 함께

A ①彼女に　②みたら　③どうですか　④電話して
B ①みたら　②どうですか　③新しく　④チャレンジして
C ①行ったら　②一緒に　③どうですか　④映画館に
D ①自分で　②作って　③みたら　④どうですか
E ①どうですか　②したら　③でも　④散歩

映画館(えいがかん) 영화관
自分(じぶん)で 스스로
作(つく)る 만들다
散歩(さんぽ) 산책
～でもする ～라도 하다

▶ **응용 정답**

A. ①④②③ 그녀에게 전화해 보면 어때요? / B. ③④①② 새롭게 도전해 보면 어때요? /
C. ②④①③ 함께 영화관에 가면 어때요? / D. ①②③④ 스스로 만들어 보면 어때요? /
E. ④③②① 산책이라도 하면 어때요?

TIPS (동사의 た형+ら) 만들기

그룹	형태	공식	활용 예
1그룹	촉음편(~う·~つ·~る)	ったら	かう→かったら
	발음편(~ぬ·~ぶ·~む)	んだら	よむ→よんだら
	이음편(~く)	いたら	かく→かいたら
	(~ぐ)	いだら	かぐ→かいだら
	いく	예외	いく→いったら
	~す	したら	はなす→はなしたら
2그룹	い단·え단+る앞	る탈락	たべる→たべたら
3그룹	来(く)る	불규칙	くる→きたら
	する	암기	する→したら

PART 10

동사의 가정(〜ば)형 초급 회화 꿀꺽 패턴

파트10에서는 동사의 가정(〜ば)형 초급 회화 꿀꺽 패턴으로 동사의 가정(〜ば)형과 관련된 여러 형태를 정해진 패턴에 넣어서 활용하면 되는 문형입니다. 경주가 본 궤도에 도약 점프하며 오르고 있네요. 이 경주를 완주하는 그 시간까지 여러분을 응원합니다. 동사의 가정(〜ば)형 공식은 아래와 같습니다.

동사의 가정(〜ば)형 공식(〜하면)

1그룹	う단ーえ단＋ば/かうーかえば 사면
2그룹	る탈락＋れば/ねるーねれば 자면
3그룹	するーすれば 하면/くるーくれば 오면

용어설명: 보통형—명사, 동사, い형용사, な형용사의 기본형, 과거형을 말함.

108

[동사의 가정형] ~ば ~하면

1. 한글로 표현해 보세요. (정답은 2참고)

1 このボタンを押せばドアが開きます。
2 春になればきれいな桜が咲きます。
3 質問があれば、聞いてください。
4 寒ければ暖房をつけてもいいです。
5 雨が止めば出掛けます。
6 やればできる。
7 上手になりたければもっと頑張ったほうがいいです。

2. 일본어로 표현해 보세요. (정답은 1참고)

1 이 버튼을 누르면 문이 열립니다.
2 봄이 되면 예쁜 벚꽃이 핍니다.
3 질문이 있으면 물어봐 주세요.
4 추우면 난방을 켜도 좋습니다.
5 비가 그치면 외출합니다.
6 하면 할 수 있다.
7 능숙해지고 싶으면 좀 더 분발하는 편이 좋습니다.

3. 응용 ▶ 숫자를 순서대로 배열해 보세요. (응용 정답은 아래 참고)

A ①暑ければ　②エアコンを　③つけても　④いいです
B ①行きます　②じゃなければ　③雨　④明日
C ①言って　②ください　③どこか　④痛ければ
D ①人に　②あげて　③ください　④要らなければ
E ①ことができる　②いろいろな　③あれば　④お金が

▶ 응용 정답
A. ①②③④ 더우면 에어컨을 켜도 좋습니다.
B. ④③②① 내일 비가 오지 않으면 갑니다.
C. ③④①② 어딘가 아프면 말해 주세요.
D. ④①②③ 필요 없으면 다른 사람에게 주세요.
E. ④③②① 돈이 있으면 여러 가지 일을 할 수 있다.

관련 단어

ボタンを押(お)す 버튼을 누르다
(동사의 가정형) ~ば ~하면
ドアが開(あ)く 문이 열리다
春(はる)になる 봄이 되다
きれいだ 깨끗하다
桜(さくら)が咲(さ)く 벚꽃이 피다
質問(しつもん)がある 질문이 있다
聞(き)く 듣다, 묻다
~てください ~해 주세요
寒(さむ)い 춥다
暖房(だんぼう)をつける 난방을 켜다
~てもいいです ~해도 좋습니다
雨(あめ)が止(や)む 비가 그치다
出掛(でか)ける 외출하다
やればできる 하면 할 수 있다
上手(じょうず)になる 능숙해지다
もっと頑張(がんば)る 좀 더 분발하다
~たほうがいいです ~하는 편이 좋습니다
暑(あつ)い 덥다
エアコンをつける 에어컨을 켜다
明日(あした) 내일
どこか 어딘가
行(い)く 가다
痛(いた)い 아프다
言(い)う 말하다
要(い)る 필요하다
人(ひと)にあげる 남에게 주다
お金(かね)がある 돈이 있다
いろいろな 여러 가지
~ことができる ~할 수 있다

144

109

공식(TIPS ~ば형 만들기) 참고

[동사의 가정형] ~ば
[동사의 기본형] ~ほど ~하면 ~할수록

1. 한글로 표현해 보세요. (정답은 2참고)

1 勉強すればするほど、日本語が上手になりますよ。
  べんきょう　　　　　　　　　にほんご　　じょうず

2 漢字を書けば書くほど読みやすくなります。
  かんじ　か　　　か　　　　よ

3 食べれば食べるほど太ります。
  た　　た　　　ふと

4 日本語は話せば話すほど、うまくなります。
  にほんご　はな　はな

5 家は丈夫ならば丈夫なほどいいです。
  いえ　じょうぶ　　じょうぶ

6 宅配便は早ければ早いほどいいです。
  たくはいびん　はや　はや

7 ご飯は噛めば噛むほど消化にいいです。
  はん　か　　か　　　しょうか

2. 일본어로 표현해 보세요. (정답은 1참고)

1 공부하면 할수록 일본어가 능숙해집니다.

2 한자를 쓰면 쓸수록 읽기 쉬워집니다.

3 먹으면 먹을수록 살찝니다.

4 일본어는 이야기하면 이야기할수록 능숙해집니다.

5 집은 튼튼하면 튼튼할수록 좋습니다.

6 택배는 빠르면 빠를수록 좋습니다.

7 밥은 씹으면 씹을수록 소화에 좋습니다.

3. 응용 ▶ 숫자를 순서대로 배열해 보세요. (응용 정답은 아래 참고)

A ①になる　　　②上手　　　③するほど　　④練習すれば
B ①家は　　　　②広ければ　　③広いほど　　④いいですね
C ①新鮮ならば　②新鮮なほど　③美味しい　　④寿司は
D ①読みやすくなる ②読むほど　③読めば　　④日本語は
E ①歩く　　　　②ほど　　　③痩せます　　④歩けば

▶ 응용 정답
A. ④③②① 연습하면 연습할수록 능숙해진다. / B. ①②③④ 집은 넓으면 넓을수록 좋네요.
C. ④①②③ 초밥은 신선하면 신선할수록 맛있다. / D. ④③②① 일본어는 읽으면 읽을수록 읽기
쉬워진다. / E. ④①②③ 걸으면 걸을수록 살이 빠집니다.

TIPS (동사의 가정형)~ば형 만들기

그룹	가정형 공식		활용 예
1그룹	う단→え단+ば		あそぶ→あそべば 놀면
2그룹	る탈락→れば		たべる→たべれば 먹으면
3그룹	来(く)る	불규칙	くる→くれば 오면
	する	암기	する→すれば 하면

관련 단어

勉強(べんきょう) 공부
(109 접속형태 참고)
~ば ~ほど ~하면 ~할수록
する 하다
日本語(にほんご) 일본어
上手(じょうず)になる 능숙해지다
漢字(かんじ)を書(か)く 한자를 쓰다
読(よ)みやすくなる 읽기 쉬워지다
食(た)べる 먹다
太(ふと)る 살찌다
話(はな)す 이야기하다
うまくなる 능숙해지다
家(いえ) 집
丈夫(じょうぶ)だ 튼튼하다
宅配便(たくはいびん) 택배
早(はや)い 빠르다
ご飯(はん) 밥
噛(か)む 씹다
消化(しょうか) 소화
~にいい ~에 좋다
練習(れんしゅう)する
연습하다
広(ひろ)い 넓다
いいですね 좋네요
寿司(すし) 초밥
新鮮(しんせん)だ 신선하다
美味(おい)しい 맛있다
歩(ある)く 걷다
痩(や)せる 살이 빠지다

110

[동사의 가정형] ~ばいい　～하면 된다(권유), ～하면 좋겠다(희망)

1. 한글로 표현해 보세요. (정답은 2참고)

1 好きなものを買え**ばいい**。
　　す　　　　　　か

2 何をすれ**ばいいの**。
　なに

3 明日晴れれ**ばいい**。
　あした は

4 どのバスに乗り換えれ**ばいいですか**。
　　　　　　の　か

5 薬を飲め**ばいいです**。
　くすり　の

6 何と呼べ**ばいいですか**。
　なん　よ

7 いつまでに連絡すれ**ばいいですか**。
　　　　　　れんらく

2. 일본어로 표현해 보세요. (정답은 1참고)

1 좋아하는 것을 사면 된다.

2 무엇을 하면 되니?

3 내일 맑으면 좋겠다.

4 어느 버스를 갈아타면 좋나요?

5 약을 먹으면 좋아요.

6 뭐라고 부르면 좋나요?

7 언제까지 연락하면 좋나요?

3. 응용 ▶ 숫자를 순서대로 배열해 보세요. (응용 정답은 아래 참고)

A ①いい　　　　②会えば　　　③7時に　　　④夜
B ①これから　　②どう　　　　③すれば　　　④いいですか
C ①決めれば　　②いい　　　　③このことは　④あなたが
D ①どこに　　　②これを　　　③置けば　　　④いいですか
E ①どこに　　　②サイン　　　③すれば　　　④いいですか

▶ 응용 정답

A. ④③②① 밤 7시에 만나면 된다.
B. ①②③④ 앞으로 어떻게 하면 좋나요?
C. ③④①② 이 일은 당신이 정하면 된다.
D. ②①③④ 이것을 어디에 두면 좋나요?
E. ①②③④ 어디에 사인하면 되나요?

관련 단어

好(す)きな物(もの) 좋아하는 것

買(か)う 사다

(동사의 가정형) ~ばいい ～하면 된다

何(なに)をする 무엇을 하다

明日(あした) 내일

晴(は)れる 맑다, 개다

どのバス 어느 버스

乗(の)り換(か)える 갈아타다

薬(くすり)を飲(の)む 약을 먹다

何(なん)と呼(よ)ぶ 뭐라고 부르다

いつまでに 언제까지

連絡(れんらく)する 연락하다

夜(よる)7時(しちじ) 밤 7시

会(あ)う 만나다

これから 앞으로

どうすれば 어떻게 하면

あなた 당신

このことは 이 일은

決(き)める 결정하다

これ 이것

どこに 어디에

置(お)く 두다, 놓다

サインする 사인하다

정체의 늪은 삶의 또 다른 거름

: 사람은 물처럼 흘러가야 아름다운 생명력을 지닐 수 있다.

유학 시절 나를 지탱하게 해 준 것은 '하우스텐보스 운하의 아름다움, 백조들의 우아함 이면의 물 밑의 발버둥, 그리고 폐장을 알리는 불꽃놀이, 각종 계절성 이벤트' 등이었다.

그리고 난 매번 겨울 방학에 청춘 18표를 이용해 7일 동안의 열차 여행에 나섰다. 규슈와 츄고쿠 지 방과 시코쿠, 긴키 지방 등을 둘러보았다.

열차 시간표를 보면서 혼자서 떠나, 계획을 세워 하나하나를 직접 보고 느끼는 여행은 자아를 찾기 위한 참 여행이기도 했다. 지금 뒤돌아보면 하나하나의 기억들이 추억이 되어 나의 뇌리를 스쳐가 는 듯 참 흐뭇하기도 하다.

나가사키 국제대학교 국제 관광학과에서 충실히 공부한 덕택에 졸업할 때 학장상을 받을 수 있었 다. 일본어 교사 양성과정도 이수했다. 다도도 4년간 학교에서 배웠다. 제미(공동수업) 선생님이 다 도 선생님이라 인성 면에서 많은 힘을 받았다. 동적인 부분보다 정적인 부분이 강한 나에게 다도 선생님은 늘 인생의 많은 가르침을 주셨다. 지금도 많이 보고 싶은 분 중에 한 분이다.

대학교를 졸업하고 일본 무역 회사에서 통번역을 하면서 1년 반 정도 보냈다. 치바에서 근무했는 데 참 일이라는게 힘들기도 하면서 뿌듯하기도 했다. 유학 5년간을 통해 배운 것들을 이곳에서 새 로운 싹으로 틔우는 인생 공부이기도 했다.

서른여섯이 되었을 무렵, 난 무역회사 일을 정리하고 한국에서 일본어를 가르치기로 결심했다. 힘 든 결정이었지만, 지금이 아니면 안 되겠다는 강한 의지가 있었기에 일본의 생활을 접을 수 있었다. 한국에 돌아와 블로그와 카페를 시작하고, 일본어 학원에서 학생들을 가르쳤다. 그것을 토대로 지 금 광진구 자양동에서 품격 일본어 교습소를 운영하고 있다. 벌써 10년이라는 세월이 그렇게 흘러 가고 있다. 많은 성장통(아픔)들이 나를 뒤돌아보게끔 했다. 참 많이 성장한 내 모습이 거기에 있다. 감사할 따름이다.

PART 11

동사의 의지(よ)う형 초급 회화 꿀꺽 패턴

파트11에서는 동사의 의지(よ)う형 초급 회화 꿀꺽 패턴으로 동사의 의지(よ)う형과 관련된 여러 형태를 정해진 패턴에 넣어 활용하면 되는 문형입니다. 경주가 본 궤도에 도약 점프하며 오르고 있네요. 이 경주를 완주하는 그 시간까지 여러분을 응원합니다. 동사의 의지(よ)う형 공식은 다음과 같습니다.

동사의 의지(～(よ)う)형 공식(～하자)

1그룹	う단ーお단＋う/よむーよもう 읽자
2그룹	る탈락＋よう/たべるーたべよう 먹자
3그룹	するーしよう 하자/くるーこよう 오자

용어설명: 보통형–명사, 동사, い형용사, な형용사의 기본형, 과거형을 말함.

111

> ## [동사의 의지형] ～(よ)う　～하자, ～해야지

1. 한글로 표현해 보세요. (정답은 2참고)

1 一緒に公園へ行こう。
　いっしょ　こうえん　い

2 好きなものを買おう。
　す　　　　　　か

3 ノートに書こう。
　　　　　か

4 あそこで遊ぼう。
　　　　あそ

5 友達を呼ぼう。
　ともだち　よ

6 二人で散歩しよう。
　ふたり　さんぽ

7 美味しいものを食べよう。
　おい　　　　　　た

2. 일본어로 표현해 보세요. (정답은 1참고)

1 함께 공원에 가자.

2 좋아하는 것을 사자.

3 노트에 쓰자.

4 저기에서 놀자.

5 친구를 부르자.

6 둘이서 산책하자.

7 맛있는 것을 먹자.

3. 응용 ▶ 숫자를 순서대로 배열해 보세요. (응용 정답은 아래 참고)

A ①私たちは　②あの店　　③に　　　④並ぼう
B ①出そう　　②レポートを　③までに　④明日
C ①早め　　　②に　　　　③起きよう　④明日は
D ①二人で　　②試して　　③みよう　　④やって
E ①運動しよう　②で　　　③公園　　　④毎日

▶ 응용 정답
A.①②③④ 우리는 저 가게에 줄서자. / B.④③②① 내일까지 리포트를 내자. /
C.④①②③ 내일은 일찍 일어나자. / D.①②④③ 둘이서 시험 삼아 해 보자. /
E.④③②① 매일 공원에서 운동하자.

TIPS (동사의 의지형) ～(よ)う형 만들기

1그룹	う단→お단+う		あそぶ→あそぼう 놀자
2그룹	る탈락→よう		たべる→たべよう 먹자
3그룹	来(く)る	불규칙	くる→こよう 오자
	する	암기	する→しよう 하자

관련 단어

一緒(いっしょ)に 함께
公園(こうえん)へ 공원에
行(い)く 가자
(동사의 의지형) ～(よ)う
～하자, ～해야지.
好(す)きな物(もの)
좋아하는 것
買(か)う 사다
ノートに書(か)く 노트에 쓰다
あそこ 저기
遊(あそ)ぶ 놀다
友達(ともだち)を呼(よ)ぶ
친구를 부르다
二人(ふたり)で 둘이서
散歩(さんぽ)する 산책하다
美味(おい)しい物(もの)
맛있는 것
食(た)べる 먹다
私(わたし)たち 우리
あの店(みせ) 저 가게
並(なら)ぶ 줄서다
明日(あした)までに 내일까지
レポートを出(だ)す
리포트를 내다
早(はや)めに 일찌감치, 일찍
起(お)きる 일어나다
試(ため)す 시험하다
やってみる 해 보다
毎日(まいにち) 매일
公園(こうえん)で 공원에서
運動(うんどう)する 운동하다

112

공식(TIPS また와 まだ의 관련 표현들) 참고

[동사의 의지형] ~(よ)うとする　～하려고 한다

1. 한글로 표현해 보세요. (정답은 2참고)

1 外で遊ぼうとしています。
　そと　あそ

2 レポートを書こうとしています。
　　　　　か

3 朝早く起きようとしています。
　あさ はや　お

4 今本を読もうとしています。
　いま ほん　よ

5 家に帰ろうとしています。
　いえ　かえ

6 今食事しようとしています。
　いま しょく じ

7 明日ここに来ようとしています。
　あした　　　こ

2. 일본어로 표현해 보세요. (정답은 1참고)

1 밖에서 놀려고 하고 있습니다.

2 리포트를 쓸려고 하고 있습니다.

3 아침 일찍 일어나려고 하고 있습니다.

4 지금 책을 읽으려고 하고 있습니다.

5 집에 돌아가려고 하고 있습니다.

6 지금 식사하려고 하고 있습니다.

7 내일 여기에 오려고 하고 있습니다.

3. 응용 ▶ 숫자를 순서대로 배열해 보세요. (응용 정답은 아래 참고)

A ①今　　　②電話を　　③しようと　　④しています
B ①今　　　②食べようと　③しています　④昼ご飯を
C ①買おうと　②しています　③私は　　　④靴を
D ①走ろうと　②今　　　　③しています　④運動場を
E ①また　　②動物園に　　③来ようと　　④しています

▶ 응용 정답

A. ①②③④　지금 전화를 하려고 하고 있습니다. / B. ①④②③　지금 점심을 먹으려고 하고
있습니다. / C. ③④①②　나는 신발을 사려고 하고 있습니다. / D. ②④①③　지금 운동장을
달리려고 하고 있습니다. / E. ①②③④　또 동물원에 오려고 하고 있습니다.

관련 단어

外(そと)で 밖에서

(동사의 의지형) ~(よ)うとする
　～하려고 한다

遊(あそ)ぶ 놀다

レポートを書(か)く 리포트를 쓰다

朝(あさ)早(はや)く 아침 일찍

起(お)きる 일어나다

今(いま) 지금

本(ほん)を読(よ)む 책을 읽다

家(いえ)に帰(かえ)る 집에 돌아오다

食事(しょくじ)する 식사하다

明日(あした) 내일

ここ 여기

来(く)る 오다

電話(でんわ)をする 전화를 하다

昼(ひる)ご飯(はん) 점심

食(た)べる 먹다

靴(くつ)を買(か)う 신발을 사다

運動場(うんどうじょう) 운동장

走(はし)る 달리다

また 또

動物園(どうぶつえん) 동물원

TIPS また(또, 또한, 역시)의 관련 표현들

예문	また会(あ)いましょう。 또 만납시다.
	また彼女(かのじょ)に会(あ)いたい。 또 그녀를 만나고 싶다.
	彼(かれ)もまたいい子(こ)だった。 그도 또한 좋은 아이였다.
	彼女(かのじょ)もまた彼(かれ)が好(す)きだ。 그녀도 역시 그를 좋아한다.

TIPS まだ(아직, 오히려, 아직)의 관련 표현들

まだ行(い)ったことがないところです。
아직 간 적이 없는 곳입니다.

まだ時間(じかん)があります。
아직 시간이 있습니다.

こっちがまだましだ。
이쪽이 오히려 낫다.

まだ風邪(かぜ)が治(なお)らない。
아직 감기가 낫지 않았다.

113

[동사의 의지형] ~(よ)うと思(おも)う　~하려고 생각한다

1. 한글로 표현해 보세요. (정답은 2참고)

1　試験なので勉強しようと思います。
　　しけん　　べんきょう　　　おも

2　ダイエットのために歩こうと思います。
　　　　　　　　　ある　　　おも

3　これを食べてみようと思います。
　　　　た　　　　　おも

4　あれをやってみようと思います。
　　　　　　　　　おも

5　好きな本を読もうと思います。
　　す　　ほん　よ　　おも

6　必要なものをメモしようと思います。
　　ひつよう　　　　　　　　おも

7　資料を探してみようと思います。
　　しりょう　さが　　　おも

2. 일본어로 표현해 보세요. (정답은 1참고)

1　시험이기 때문에 공부하려고 생각합니다.
2　다이어트를 위해 걸으려고 생각합니다.
3　이것을 먹어 보려고 생각합니다.
4　저것을 해 보려고 생각합니다.
5　좋아하는 책을 읽으려고 생각합니다.
6　필요한 것을 메모하려고 생각합니다.
7　자료를 찾아보려고 생각합니다.

3. 응용 ▶ 숫자를 순서대로 배열해 보세요. (응용 정답은 아래 참고)

A　①私は　　　　　②日本へ　　　③留学しようと　④思います
B　①旅行しようと　②思います　　③私は　　　　④中国へ
C　①参加しようと　②私は　　　　③思います　　④大会に
D　①私は　　　　　②寝ようと　　③思います　　④そろそろ
E　①休んでこようと　②思います　　③私は　　　　④少し

▶ 응용 정답
A. ①②③④　저는 일본에 유학하려고 생각합니다.
B. ③④①②　저는 중국에 여행하려고 생각합니다.
C. ②④①③　저는 대회에 참가하려고 생각합니다.
D. ①④②③　저는 슬슬 자려고 생각합니다.
E. ③④①②　저는 조금 쉬고 오려고 생각합니다.

관련 단어

試験(しけん) 시험
~なので ~이기 때문에
勉強(べんきょう)する
공부하다
(동사의 의지형)
~(よ)うと思(おも)う
~하려고 생각하다
ダイエットのために
다이어트를 위해
歩(ある)く 걷다
これ 이것/**あれ** 저것
食(た)べる 먹다
~てみる ~해 보다
やる 하다, 주다
好(す)きな本(ほん)
좋아하는 책
読(よ)む 읽다
必要(ひつよう)な 物(もの)
필요한 것
メモする 메모하다
資料(しりょう) 자료
探(さが)す 찾다
私(わたし) 나, 저
日本(にほん)へ 일본에
留学(りゅうがく)する
유학하다
中国(ちゅうごく)へ 중국에
旅行(りょこう)する 여행하다
大会(たいかい) 대회
参加(さんか)する 참가하다
そろそろ 슬슬
寝(ね)る 자다
少(すこ)し 조금
休(やす)んでくる 쉬고 오다

152

정체의 늪은 삶의 또 다른 거름
: 사람은 물처럼 흘러가야 아름다운 생명력을 지닐 수 있다.

요즘 학생들은 방과 후에도 학원에서 사는 것 같다. 다른 공부가 많다보니, 일본어 공부를 해도 많이 힘들어 하는 것 같다. 공부는 복습이 전제가 되지 않으면 늘지 않는다. 선생님은 알고 있는 내용들을 알기 쉽게 설명해 주는 역할을 할 뿐이다. 그 내용들을 토대로 자기만의 언어 습관으로 복습을 하며 되새김질을 해야 늘어난다. 이것은 경험에서 나오는 진리이기도 하다.

원해서 공부하는 사람은 실력이 꾸준히 느는데, 왜 마지 못해서 하는 사람들은 실력이 늘지 않는가?

그건 공부에 할애하는 시간과 공부하는 방법과도 연관성이 있어 보인다. 좀 더 효율적으로 공부하기 위해 동기 부여를 할 애니메이션, 일본 드라마를 보는 것도 참 좋다고 생각한다. 문화를 간접적으로 느낄 수 있기 때문이다.

그 다음에는 장기 레이스인 만큼, 천천히 자기 페이스로 호흡량을 조절해가면서 달려가면 된다. 결국 마라톤의 최후의 승자가 되기 위해, 자기만의 비법과 색깔로 '복습' 그리고 '자기가 좋아하는 분야'를 함께 섭렵해 나가자.

학생들을 가르치면서 난 정체의 늪에 빠져있는 듯한 느낌을 받곤 한다. 유학 생활의 힘듦이 있었기에 난 오늘도 늘 유유히 흘러가는 물이고 싶어 한다.

이제는 학생들에게 생명력 있는 흘러가는 물과 같은 수업을 하고 싶다. 나를 위한 수업이 아닌, 학생들을 위한 수업으로 만들어 가고 싶다. 오픈한 지 10년이 되어가고 있는 지금......

오픈 1년째에 '동화로 배우는 일본어 필수한자 1006자'라는 책을 번역했다. 그 뒤에도 다수의 책들을 번역했다. 좋은 경험이 아닐 수 없다. 무언가를 하나하나씩 해간다는 것은 쉽지 않다. 하루라는 삶이 주어졌기에 그 삶 속에서 자그마한 희망의 빛을 찾아 오늘도 묵묵히 나는 나의 길을 가는가 보다. '인생의 주인공은 다름 아닌, 바로 나 자신이라는 것을 늘 느끼며...' 그렇게 난 세상을 아름답게 살아가나 보다.

여러분, 늘 행복하세요. 여러분을 진심으로 응원합니다.

PART 12

수수동사 초급 회화 꿀꺽 패턴

파트12에서는 동사의 수수동사 초급 회화 꿀꺽 패턴으로 동사의 수수동사와 관련된 여러 형태를 정해진 패턴에 넣어서 활용하면 되는 문형입니다. 경주가 본 궤도에 점프하며 오르고 있네요. 이 경주를 완주하는 그 시간까지 여러분을 응원합니다.

용어설명: 보통형—명사, 동사, い형용사, な형용사의 기본형, 과거형을 말함.

114

~やる/~あげる/~さしあげる
~주다/~주다/~드리다

1. 한글로 표현해 보세요. (정답은 2참고)

1 猫に餌をやりました。
　ねこ　えさ

2 弟に小遣いをやりました。
　おとうと　こづか

3 花に水をやります。
　はな　みず

4 彼女の誕生日に好きな物をあげました。
　かのじょ　たんじょうび　す　もの

5 友達にお菓子をあげました。
　ともだち　かし

6 先生にプレゼントをさしあげました。
　せんせい

7 ご連絡さしあげます。
　れんらく

2. 일본어로 표현해 보세요. (정답은 1참고)

1 고양이에게 먹이를 주었습니다.
2 남동생에게 용돈을 주었습니다.
3 꽃에 물을 줍니다.
4 그녀의 생일에 좋아하는 것을 주었습니다.
5 친구에게 과자를 주었습니다.
6 선생님에게 선물을 드렸습니다.
7 연락을 드리겠습니다.

3. 응용 ▶ 숫자를 순서대로 배열해 보세요. (응용 정답은 아래 참고)

A ①私は　②餌を　③やります　④ペットに
B ①鞄を　②やりました　③私は　④妹に
C ①お年玉を　②私は　③あげます　④子供に
D ①こちらで　②よければ　③あなたに　④さしあげます
E ①私は　②プレゼントを　③さしあげます　④全員に

▶ 응용 정답
A. ①④②③ 나는 애완동물에게 먹이를 줍니다.
B. ③④①② 나는 여동생에게 가방을 주었습니다.
C. ②④①③ 나는 아이에게 세뱃돈을 줍니다.
D. ①②③④ 이것으로 괜찮으면 당신에게 드리겠습니다.
E. ①④②③ 저는 전원에게 선물을 드리겠습니다.

やる 주다
あげる 주다
さしあげる 드리다
猫(ねこ) 고양이
餌(えさ)をやる 먹이를 주다
弟(おとうと) 남동생
小遣(こづか)いをやる 용돈을 주다
花(はな) 꽃
水(みず)をやる 물을 주다
彼女(かのじょ) 그녀
誕生日(たんじょうび) 생일
好(す)きな物(もの)をあげる 좋아하는 것을 주다
友達(ともだち) 친구
お菓子(かし)をあげる 과자를 주다
先生(せんせい) 선생님
プレゼントをさしあげる 선물을 드리다
ご連絡(れんらく)さしあげる 연락을 드리다
私(わたし) 나, 저
ペット 애완동물
妹(いもうと) 여동생
鞄(かばん)をやる 가방을 주다
子供(こども) 아이
お年玉(としだま)をあげる 세뱃돈을 주다
こちら 이쪽
よい 좋다, 괜찮다
あなたにさしあげる 당신에게 드리다
全員(ぜんいん) 전원

(동사의 て형) ~**てやる** ~해 주다

(동사의 て형) ~**てあげる** ~해 주다

(동사의 て형) ~**てさしあげる** ~해 드리다

---

1. 한글로 표현해 보세요. (정답은 2참고)

1 子供にお菓子を買ってやる。
  こども　　かし　か

2 友達にノートを見せてあげる。
  ともだち　　　　み

3 手伝ってあげます。
  て つだ

4 妹に日本語を教えてあげた。
  いもうと　にほんご　おし

5 母に美味しい物を送ってあげた。
  はは　おい　　もの　おく

6 ギターを弾いてさしあげる。
  　　　　　ひ

7 話を聞いてさしあげる。
  はなし　き

2. 일본어로 표현해 보세요. (정답은 1참고)

1 아이에게 과자를 사 주다.

2 친구에게 노트를 보여 주다.

3 도와줍니다.

4 여동생에게 일본어를 가르쳐 주었다.

5 엄마에게 맛있는 것을 보내 주었다.

6 기타를 연주해 드리다.

7 이야기를 들어 드리다.

3. 응용 ▶ 숫자를 순서대로 배열해 보세요. (응용 정답은 아래 참고)

A ①私は　　　　②ぺんを　　　　③貸してあげた　　④友達に
B ①ところを　　②教えてやった　③私は　　　　　　④弟の知らない
C ①妹に　　　　②取って　　　　③あげた　　　　　④塩を
D ①直して　　　②あげた　　　　③弟の　　　　　　④パソコンを
E ①先生を　　　②送って　　　　③さしあげます　　④駅まで

▶ 응용 정답
A. ①④②③　나는 친구에게 펜을 빌려 주었다.
B. ③④①②　나는 남동생이 모르는 부분을 가르쳐 주었다.
C. ①④②③　여동생에게 소금을 집어 주었다.
D. ③④①②　남동생의 컴퓨터를 고쳐 주었다.
E. ④①②③　역까지 선생님을 배웅해 드리겠습니다.

관련 단어

(동사의 て형) ~てやる ~해 주다

(동사의 て형) ~てあげる ~해 주다

(동사의 て형) ~てさしあげる
~해 드리다

子供(こども) 아이

お菓子(かし) 과자

買(か)ってやる 사 주다

友達(ともだち) 친구

ノート 노트

見(み)せてあげる 보여 주다

手伝(てつだ)ってあげる 도와주다

妹(いもうと) 여동생

日本語(にほんご) 일본어

教(おし)えてあげる 가르쳐 주다

母(はは) 엄마

美味(おい)しい物(もの) 맛있는 것

送(おく)ってあげる 보내 주다

弾(ひ)いてさしあげる 연주해 드리다

話(はなし) 이야기

聞(き)いてさしあげる 들어 드리다

貸(か)してあげる 빌려 주다

弟(おとうと) 남동생

教(おし)えてやる 가르쳐 주다

知(し)らないところ 모르는 곳(부분)

塩(しお) 소금

取(と)ってあげる 집어 주다

パソコン 컴퓨터

直(なお)してあげる 고쳐 주다

駅(えき)まで 역까지

先生(せんせい) 선생님

送(おく)ってさしあげる
배웅해 드리다

~くれる/~くださる ~주다/~주시다

1. 한글로 표현해 보세요. (정답은 2참고)

1 友達がノートをくれた。
   とも だち

2 彼女が連絡をくれた。
   かのじょ れんらく

3 父がプレゼントをくれた。
   ちち

4 彼氏が花をくれた。
   かれ し はな

5 姉がくれたお金を貯金する。
   あね かね ちょきん

6 隣のお祖母さんがおかずをくださった。
   となり ばあ

7 先生がお土産をくださった。
   せい せい みやげ

2. 일본어로 표현해 보세요. (정답은 1참고)

1 친구가 노트를 주었다.

2 그녀가 연락을 주었다.

3 아버지가 선물을 주었다.

4 남자 친구가 꽃을 주었다.

5 누나가 준 돈을 저금하다.

6 옆집 할머니가 반찬을 주셨다.

7 선생님이 선물을 주셨다.

3. 응용 ▶ 숫자를 순서대로 배열해 보세요. (응용 정답은 아래 참고)

A ①母が   ②私に   ③くれた   ④プレゼントを
B ①私に   ②お金を   ③くれた   ④伯父さんが
C ①映画のチケットを ②くれた   ③私に   ④友達が
D ①私の   ②好きな物を ③くださった ④先生が
E ①くださった ②手紙を   ③私に   ④お祖母さんが

▶ 응용 정답
A. ①②④③ 엄마가 나에게 선물을 주었다.
B. ④①②③ 삼촌이 나에게 돈을 주었다.
C. ④③①② 친구가 나에게 영화 티켓을 주었다.
D. ④①②③ 선생님이 내가 좋아하는 것을 주셨다.
E. ④③②① 할머니가 나에게 편지를 주셨다.

관련 단어

くれる 주다
くださる 주시다
友達(ともだち) 친구
ノートをくれる 노트를 주다
彼女(かのじょ) 그녀
連絡(れんらく)をくれる
연락을 주다
父(ちち) 아빠
プレゼントをくれる
선물을 주다
彼氏(かれし) 남자 친구
花(はな)をくれる 꽃을 주다
姉(あね)がくれる 누나가 주다
お金(かね) 돈
貯金(ちょきん)する 저금하다
隣(となり) 옆집, 옆
お祖母(ばあ)さん 할머니
おかずをくださる
반찬을 주시다
先生(せいせい) 선생님
お土産(みやげ)をくださる
선물을 주시다
母(はは) 엄마
伯父(おじ)さん 아저씨
お金(かね) 돈
友達(ともだち) 친구
映画(えいが)のチケット
영화 티켓
好(す)きな物(もの)
좋아하는 것
手紙(てがみ) 편지

(동사의 て형) ~**てくれる** ~해 주다

(동사의 て형) ~**てくださる** ~해 주시다

---

1. 한글로 표현해 보세요. (정답은 2참고)

1 友達が日本語を教えてくれました。
　　とも だち　　に ほん ご　　おし

2 妻がお弁当を作ってくれました。
　　つま　　べんとう　　つく

3 母が服を買ってくれました。
　　はは　ふく　か

4 友達が車で空港まで送ってくれました。
　　とも だち　くるま　くうこう　　おく

5 友達が一緒に遊んでくれました。
　　とも だち　いっしょ　あそ

6 社長がお金を貸してくださいました。
　　しゃちょう　かね　か

7 先生が作文を直してくださいました。
　　せん せい　さく ぶん　なお

2. 일본어로 표현해 보세요. (정답은 1참고)

1 친구가 일본어를 가르쳐 주었습니다.
2 아내가 도시락을 만들어 주었습니다.
3 엄마가 옷을 사 주었습니다.
4 친구가 차로 공항까지 배웅해 주었습니다.
5 친구가 함께 놀아 주었습니다.
6 사장님이 돈을 빌려주셨습니다.
7 선생님이 작문을 고쳐 주셨습니다.

3. 응용 ▶ 숫자를 순서대로 배열해 보세요. (응용 정답은 아래 참고)

A ①友達が　　②レポートの書き方を ③教えて　　④くれた
B ①くれた　　②作って　　③料理を　　④彼女が
C ①バス停まで ②送って　　③くれた　　④彼氏が
D ①お爺さんが ②買って　　③くださった ④お土産を
E ①分けて　　②隣の人が　　③美味しい物を ④くださった

▶ 응용 정답
A. ①②③④　친구가 리포트 쓰는 법을 가르쳐 주었다.
B. ④③②①　그녀가 요리를 만들어 주었다.
C. ④①②③　남자 친구가 버스 정류장까지 배웅해 주었다.
D. ①④②③　할아버지가 선물을 사 주셨다.
E. ②③①④　옆 사람이 맛있는 것을 나눠 주셨다.

관련 단어

(동사의 て형) ~**てくれる** ~해 주다
(동사의 て형) ~**てくださる**
~해 주시다
友達(ともだち) 친구
教(おし)**えてくれる** 가르쳐 주다
妻(つま) 아내, 처
お弁当(べんとう) 도시락
作(つく)**ってくれる** 만들어 주다
母(はは) 엄마
服(ふく) 옷
買(か)**ってくれる** 사 주다
車(くるま)**で** 차로
空港(くうこう)**まで** 공항까지
送(おく)**ってくれる** 보내 주다
一緒(いっしょ)**に** 함께
遊(あそ)**んでくれる** 놀아 주다
社長(しゃちょう) 사장님
お金(かね) 돈
貸(か)**してくださる** 빌려 주시다
先生(せんせい) 선생님
作文(さくぶん) 작문
直(なお)**してくださる** 고쳐 주시다
レポート 리포트
書(か)**き方**(かた) 쓰는 법
彼女(かのじょ) 그녀
料理(りょうり) 요리
彼氏(かれし) 남자 친구
バス停(てい)**まで** 버스 정류장까지
お爺(じい)**さん** 할아버지
お土産(みやげ) 선물, 기념품
買(か)**ってくださる** 사 주시다
隣(となり)**の人**(ひと) 옆 사람
美味(おい)**しい物**(もの) 맛있는 것
分(わ)**けてくださる** 나눠 주시다

118

~もらう/~いただく ~받다

1. 한글로 표현해 보세요. (정답은 2참고)

1 お父さんに毎月小遣いをもらっています。
　 とう　　まいつき こ づか

2 国から奨学金をもらっています。
　 くに　　しょうがく きん

3 市場では買い物袋がもらえます。
　 いち ば　　か　ものぶくろ

4 誕生日にプレゼントをもらった。
　 たんじょう び

5 買い物するときポイントがもらえます。
　 か　もの

6 先生から卒業証書をいただきました。
　 せん せい　　　そつぎょうしょうしょ

7 お祖母さんからチョコをいただきました。
　　 ば あ

2. 일본어로 표현해 보세요. (정답은 1참고)

1 아버지에게 매달 용돈을 받고 있습니다.
2 나라로부터 장학금을 받고 있습니다.
3 시장에서는 물건을 담는 봉투를 받을 수 있습니다.
4 생일에 선물을 받았다.
5 쇼핑을 할 때 포인트를 받을 수 있습니다.
6 선생님으로부터 졸업증을 받았습니다.
7 할머니로부터 초콜릿을 받았습니다.

3. 응용 ▶ 숫자를 순서대로 배열해 보세요. (응용 정답은 아래 참고)

A ①プレゼントを　②もらいました ③から　　④彼女
B ①もらいました　②お金を　　　③に　　　④お母さん
C ①授業のプリントを ②から　　　③もらった ④友達
D ①いただきました ②いいものを　③に　　　④先生
E ①姉に　　　　　②美味しい　　③お菓子を ④いただきました

▶ 응용 정답
A. ④③①② 그녀로부터 선물을 받았습니다.
B. ④③②① 엄마에게 돈을 받았습니다.
C. ④②①③ 친구로부터 수업 프린트를 받았다.
D. ④③②① 선생님에게 좋은 것을 받았습니다.
E. ①②③④ 누나에게 맛있는 과자를 받았습니다.

> (동사의 て형) ~ **てもらう** ~해 받다
>
> (동사의 て형) ~ **ていただく** ~해 받다

---

1. 한글로 표현해 보세요. (정답은 2참고)

1 **友達にノートを貸し**てもらいました。
　ともだち　　　　　か

2 **先生にレポートを直し**てもらいました。
　せんせい　　　　　なお

3 **母に好きな絵本を読ん**でもらいました。
　はは　す　　えほん　よ

4 **妻に料理を作っ**てもらいました。
　つま　りょうり　つく

5 **彼女に書類を見せ**てもらいました。
　かのじょ　しょるい　み

6 **先生に自分の話を聞い**ていただきました。
　せんせい　じぶん　はなし　き

7 **お祖母さんに道を教え**ていただきました。
　ばあ　　　みち　おし

2. 일본어로 표현해 보세요. (정답은 1참고)

1 친구에게 노트를 빌려 받았습니다. → 친구가 노트를 빌려 주었습니다.

2 선생님에게 리포트를 고쳐 받았습니다. → 선생님이 리포트를 고쳐 주었습니다.

3 엄마에게 좋아하는 그림책을 읽어 받았습니다. → 엄마가 좋아하는 그림책을 읽어 주었습니다.

4 아내에게 요리를 만들어 받았습니다. → 아내가 요리를 만들어 주었습니다.

5 그녀에게 서류를 보여 받았습니다. → 그녀가 서류를 보여 주었습니다.

5 선생님에게 자신의 이야기를 들어 받았습니다. → 선생님이 자신의 이야기를 들어 주셨습니다.

7 할머니에게 길을 가르쳐 받았습니다. → 할머니가 길을 가르쳐 주셨습니다.

3. 응용 ▶ 숫자를 순서대로 배열해 보세요. (응용 정답은 아래 참고)

A ①もらいました ②買って ③必要な物を ④母に

B ①友達に ②欲しい本を ③探して ④もらいました

C ①洗って ②コップを ③もらいました ④彼女に

D ①会社から ②作って ③いただきました ④名刺を

E ①プレゼンの資料を ②見せて ③いただきました ④同僚から

▶ 응용 정답 (직역)

A. ④③②① 엄마에게 필요한 것을 사 받았습니다.

B. ①②③④ 친구에게 원하는 책을 찾아 받았습니다.

C. ④②①③ 그녀에게 컵을 씻어 받았습니다.

D. ①④②③ 회사로부터 명함을 만들어 받았습니다.

E. ④①②③ 동료로부터 프레젠테이션 자료를 보여 받았습니다.

관련 단어

(동사의 て형) ~てもらう ~해 받다

(동사의 て형) ~ていただく ~해 받다

貸(か)してもらう 빌려 받다

レポート 리포트

直(なお)してもらう 고쳐 받다

母(はは) 엄마

好(す)きだ 좋아하다

絵本(えほん) 그림책

読(よ)んでもらう 읽어 받다

妻(つま) 아내, 처

料理(りょうり) 요리

作(つく)ってもらう 만들어 받다

書類(しょるい) 서류

見(み)せてもらう 보여 받다

先生(せんせい) 선생님

自分(じぶん) 자신

話(はなし) 이야기

聞(き)いていただく

들어 받다/들어 주시다

お祖母(ばあ)さん 할머니

道(みち) 길

教(おし)えていただく 가르쳐 받다

必要(ひつよう)な物(もの) 필요한 것

買(か)ってもらう 사 받다

友達(ともだち) 친구

欲(ほ)しい 원하다

本(ほん) 책

探(さが)してもらう 찾아 받다

彼女(かのじょ) 그녀

コップ 컵

洗(あら)ってもらう 씻어 받다

会社(かいしゃ)から 회사에서

名刺(めいし) 명함

作(つく)っていただく 만들어 받다

同僚(どうりょう) 동료

プレゼンの資料(しりょう)

프레젠테이션의 자료

PART 13

동사의 가능형 초급 회화 꿀꺽 패턴

PART 14

동사의 수동형 초급 회화 꿀꺽 패턴

PART 15

동사의 사역형 초급 회화 꿀꺽 패턴

PART 16

동사의 사역수동형 초급 회화 꿀꺽 패턴

123. (동사의 사역수동형)　　　억지로 ～하다

PART 17

경어의 겸양어 초급 회화 꿀꺽 패턴

124. (경어의 겸양어)　　　　～하다

PART 18

경어의 존경어 초급 회화 꿀꺽 패턴

125. (경어의 존경어)　　　　～하시다

용어설명: 보통형-명사, 동사, い형용사, な형용사의 기본형, 과거형을 말함.

파트13에서는 동사의 가능형 초급 회화 꿀꺽 패턴, 파트14에서는 동사의 수동형 초급 회화 꿀꺽 패턴, 파트15에서는 동사의 사역형 초급 회화 꿀꺽 패턴, 파트16에서는 동사의 사역수동형 초급 회화 꿀꺽 패턴, 파트17에서는 경어의 겸양어 초급 회화 꿀꺽 패턴이며, 파트18에서는 경어의 존경어 초급 회화 꿀꺽 패턴으로 구성되어 있습니다. 각각 동사와 관련된 여러 형태와 경어의 겸양어와 존경어를 만들어 정해진 패턴에 넣어서 활용하면 되는 문형입니다. 경주가 본 궤도에 점프하며 올랐네요. 이 경주를 완주하는 그 시간까지 여러분을 응원합니다.

[동사의 가능형] ~할 수 있다

1. 한글로 표현해 보세요. (정답은 2참고)

	관련 단어

1 車の運転ができます。
くるま　うんてん

2 彼女は12時までに来られます。
かのじょ　じゅうにじ　　　　こ

3 彼は日本の小説が読めます。
かれ　にほん　しょうせつ　よ

4 友達は英語で話せます。
ともだち　えいご　はな

5 彼は漢字が1000字ぐらい書けます。
かれ　かんじ　せんじ　　　　か

6 友達はいつでも信じられます。
ともだち　　　　　しん

7 私は納豆が食べられます。
わたし　なっとう　た

2. 일본어로 표현해 보세요. (정답은 1참고)

1 차 운전을 할 수 있습니다.

2 그녀는 12시까지 올 수 있습니다.

3 그는 일본 소설을 읽을 수 있습니다.

4 친구는 영어로 말할 수 있습니다.

5 그는 한자를 1000자 정도 쓸 수 있습니다.

6 친구는 언제든지 믿을 수 있습니다.

7 나는 낫토를 먹을 수 있습니다.

3. 응용 ▶ 숫자를 순서대로 배열해 보세요. (응용 정답은 아래 참고)

A ①できます　　　②が　　　　　　③料理　　　④彼女は
B ①私は　　　　　②教えられます　③が　　　　④日本語
C ①止められますか②お酒　　　　　③が　　　　④あなたは
D ①が　　　　　　②私は　　　　　③歌えます　④ポップス
E ①食べられます　②が　　　　　　③寿司　　　④私は

▶ 응용 정답

A. ④③②① 그녀는 요리를 할 수 있습니다. / B. ①④③② 나는 일본어를 가르칠 수 있습니다. /
C. ④②③① 당신은 술을 끊을 수 있습니까? / D. ②④①③ 나는 팝송을 부를 수 있습니다. /
E. ④③②① 나는 초밥을 먹을 수 있습니다.

TIPS (동사의 가능형) 만들기

1그룹	에단+る		読(よ)める 읽을 수 있다
2그룹	る탈락+られる		寝(ね)られる 잘 수 있다
3그룹	来(く)る	불규칙	こられる 올 수 있다
	する	암기	できる 할 수 있다

관련 단어

車(くるま) 차

運転(うんてん) 운전

(동사의 가능형) ~ができる
~을 할 수 있다

彼女(かのじょ)
그녀, 여자 친구

12時(じゅうにじ)までに
12시까지

来(こ)られる 올 수 있다

彼(かれ) 그

日本(にほん) 일본

小説(しょうせつ) 소설

読(よ)める 읽을 수 있다

友達(ともだち) 친구

英語(えいご)で 영어로

話(はな)せる 말할 수 있다

漢字(かんじ) 한자

1000字(せんじ)ぐらい
1000자 정도

書(か)ける 쓸 수 있다

いつでも 언제든지

信(しん)じられる
믿을 수 있다

私(わたし) 나, 저

納豆(なっとう) 낫토

食(た)べられる 먹을 수 있다

料理(りょうり) 요리

日本語(にほんご) 일본어

教(おし)えられる
가르칠 수 있다

あなた 당신

お酒(さけ)

止(や)められる 끊을 수 있다

ポップス 팝송

歌(うた)える 노래할 수 있다

寿司(すし) 초밥

121

[동사의 수동형] ~되다, ~당하다

1. 한글로 표현해 보세요. (정답은 2참고)

1 泥棒にお金を盗まれました。
　　どろ ぼう　　　　かね　　ぬす

2 小さいパーティーが開かれました。
　ちい　　　　　　　　　　ひら

3 家の近くにスーパーが建てられました。
　いえ　ちか　　　　　　　　　　た

4 教室を掃除して先生に褒められました。
　きょうしつ　そう じ　　せん せい　ほ

5 変な話を友達に聞かれました。
　へん　はなし　ともだち　き

6 プレゼンのために課長に呼ばれました。
　　　　　　　　　　か ちょう　よ

7 知らない人に声をかけられました。
　し　　　　ひと　こえ

2. 일본어로 표현해 보세요. (정답은 1참고)

1 도둑에게 돈을 도둑맞았습니다.

2 작은 파티가 열렸습니다.

3 집 근처에 슈퍼가 지어졌습니다.

4 교실을 청소하여 선생님에게 칭찬받았습니다.

5 이상한 이야기를 친구에게 듣게 되었습니다.

6 프레젠테이션 때문에 과장님에게 불려갔습니다.

7 모르는 사람이 말을 걸어왔습니다.

3. 응용 ▶ 숫자를 순서대로 배열해 보세요. (응용 정답은 아래 참고)

A ①頼まれた　　②ほしいと　　③ノートを貸して④友達に
B ①私は　　　　②彼女に　　　③告白された　　④クリスマスに
C ①いなかったので　②雨に　　③降られました　④傘を持って
D ①スマホは　　②世界中で　③使われて　　④います
E ①しまいました　②見られて　③日記を　　　④妹に

▶ 응용 정답
A. ④③②①　친구에게 노트를 빌려줬으면 좋겠다고 부탁받았다.
B. ①④②③　나는 크리스마스에 그녀에게 고백 받았다.
C. ④①②③　우산을 가지고 있지 않았기 때문에 비를 맞았습니다.
D. ①②③④　스마트폰은 전 세계에서 사용되고 있습니다.
E. ④③②①　여동생이 일기를 보게 되어 버렸습니다.

TIPS (동사의 수동형) 만들기

1그룹	あ단+れる		頼(たの)まれる 부탁받다
2그룹	る탈락+られる		起(お)きられる 일어나게 되다
3그룹	来(く)る	불규칙 암기	こられる 오게 되다
	する		される 되다

관련 단어

泥棒(どろぼう) 도둑
お金(かね) 돈
盗(ぬす)む 훔치다
(동사의 수동형) ~(ら)れる
~되다, ~당하다
小(ちい)さい 작다
パーティー 파티
開(ひら)く 열다
近(ちか)くに 근처에
建(た)てる 짓다, 세우다
教室(きょうしつ) 교실
掃除(そうじ)する 청소하다
先生(せんせい) 선생님
褒(ほ)める 칭찬하다
変(へん)だ 이상하다
友達(ともだち) 친구
聞(き)く 듣다, 묻다
プレゼンのために
프레젠테이션 때문에
課長(かちょう) 과장
呼(よ)ぶ 부르다
知(し)る 알다
声(こえ)をかける 말을 걸다
ノートを貸(か)す 노트를 빌려주다
~てほしい ~했으면 좋겠다
頼(たの)む 부탁하다
彼女(かのじょ) 그녀
告白(こくはく)する 고백하다
傘(かさ)を持(も)つ
우산을 들다
雨(あめ) 비
降(ふ)る 내리다
世界中(せかいじゅう) 전 세계
~で使(つか)う ~에서 사용하다
妹(いもうと) 여동생
日記(にっき)を見(み)る 일기를 보다
~てしまう ~해 버리다

(동사의 사역형) ～시키다, ～하게 하다

1. 한글로 표현해 보세요. (정답은 2참고)

1 弟に野菜を食べさせる。
　おとうと　やさい　た

2 子供を外で遊ばせる。
　こども　そと　あそ

3 漢字の書き方を練習させる。
　かんじ　か　かた　れんしゅう

4 暑かったので妹に窓を開けさせる。
　あつ　　　　いもうと　まど　あ

5 友達を家まで来させる。
　ともだち　いえ　こ

6 彼に運転させる。
　かれ　うんてん

7 赤ちゃんにミルクを飲ませる。
　あか　　　　　　　　　の

2. 일본어로 표현해 보세요. (정답은 1참고)

1 아이에게 야채를 먹게 하다.

2 아이를 밖에서 놀게 하다.

3 한자 쓰는 법을 연습시키다.

4 더웠기 때문에 여동생에게 창문을 열게 하다.

5 친구를 집까지 오게 하다.

6 그에게 운전시키다.

7 아기에게 우유를 먹이다.

3. 응용 ▶ 숫자를 순서대로 배열해 보세요. (응용 정답은 아래 참고)

A ① 読ませる　　② 本を　　　　③ 学生に　　④ 先生が

B ① お母さんが　② 子供に　　　③ 魚を　　　④ 食べさせる

C ① させる　　　② 字の練習を　③ 子供に　　④ 十分に

D ① 迎えに　　　② 駅まで　　　③ 来させる　④ 彼氏に

E ① 彼に　　　　② 取りに　　　③ 行かせる　④ 荷物を

▶ 응용 정답

A. ④③②① 선생님이 학생에게 책을 읽게 하다.

B. ①②③④ 어머니가 아이에게 생선을 먹이다.

C. ③②④① 아이에게 글자 연습을 충분히 시키다.

D. ④②①③ 남자 친구에게 역까지 마중하러 오게 하다.

E. ①④②③ 그에게 짐을 찾으러 가게 하다.

TIPS (동사의 사역형) 만들기

1그룹	아단+せる		飲(の)ませる 마시게 하다
2그룹	る탈락+させる		食(た)べさせる 먹게 하다
3그룹	来(く)る	불규칙	こさせる 오게 하다
	する	암기	させる 하게 하다

관련 단어

弟(おとうと) 남동생

子供(こども) 아이

野菜(やさい)を食(た)べる
야채를 먹다

(동사의 사역형) ～(さ)せる

～시키다, ～하게 하다

外(そと)で 밖에서

遊(あそ)ぶ 놀다

漢字(かんじ) 한자

書(か)き方(かた) 쓰는 법

練習(れんしゅう)する 연습하다

暑(あつ)い 덥다

妹(いもうと) 여동생

窓(まど)を開(あ)ける 창문을 열다

友達(ともだち) 친구

家(いえ)まで 집까지

来(く)る 오다

彼(かれ) 그

運転(うんてん)する 운전하다

赤(あか)ちゃん 아기

ミルクを飲(の)む 우유를 마시다

先生(せんせい) 선생님

学生(がくせい) 학생

本(ほん)を読(よ)む 책을 읽다

お母(かあ)さん 어머니

魚(さかな) 생선

字(じ) 글자

十分(じゅうぶん)に 충분히

彼氏(かれし) 남자 친구

駅(えき)まで 역까지

迎(むか)えに来(く)る 마중하러 오다

荷物(にもつ) 짐

取(と)りに行(い)く 찾으러 가다

123

(동사의 사역수동형) 억지로 ~하다

1. 한글로 표현해 보세요. (정답은 2참고)

1 母に薬を飲ませられました。
　 はは　くすり　の

2 友達に1時間も待たせられました。
　 とも だち　いち じ かん　ま

3 自分とは関係ない話を聞かせられました。
　 じ ぶん　かん けい　はなし　き

4 好きでもない服を着させられました。
　 す　　　　ふく　き

5 母に野菜を食べさせられました。
　 はは　や さい　た

6 先生に呼ばれて学校に来させられました。
　 せん せい　よ　　　がっこう　こ

7 彼の思いやりには感動させられました。
　 かれ　おも　　　　　かん どう

2. 일본어로 표현해 보세요. (정답은 1참고)

1 엄마가 약을 먹게 해서 억지로 먹었습니다.
2 친구가 기다리게 해서 어쩔 수 없이 1시간이나 기다렸습니다.
3 자신과는 관계없는 이야기를 억지로 들었습니다.
4 좋아하지도 않는 옷을 억지로 입었습니다.
5 엄마가 야채를 먹게 해서 억지로 먹었습니다.
6 선생님에게 호출되어 어쩔 수 없이 학교에 왔습니다.
7 그의 배려에는 감동했습니다.

3. 응용 ▶ 숫자를 순서대로 배열해 보세요. (응용 정답은 아래 참고)

A ①ピアノ　　②を　　　③習わされました　　④母に
B ①お酒を　　②に　　　③飲まされました　　④課長
C ①先生　　　②作文を　③に　　　　④書かせられました
D ①呼ばれて　②学校まで　③こさせられた　　④担任の先生に
E ①辞めさせられました　②仕事を　③に　④社長

▶ 응용 정답　A. ④①②③ 엄마가 피아노를 배우게 하여 억지로 배웠습니다. / B. ④②①③ 과장님이 술을 마시게 하여 억지로 마셨습니다. / C. ①③②④ 선생님이 작문을 쓰게 하여 억지로 썼습니다. / D. ④①②③ 담임 선생님에게 호출되어 학교까지 어쩔 수 없이 왔습니다. / E. ④③②① 사장님이 일을 그만두게 하여 어쩔 수 없이 그만두었습니다.

TIPS (동사의 사역수동형) 만들기

1그룹	あ단+せられる あ단+される 1그룹에선 사역수동형을 2가지로 사용. 어미가 (~す)는 話(はな)させられる(O)로는 사용 가능. 話(はな)さされる(X)로는 사용 못함.		書(か)かせられる(O) 書(か)かされる(O) 억지로 쓰다 話(はな)させられる(O) 억지로 말하다 話(はな)さされる(X)
2그룹	る탈락+させられる		食(た)べさせられる 억지로 먹다
3그룹	来(く)る	불규칙 암기	来(こ)させられる 억지로 오다
	する		させられる 억지로 하다

관련 단어

母(はは) 엄마
薬(くすり)を飲(の)む
약을 먹다
(동사의 사역수동형) 억지로 ~하다,
어쩔 수 없이 ~하다
友達(ともだち) 친구
1時間(いちじかん) 1시간
待(ま)つ 기다리다
自分(じぶん)とは 자신과는
関係(かんけい)ない 관계없다
話(はなし)を聞(き)く
이야기를 듣다
好(す)きだ 좋아하다
~でもない ~하지도 않다
服(ふく)を着(き)る
옷을 입다
野菜(やさい)を食(た)べる
야채를 먹다
呼(よ)ぶ 부르다
学校(がっこう)に来(く)る
학교에 오다
彼(かれ) 그
思(おも)いやり 배려
感動(かんどう)する 감동하다
ピアノを習(なら)う
피아노를 배우다
課長(かちょう) 과장님
お酒(さけ) 술
作文(さくぶん)を書(か)く
작문을 쓰다
担任(たんにん)の先生(せんせい)
담임 선생, 학급 담임
社長(しゃちょう) 사장님
仕事(しごと)を辞(や)める
일을 그만두다

(경어의 겸양어) ~하다

1. 한글로 표현해 보세요. (정답은 2참고)

1 あちらまでお願いいたします。
　　　　　　ねが

2 妹は先生にプレゼントをいただきました。
　いもうと　せんせい

3 先生のお宅へ伺います。
　せんせい　たく　うかが

4 お名前は存じております。
　なまえ　ぞん

5 田中と申します。
　たなか　もう

6 先生に花束を差し上げます。
　せんせい　はなたば　さ　あ

7 これから自己紹介をさせていただきます。
　　　　じ こ しょうかい

2. 일본어로 표현해 보세요. (정답은 1참고)

1 저쪽까지 부탁합니다.
2 여동생은 선생님에게 선물을 받았습니다.
3 선생님 댁에 방문하겠습니다.
4 성함은 알고 있습니다.
5 다나카라고 합니다.
6 선생님에게 꽃다발을 드립니다.
7 지금부터 자기소개를 하겠습니다.

3. 응용 ▶ 숫자를 순서대로 배열해 보세요. (응용 정답은 아래 참고)

A ①遠慮　　②なく　　　③いただきます　④では
B ①を　　　②メール　　③いたしました　④拝見
C ①お持ちします　②荷物を　　③私　　　④が
D ①申します ②カンと　③参りました　④韓国のプサンから
E ①ご案内　②いたします　③まで　　④ソウル駅

▶ 응용 정답
A. ④①②③　그럼, 사양 않고 받겠습니다. / B. ②①④③　메일을 봤습니다. /
C. ③④②①　제가 짐을 들어 드리겠습니다. / D. ④③②①　한국의 부산에서 온 강이라고 합니다. /
E. ④③①②　서울역까지 안내해 드리겠습니다.

TIPS 겸양어 만들기

①겸양 동사 부록 표 암기

②お+(동사 ます형)+する/いたす (제가) ~하다/~해 드리다
　お願(ねが)いいたします。부탁드리겠습니다.

③お(ご)+(명사)+する/いたす (제가) ~하다/~해 드리다
　ご案内(あんない)いたします。안내해 드리겠습니다.

④사역형+(さ)せていただきます (제가) ~하겠습니다
　これから自己紹介(じこしょうかい)をさせていただきます。
　지금부터 자기소개를 하겠습니다.

관련 단어

あちらまで 저쪽까지

お願(ねが)いいたす
부탁하다, 부탁드리다
(경어의 겸양어) (제가) ~하다

妹(いもうと) 여동생

先生(せんせい) 선생님

プレゼントをいただく
선물을 받다

お宅(たく)へ 댁에

伺(うかが)う 방문하다

お名前(なまえ) 성함

存(ぞん)じる 알다

田中(たなか) 다나카(성씨)

~と申(もう)す
~라고 한다

花束(はなたば) 꽃다발

差(さ)し上(あ)げる 드리다

これから 지금부터

自己紹介(じこしょうかい)
자기소개

させていただく (제가)~하다

では 그럼

遠慮(えんりょ)なく
사양 않고

メール 메일

拝見(はいけん)いたす
보다, 읽다

荷物(にもつ) 짐

お持(も)ちする 들다, 들어 드리다

韓国(かんこく)のプサン
한국의 부산

~から参(まい)る ~에서 오다

ソウル駅(えき)まで 서울역까지

ご案内(あんない)いたす
안내해 드리다

125

공식(TIPS 존경어 만들기) 참고

(경어의 존경어) 〜하시다

---

1. 한글로 표현해 보세요. (정답은 2참고)

1　どちらまでいらっしゃいますか。

2　先生は日本の書籍をご覧になりますか。
　　せんせい　にほん　しょせき　　らん

3　部長はゴルフをなさいますか。
　　ぶちょう

4　そのお話をご存じですか。
　　はなし　　ぞん

5　担当者はいつごろお戻りになりますか。
　　たんとうしゃ　　　もど

6　たくさん召し上がってください。
　　　　め　あ

7　課長は何とおっしゃいましたか。
　　かちょう　なん

2. 일본어로 표현해 보세요. (정답은 1참고)

1　어디까지 가십니까?

2　선생님은 일본 서적을 보십니까?

3　부장님은 골프를 하십니까?

4　그 이야기를 알고 계십니까?

5　담당자는 언제쯤 돌아오십니까?

6　많이 드세요.

7　과장님은 뭐라고 말씀하셨나요?

3. 응용 ▶ 숫자를 순서대로 배열해 보세요. (응용 정답은 아래 참고)

A　①なりましたか　②に　　　　③お出掛け　④鈴木さんは

B　①コンサートの　②お持ち　　③ですか　　④チケットは

C　①ご連絡　　　　②なさいました　③が　　　④部長

D　①カンさんは　②戻られる　　③んですか　④いつ

E　①ください　　②お待ち　　③少々　　④お客さま

▶ **응용 정답**

A. ④③②①　스즈키 씨는 외출하셨나요? / B. ①④②③　콘서트 티켓은 가지고 계시나요? /
C. ④③①②　부장이 연락하셨습니다. / D. ①④②③　강 씨는 언제 돌아오시나요? /
E. ④③②①　손님 잠시 기다려 주세요.

TIPS 존경어 만들기

①존경 동사 부록 표 암기

②お+(동사 ます형)+になる　お出掛(でか)けになりましたか。외출하십니까?

③お+(동사 ます형)+です　〜하십니다　お持(も)ちですか。가지고 계시나요?

④お/ご+(명사)+なさる　〜하시다　ご連絡(れんらく)なさいました。연락하셨습니다.

⑤존경어(모양은 수동, 뜻은 존경) 〜하시다　戻(もど)られるんですか。돌아가(오)시나요?

⑥お+(동사 ます형)+ください/お(ご)+(명사)+ください　〜해 주세요
　お待(ま)ちください。기다려 주세요.

관련 단어

(경어의 존경어) 〜하시다

どちらまで 어디까지

いらっしゃいる
가시다, 오시다, 계시다

先生(せんせい) 선생님

日本(にほん) 일본

書籍(しょせき) 서적

ご覧(らん)になる 보시다

部長(ぶちょう) 부장님

ゴルフをなさる
골프를 하시다

そのお話(はなし) 그 이야기

ご存(ぞん)じだ 알고 계시다

担当者(たんとうしゃ) 담당자

いつごろ 언제쯤

お戻(もど)りになる
돌아가시다

たくさん 많이

召(め)し上(あ)がる 드시다

〜てください 〜해 주세요

課長(かちょう) 과장님

何(なん)と 뭐라고

おっしゃる 말씀하시다

鈴木(すずき)さん 스즈키 씨

お出掛(でか)けになる
외출하시다

コンサートのチケット
콘서트 티켓

お持(も)ちですか
가지고 계시나요?

ご連絡(れんらく)なさる
연락하시다

カンさん 강 씨

戻(もど)られる 돌아가(오)시다

お客(きゃく)さま 손님

少々(しょうしょう) 잠시

お待(ま)ちください
기다려 주세요

CHAPTER 2

N4 문법 포인트 정리와 순서배열

여기에서는 N4문법 포인트를 100개로 나누어 예문을 만들고 그 예문을 순서배열을 통해 다시 한 번 확인할 수 있도록 배려하였습니다. mp3파일로 예문을 들으면서 섀도잉(발음을 따라서)하면서 통 암기해 주세요. 문법은 문장을 만드는 기본 뼈대와 같습니다. 정확한 일본어를 구사하기 위해서는 빼놓을 수 없는 부분이니 기초를 확실히 다지도록 합시다. 문법을 정복하는 그 날까지 여러분을 응원합니다.

ようこそ

1. 보통형은 명사, 동사, い형용사, な형용사의 기본형, 과거형을 말함.
2. 동사의 사전형을 기본형/な형용사 어간을 だ탈락/い형용사 어간을 い탈락으로 표기.

급수	문법 기능어 예문	예문 순서배열 정답쓰기
N5	**1. ~あげる**	**(내가 남에게 뭔가를) 주다, ~드리다**
	예문 (예문을 순서배열로 만듦. 예문이 정답입니다.)	
	예) 彼女に 誕生日の プレゼントをあげました。여자 친구에게 생일 선물을 주었습니다.	
	예) 순서배열 정답쓰기 ②①③④	① 誕生日の　　②彼女に ③ プレゼントを　④あげました
N5	**2. (보통형/정중형) ~が**	**~데, ~지만(역접)**
	예) 友達は 行きますが、私は用事があって行きません。친구는 갑니다만, 저는 볼일이 있어 가지 않습니다.	
	예) 순서배열 정답쓰기	① 友達は　　　②行きますが ③ 行きません　④私は用事があって
N5	**3. (명사) ~がほしい**	**~을 갖고 싶다**
	예) 何でも話せる友達がほしいです。뭐든지 이야기할 수 있는 친구를 갖고 싶습니다.	
	예) 순서배열 정답쓰기	① 何でも　　②友達が ③ 話せる　　④ほしいです
N5	**4. (보통형/정중형) ~から**	**~이기 때문에, ~이니까**
	예) レポートがあるから、今日は遊びに行かない。리포트가 있기 때문에, 오늘은 놀러 가지 않는다.	
	예) 순서배열 정답쓰기	① 遊びに　　　　　②レポートがあるから、 ③ 今日は　　　　　④行かない
N5	**5. (い탈락) ~くする**	**~하게 하다**
	예) スープの味を薄くしてください。스프 맛을 싱겁게 해 주세요.	
	예) 순서배열 정답쓰기	① スープの味を　②して ③ 薄く　　　　　④ください
N5	**6. (い탈락) ~くなる**	**~해지다**
	예) 11月なのにずいぶん寒くなりましたね。11월인데도 제법 추워졌네요.	
	예) 순서배열 정답쓰기	① ずいぶん　②11月なのに ③ 寒く　　　④なりましたね
N5	**7. ~くれる**	**(남이 나에게 뭔가를) 주다**
	예) 父が小遣いをくれました。아버지가 용돈을 주었습니다.	
	예) 순서배열 정답쓰기	① 父が　　②を ③ 小遣い　④くれました

급수	문법 기능어 예문	예문 순서배열 정답쓰기
N5	**8. (보통형/정중형) ~けれども**	~합니다만(역접)

예) **急いで家を出た**けれども、**列車の時間に間に合わなかった**。
いそ いえ で　　　　れっしゃ じかん ま あ
서둘러 집을 나왔지만, 열차 시간에 가지 못했다.

예) 순서배열 정답쓰기	①急いで家を出たけれども　②列車の ③間に合わなかった　④時間に

급수		
N5	**9. ① (동사의 た형) 後(あと)で** **② (명사의 の형) 後(あと)で**	~한 후에

동사의 た형 공식(~했다, 한)
▶ 1그룹　う・つ・る탈락+った/かう-かった 샀다
　　　　ぬ・ぶ・む탈락+んだ/よぶ-よんだ 불렀다
　　　　く탈락+いた/きく-きいた 들었다, 물었다
　　　　ぐ탈락+いだ/かぐ-かいだ 냄새를 맡았다
　　　　す탈락+した/はなす-はなした 말했다
예외) い←いった 갔다
▶ 2그룹　る탈락+た/たべる-たべた 먹었다
▶ 3그룹　する-しますーした 했다/くる-きますーきた 왔다

예) ①**映画を見た**あとで、**映画のタイトルの意味がわかりました**。
えいが み　　　　　えいが　　　　　 いみ
영화를 본 후에 영화 타이틀의 의미를 알았습니다.

②**食事の**後で、**ちょっと話しましょう**。 식사 후에 잠깐 이야기합시다.
しょくじ あと　　　　 はな

① 예) 순서배열 정답쓰기	①映画を見た後で　②意味が ③映画のタイトルの　④わかりました
② 예) 순서배열 정답쓰기	①後で　②食事の ③ちょっと　④話しましょう

급수		
N5	**10. (동사의 ます형) ~たい**	~하고 싶다

동사의 ます형+たい 공식(~하고 싶다)
▶ 1그룹 ます형+たい/たのむ-たのみたい 부탁하고 싶다
▶ 2그룹 ます형+たい/あける-あけたい 열고 싶다
▶ 3그룹 する-したい 하고 싶다/くる-きたい 오고 싶다

예) **どこかへ遊びに行き**たいです。 어딘가에 놀러 가고 싶습니다.
あそ い

예) 순서배열 정답쓰기	①どこかへ　②に ③遊び　④行きたいです

급수		
N5	**11. (동사의 た형+り) ~たり ~たりする**	~하거나 ~하거나 하다

동사의 たり형 공식(~하거나)
1그룹　う・つ・る탈락+ったり/かう-かったり 사거나
　　　　ぬ・ぶ・む탈락+んだり/よぶ-よんだり 부르거나
　　　　く탈락+いたり/きく-きいたり 듣거나, 묻거나
　　　　ぐ탈락+いだり/かぐ-かいだり 냄새를 맡거나
　　　　す탈락+したり/はなす-はなしたり 말하거나
예외) い←いったり 가거나
2그룹　る탈락+たり/たべる-たべたり 먹거나
3그룹　する-しますーしたり 하거나/くる-きますーきたり 오거나

예) **普段は音楽を聞い**たり**散歩**したり**します**。 평소에는 음악을 듣거나 산책하거나 합니다.
ふ だん おんがく き　　　 さんぽ

예) 순서배열 정답쓰기	①普段は　②音楽を聞いたり ③します　④散歩したり

급수	문법 기능어 예문	예문 순서배열 정답쓰기

N5	**12. (동사의 て형) ～て**	～하고

동사의 て형 공식(～하고,～해서)
▶1그룹 う・つ・る탈락+って/かう－かって 사고, 사서
　　　 ぬ・ぶ・む탈락+んで/よぶ－よんで 부르고, 불러서
　　　 く탈락+いて/きく－きいて 듣고, 들어서/묻고, 물어서
　　　 ぐ탈락+いで/かぐ－かいで 냄새를 맡고, 맡아서
　　　 す탈락+して/はなす－はなして 말하고, 말해서
　예외) いく←いって 가고, 가서
▶2그룹 る탈락+て/たべる－たべて 먹고, 먹어서
▶3그룹 する－します－して 하고, 해서/くる－きます－きて 오고, 와서

예) **いつも宿題をして寝ます。** 언제나 숙제를 하고 잡니다.
　　　しゅくだい　　　ね

예) 순서배열 정답쓰기	①いつも	②して
	③宿題を	④寝ます

N5	**13. (동사의 て형) ～ている**	～하고 있다(진행)

동사의 て형 공식(～하고,～해서)
▶1그룹 う・つ・る탈락+って/うつ－うって 치고, 쳐서
　　　 ぬ・ぶ・む탈락+んで/よむ－よんで 읽고, 읽어서
　　　 く탈락+いて/かく－かいて 쓰고, 써서
　　　 ぐ탈락+いで/かぐ－かいで 냄새를 맡고, 맡아서
　　　 す탈락+して/かす－かして 빌리고, 빌려서
　예외) いく←いって 가고, 가서
▶2그룹 る탈락+て/おきる－おきて 일어나고, 일어나서
▶3그룹 する－します－して 하고, 해서/くる－きます－きて 오고, 와서

예) **外で友達と遊んでいます。** 밖에서 친구와 놀고 있습니다.
　　　そと　ともだち　あそ

예) 순서배열 정답쓰기	①外で	②遊んで
	③友達と	④います

N5	**14. (동사의 て형) ～ている**	～하고 있다(상태)

동사의 て형 공식(～하고,～해서)
▶1그룹 う・つ・る탈락+って/きる－きって 자르고, 잘라서
　　　 ぬ・ぶ・む탈락+んで/しぬ－しんで 죽고, 죽어서
　　　 く탈락+いて/きく－きいて 듣고, 들어서/묻고, 물어서
　　　 ぐ탈락+いで/およぐ－およいで 헤엄치고, 헤엄쳐서
　　　 す탈락+して/けす－けして 끄고, 꺼서
　예외) いく←いって 가고, 가서
▶2그룹 る탈락+て/みる－みて 보고, 봐서
▶3그룹 する－します－して 하고, 해서/く－きます－きて 오고, 와서

예) **メガネをかけている人が山本さんです。** 안경을 쓰고 있는 사람이 야마모토 씨입니다.
　　　　　　　　　ひと　やまもと

예) 순서배열 정답쓰기	①人が	②メガネを
	③かけている	④山本さんです

N5	**15. (동사의 て형) ～てから**	～하고 나서(동작 순서)

동사의 て형 공식(～하고,～해서)
동사의 て형 공식(～하고,～해서)
▶1그룹 う・つ・る탈락+って/うる－うって 팔고, 팔아서
　　　 ぬ・ぶ・む탈락+んで/のむ－のんで 마시고, 마셔서
　　　 く탈락+いて/はたらく－はたらいて 일하고, 일해서
　　　 ぐ탈락+いで/かぐ－かいで 냄새를 맡고, 맡아서
　　　 す탈락+して/さがす－さがして 찾고, 찾아서

급수	문법 기능어 예문	예문 순서배열 정답쓰기

예외) い←―いって 가고, 가서
▶2그룹 る탈락+て/あける-あけて 열고, 열어서
▶3그룹 する-します―して 하고, 해서/くる-きます―きて 오고, 와서

예) **顔を洗ってからご飯を食べます**。얼굴을 씻고 나서 밥을 먹습니다.
かお　あら　　　　　はん　た

예)순서배열 정답쓰기	①顔を　　　　　　②から ③洗って　　　　　④ご飯を食べます

N5	16. (동사의 て형) **～てください**	**～해 주세요, ～해 주십시오**

동사의 て형 공식(～하고,～해서)
▶1그룹 う・つ・る탈락+って/あう-あって 만나고, 만나서
　　　　ぬ・ぶ・む탈락+んで/あそぶ-あそんで 놀고, 놀아서
　　　　←탈락+いて/きく-きいて 듣고, 들어서/묻고, 물어서
　　　　ぐ탈락+いで/かぐ-かいで 냄새를 맡고, 맡아서
　　　　す탈락-して/はなす-はなして 말하고, 말해서
예외) い←―いって 가고, 가서
▶2그룹 る탈락+て/みる-みて 보고, 봐서
▶3그룹 する-します―して 하고, 해서/くる-きます―きて 오고, 와서

예) **明日はゆっくり休んでください**。내일은 푹 쉬어 주세요.
あした　　　　　　やす

예) 순서배열 정답쓰기	①ゆっくり　　　　②明日は ③休んで　　　　　④ください

N5	17. (동사의 て형) **～てくださいませんか**	**～해 주시지 않겠습니까?**

동사의 て형 공식(～하고,～해서)
▶1그룹 う・つ・る탈락+って/すわる-すわって 사고, 사서
　　　　ぬ・ぶ・む탈락+んで/よぶ-よんで 부르고, 불러서
　　　　←탈락+いて/はたらく-はたらいて 일하고, 일해서
　　　　ぐ탈락+いで/かぐ-かいで 냄새를 맡고, 맡아서
　　　　す탈락-して/はなす-はなして 말하고, 말해서
예외) い←―いって 가고, 가서
▶2그룹 る탈락+て/やめる-やめて 그만두고, 그만둬서
▶3그룹 する-します―して 하고, 해서/くる-きます―きて 오고, 와서

예) **パソコンの使い方を教えてくださいませんか**。컴퓨터의 사용법을 가르쳐 주시지 않겠습니까?
つか　かた　おし

예) 순서배열 정답쓰기	①使い方を　　　　②教えて ③パソコンの　　　④くださいませんか

N5	18. (보통형/명사/な형용사 だ탈락) **～でしょう**	**～이지요(동의 구함)**

예) **明日会議があるでしょう**。내일 회의가 있죠?
あした かい ぎ

예) 순서배열 정답쓰기	①明日　　　　　　②ある ③会議が　　　　　④でしょう

N5	19. (명사) **～という**	**～라고 하다(이름 소개)**

예) **田中といいます。よろしくお願いします**。다나카라고 합니다. 잘 부탁합니다.
た なか　　　　　　　　　　ねが

예)순서배열 정답쓰기	①よろしく　　　　②田中と ③いいます　　　　④お願いします

급수	문법 기능어 예문	예문 순서배열 정답쓰기
N5	20. (보통형/명사の/な형용사 だ탈락な) ~とき	~일 때, ~였을 때
	예) 出掛けるときは話してから出ます。 외출할 때는 말하고 나서 나갑니다.	
	예)순서배열 정답쓰기	①出掛ける ②話してから ③出ます ④ときは
N5	21. (동사의 ます형) ~ながら	~하면서(동시동작)
	동사의 ます형 공식(~합니다) ▶1그룹 い단+ます/あう-あいます 만납니다 ▶2그룹 る탈락+ます/みる-みます 봅니다 ▶3그룹 する-します 합니다/くる-きます 옵니다	
	예) 歌を歌いながら踊ります。 노래를 부르면서 춤춥니다.	
	예) 순서배열 정답쓰기	①歌を ②ながら ③歌い ④踊ります
N5	22. (동사의 ます형) に行(い)く	~하러 가다, ~에 가다
	동사의 ます형 공식(~합니다) ▶1그룹 い단+ます/はなす-はなします 이야기합니다 ▶2그룹 る탈락+ます/おきる-おきます 일어납니다 ▶3그룹 する-します 합니다/くる-きます 옵니다	
	예) 友達がプサンへ遊びに行きます。 친구가 부산에 놀러 갑니다.	
	예) 순서배열 정답쓰기	①友達が ②遊びに ③プサンへ ④行きます
N5	23. (동사의 ます형) に来(く)る	~하러 오다
	동사의 ます형 공식(합니다) ▶1그룹 い단+ます/まつ-まちます 기다립니다 ▶2그룹 る탈락+ます/たべる-たべます 먹습니다 ▶3그룹 する-します 합니다/くる-きます 옵니다	
	예) 彼女が空港へ迎えに来ます。 여자 친구가 공항에 마중하러 옵니다.	
	예) 순서배열 정답쓰기	①彼女が ②迎えに ③空港へ ④来ます
N5	24. ~は ~が、~は	~는 ~하지만, ~는
	예) この店は安いが、あの店は高い。 이 가게는 싸지만, 저 가게는 비싸다.	
	예) 순서배열 정답쓰기	①安いが ②この店は ③あの店は ④高い
N5	25. (동사의 기본형/명사의 の형) ~前(まえ)に	~하기 전에
	예) 歯を磨く前に、ご飯を食べます。 이를 닦기 전에 밥을 먹습니다.	
	예) 순서배열 정답쓰기	①歯を磨く ②前に ③食べます ④ご飯を

급수	문법 기능어 예문	예문 순서배열 정답쓰기
N5	26. (동사의 ます형) ~ましょう	~합시다

동사의 ます형 공식(합니다)
▶1그룹 い단+ます/しぬーしにます 죽습니다
▶2그룹 る탈락+ます/できるーできます 할 수 있습니다
▶3그룹 するーします 합니다/くるーきます 옵니다

예) 図書館で二人で勉強しましょう。 도서관에서 둘이서 공부합시다.
　　としょかん　ふたり　べんきょう

예) 순서배열 정답쓰기	①図書館で ②勉強 ③二人で ④しましょう

| N5 | 27. (동사의 ます형) ~ませんか | ~하지 않을래요? |

동사의 ます형 공식(~합니다)
▶1그룹 い단+ます/あそぶーあそびます 놉니다
▶2그룹 る탈락+ます/たべるーたべます 먹습니다
▶3그룹 するーします 합니다/くるーきます 옵니다

예) 今度映画を見に行きませんか。 다음에 영화를 보러 가지 않을래요?
　　こんどえいが　み　い

예) 순서배열 정답쓰기	①今度 ②見に ③映画を ④行きませんか

| N5 | 28. ~もらう | (내가 남한테 뭔가를) 받다 |

예) 父から誕生日のプレゼントをもらった。 아버지로부터 생일 선물을 받았다.
　　ちち　たんじょうび

예) 순서배열 정답쓰기	①父から ②プレゼントを ③誕生日の ④もらった

| N5 | 29. (명사) ~をください | ~를 주세요 |

예) プサンまでの切符をください。 부산까지의 표를 주세요.
　　きっぷ

예) 순서배열 정답쓰기	①プサン ②切符を ③までの ④ください

| N5 | 30. (보통형/명사の/な형용사 だ탈락な) ~間(あいだ) | ~동안 계속, ~내내 |

예) 彼女を待っている間、スマホでゲームをしていました。
　　かのじょ　ま　あいだ
그녀를 기다리고 있는 동안, 스마트폰으로 게임을 하고 있었습니다.

예) 순서배열 정답쓰기	①彼女を待っている間 ②スマホで ③していました ④ゲームを

| N4 | 31. (보통형/명사の/な형용사 だ탈락な) ~間(あいだ)に | ~사이에, ~하는 동안에 |

예) レポートを書いている間に、母が美味しいものを作ってくれました。
　　か　あいだ　はは　おい　つく
리포트를 쓰고 있는 동안에 엄마가 맛있는 것을 만들어 주었습니다.

예) 순서배열 정답쓰기	①レポートを書いている間に ②母が ③作ってくれました ④美味しいものを

급수	문법 기능어 예문	예문 순서배열 정답쓰기
N4	**32. お(동사의 ます형)ください** **ご(する동사의 명사형)ください**	~해 주십시오(존경어)
	동사의 ます형 공식(~합니다) ▶ 1그룹 い단+ます/のむ-のみます 마십니다 ▶ 2그룹 る탈락+ます/あける-あけます 엽니다 ▶ 3그룹 する-します 합니다/くる-きます 옵니다	
	예) **リュックは前に抱えてお持ちください。** 배낭은 앞으로 안고 들어주세요.	
	예) 순서배열 정답쓰기	①リュックは　　②お持ち ③前に抱えて　　④ください
N4	**33. お(동사의 ます형)する** **お(동사의 ます형)いたす**	(제가) ~하다(겸양어) (제가) ~해드리다(겸양어)
	동사의 ます형 공식(~합니다) ▶ 1그룹 い단+ます/よぶ-よびます 부릅니다 ▶ 2그룹 る탈락+ます/やめる-やめます 그만둡니다 ▶ 3그룹 する-します 합니다/くる-きます 옵니다	
	예) **お荷物をお持ちいたします。** 짐을 들어 드리겠습니다.	
	예) 순서배열 정답쓰기	①お持ち　　②お荷物 ③を　　④いたします
N4	**34. お(동사의 ます형)になる**	~하시다(존경어)
	동사의 ます형 공식(~합니다) ▶ 1그룹 い단+ます/たのむ-たのみます 부탁합니다 ▶ 2그룹 る탈락+ます/みる-みます 봅니다 ▶ 3그룹 する-します 합니다/くる-きます 옵니다	
	예) **先生が黒板に字をお書きになります。** 선생님이 칠판에 글씨를 쓰십니다.	
	예) 순서배열 정답쓰기	①先生が　　②お書きになります ③黒板に　　④字を
N4	**35. (동사의 ます형)~終(お)わる**	다 ~하다
	동사의 ます형 공식(~합니다) ▶ 1그룹 い단+ます/さがす-さがします 찾습니다 ▶ 2그룹 る탈락+ます/できる-できます 할 수 있습니다 ▶ 3그룹 する-します 합니다/くる-きます 옵니다	
	예) **借りた本は今日中に読み終わりました。** 빌린 책은 오늘 중으로 다 읽었습니다.	
	예) 순서배열 정답쓰기	①借りた本は　　②今日中に ③終わりました　　④読み
N4	**36. (보통형/정중형)~が**	~입니다만(부드러운 연결)
	예) **この部分が分からないんですが、ちょっと教えていただけませんか。** 이 부분을 모르겠습니다만, 잠깐 가르쳐주시지 않겠습니까?	
	예) 순서배열 정답쓰기	①分からないんですが　　②この部分が ③ちょっと教えて　　④いただけませんか

급수	문법 기능어 예문	예문 순서배열 정답쓰기
N4	**37. (명사) ~がする**	~나다, ~들다
	예) どこかでいい匂いがします。 어딘가에서 좋은 냄새가 납니다. にお	
	예) 순서배열 정답쓰기	①どこかで ②します ③いい ④匂いが
N4	**38. (보통형/명사/な형용사 だ탈락)** **~かもしれない**	~일 지도 모른다, ~일 수도 있다
	예) 今忙しくて飲み会には行けないかもしれません。 지금 바빠서 회식에는 가지 못할 지도 모릅니다. いまいそが の かい い	
	예) 순서배열 정답쓰기	①今忙しくて ②飲み会には ③かもしれません ④行けない
N4	**39. (だ탈락) ~がる** **(い탈락) ~がる**	~하고 싶어 하다
	예) 友達は車を買いたがっています。 친구는 차를 사고 싶어 하고 있습니다. ともだち くるま か	
	예) 순서배열 정답쓰기	①友達は ②たがっています ③車を ④買い
N4	**40. (동사의 기본형/동사의 ない형)** **~ことがある**	~할 때가 있다 ~하는 경우가 있다
	동사의 부정(ない)형 공식(~하지 않다) ▶1그룹 あ단+ない/いく – いかない 가지 않는다 ▶2그룹 る탈락+ない/たべる–たべない 먹지 않는다 ▶3그룹 する–しない 하지 않는다/くる–こない 오지 않는다 예)① 家族と外食に行くことがあります。 か ぞく がいしょく い 가족과 외식하러 갈 때가 있습니다. ② 忙しい時は昼ご飯を食べないこと があります。 いそが とき ひる はん た 바쁠 때는 점심을 먹지 않는 경우가 있습니다.	
	① 예) 순서배열 정답쓰기	①家族と ②行く ③外食に ④ことがあります
	② 예) 순서배열 정답쓰기	①忙しい時は ②昼ご飯を ③ことがあります ④食べない
N4	**41. (동사의 기본형) ~ことができる** **(명사) ~ができる**	~할 수 있다 ~를 할 수 있다
	예)① 私はパスタを作ることができます。 저는 파스타를 만들 수 있습니다. わたし つく ② 私は車の運転ができます。 저는 차 운전을 할 수 있습니다. わたし くるま うんてん	
	①예) 순서배열 정답쓰기	①私は ②ことができます ③パスタを ④作る
	②예) 순서배열 정답쓰기	①私は ②車の ③できます ④運転が

급수	문법 기능어 예문	예문 순서배열 정답쓰기
N4	**42.(동사의 기본형/동사의 ない형)** ## ~ことにする	**~하기로 하다**(자신의 의지로 결정)

동사의 부정(ない)형 공식(~하지 않다)
- ▶1그룹 あ단+ない/あそぶ–あそばない 놀지 않는다
- ▶2그룹 る탈락+ない/おきる–おきない 일어나지 않는다
- ▶3그룹 する–しない 하지 않는다/くる–こない 오지 않는다

예)① **これからダイエットのために運動する**ことにしました.
　　　 이제부터 다이어트를 위해 운동하기로 했습니다.

　　② **タバコを吸わ**ないことにしました. 담배를 피우지 않기로 했습니다.

① 예) 순서배열 정답쓰기	①これから　　　②運動する ③ダイエットのために　④ことにしました
② 예) 순서배열 정답쓰기	①タバコを　　　②ことに ③吸わない　　　④しました

급수	문법 기능어 예문	예문 순서배열 정답쓰기
N4	**43.(동사의 기본형/동사의 ない형)** ## ~ことになる	**~하게 되다**(규칙이나 습관)

동사의 부정(ない)형 공식(~하지 않다)
- ▶1그룹 あ단+ない/かう–かわない 사지 않는다
- ▶2그룹 る탈락+ない/みる–みない 보지 않는다
- ▶3그룹 する–しない 하지 않는다/くる–こない 오지 않는다

예)① **日本へ出張する**ことになりました.
　　　 일본에 출장가게 되었습니다.

　　② **今回の件は進め**ないことになりました. 이번 건은 진행하지 않게 되었습니다.

①예) 순서배열 정답쓰기	①日本へ　　　②ことに ③出張する　　　④なりました
②예) 순서배열 정답쓰기	①今回の　　　②進めない ③件は　　　④ことになりました

급수	문법 기능어 예문	예문 순서배열 정답쓰기
N4	**44.(동사의 사역형)** ## ~(さ)せてください	**~하게 해 주십시오**

동사의 사역형 공식(시키다, 하게 하다)
- ▶1그룹 あ단+せる/かく–かかせる 쓰게 하다
- ▶2그룹 る탈락+させる/あける–あけさせる 열게 하다
- ▶3그룹 する–させる 시키다/くる–こさせる 오게 하다

예) **もう少し考え**させてください. 좀 더 생각하게 해주세요.

예) 순서배열 정답쓰기	①もう　　②考えさせて　　③少し　　④ください

급수	문법 기능어 예문	예문 순서배열 정답쓰기
N4	**45. (동사의 사역수동형)** ## ~(さ)せられる	**억지로 ~하다**

동사의 사역수동형 공식(억지로~하다)
- ▶1그룹 あ단+せられる(される)/かう–かわせられる(○) 억지로 사다/かわされる(○) 억지로 사다/ はなす–はなさせられる(○) 억지로 말하다/(주의)はなさされる(×)

급수	문법 기능어 예문	예문 순서배열 정답쓰기

★어미가 す로 끝나는 것은 あ단+せられる로 쓸 수 있으나 あ단+される로는 못씀.
▶2그룹 る탈락+させられる/たべる－たべさせられる 억지로 먹다
▶3그룹 する－させられる 억지로 하다/くる－こさせられる 억지로 오다

예) **友達に2時間も待た**せられました。 친구를 2시간이나 억지로 기다렸습니다.
とも だち じ かん ま

예) 순서배열 정답쓰기	①友達に	②待た
	③2時間も	④せられました

N4

46. (동사의 사역형) ~させる
~시키다, ~하게 하다

동사의 사역형 공식(시키다, 하게 하다)
▶1그룹 あ단+せる/なく－なかせる 울게 하다
▶2그룹 る탈락+させる/みる－みさせる 보게 하다
▶3그룹 する－させる 시키다/くる－こさせる 오게 하다

예) **子供が好きなだけ遊ば**せました。 아이가 원하는 만큼 놀게 했습니다.
こ ども す あそ

예) 순서배열 정답쓰기	①好きな	②だけ
	③子供が	④遊ばせました

N4

47. (보통형) ~し
~하고

예) **今日はお金もない**し、**帰ります**。 오늘은 돈도 없고 돌아가겠습니다.
きょう かね かえ

예) 순서배열 정답쓰기	①今日は	②ないし
	③お金も	④帰ります

N4

48. (동사의 명령형) ~しろ
~해라

동사의 명령형 공식(해라, 해)
▶1그룹 え단/いく－いけ 가라, 가
▶2그룹 る탈락+ろ/よ/たべる－たべろ/たべよ 먹어라
▶3그룹 する－しろ/せよ 해라, 해/くる－こい 와라, 와

예) **図書館では静かに**しろ。 도서관에서는 조용히 해라.
と しょかん しず

예) 순서배열 정답쓰기	①図書館	②静かに
	③では	④しろ

N4

49. (동사의 ます형, い탈락, だ탈락)
~すぎる
너무(지나치게) ~하다

동사의 ます형+すぎる 공식(너무~하다)
▶1그룹 ます형+すぎる/あそぶ－あそびすぎる 너무 놀다
▶2그룹 ます형+すぎる/たべる－たべすぎる 너무 먹다
▶3그룹 する－しすぎる 너무 하다/くる－きすぎる 너무 오다
▶い형용사 い탈락+すぎる/さむすぎる 너무 춥다
▶な형용사 だ탈락+すぎる/げんきすぎる 너무 건강하다, 너무 활기차다

예) **豚肉が美味しくて食べ**すぎました。 돼지 고기가 맛있어서 너무 먹었습니다.
ぶたにく おい た

예) 순서배열 정답쓰기	①豚肉が	②食べ
	③美味しくて	④すぎました

급수	문법 기능어 예문	예문 순서배열 정답쓰기
N4	**50. (동사의 ない형) ～ずに(～ないで)**	**～하지 않고, ～하지 말고**

동사의 부정(ない)형 공식(～하지 않는다)
▶1그룹 あ단+ない/よむ-よまない 읽지 않는다
▶2그룹 る탈락+ない/やめる-やめない 그만두지 않는다
▶3그룹 する-しない 하지 않는다(しないで=せずに)/くる-こない 오지 않는다

예) ラーメンを食べずに、ご飯を食べました。 라면을 먹지 않고 밥을 먹었습니다.
　　　　た　　　　　　　　　はん　た

예) 순서배열 정답쓰기	①ラーメンを ②食べずに ③食べました ④ご飯を

급수		
N4	**51. ①(동사의 기본형) ～そうだ**	**① ～라고 한다(전문)**
	②(동사의 た형) ～そうだ	**② ～했다고 한다(전문)**

동사/い형용사/な형용사(기본형/과거형)+そうだ(전문)공식
▶동사
雨が降(ふ)るそうだ 비가 내린다고 한다/雨が降(ふ)ったそうだ 비가 내렸다고 한다
▶い형용사
寒(さむ)いそうだ 춥다고 한다/寒(さむ)かったそうだ 추웠다고 한다
▶な형용사
元気(げんき)だそうだ 건강하다고 한다/元気(げんき)だったそうだ 건강했다고 한다

예)①明日は雨が降るそうです。
　　あした　　あめ　ふ
　　내일은 비가 내린다고 합니다.

　②昨日は雨が降ったそうです。
　　きのう　　あめ　ふ
　　어제는 비가 내렸다고 합니다.

①예) 순서배열 정답쓰기	①雨が ②明日は ③そうです ④降る
②예) 순서배열 정답쓰기	①雨が ②昨日は ③そうです ④降った

급수		
N4	**52. (동사의 ます형, い탈락, だ탈락)** **～そうだ**	**～할 것 같다(양태), ～해 보인다**

동사/い형용사/な형용사+そうだ(양태)공식
▶동사　1그룹 ます형+そうだ/あいそうだ 만날 것 같다
　　　　2그룹 ます형+そうだ/みそうだ 볼 것 같다
　　　　3그룹 する-しそうだ 할 것 같다/くる-きそうだ 올 것 같다
▶い형용사 い탈락+そうだ/寒(さむ)そうだ 추울 것 같다, 추워 보인다
▶な형용사 だ탈락+そうだ/元気(げんき)そうだ 건강한 것 같다, 건강해 보인다
예외)▶なさそうだ 없을 것 같다, 없어 보인다/▶よさそうだ 좋을 것 같다, 좋아 보인다

예) 午後から晴れそうです。 오후부터 맑을 것 같습니다.
　　ごご　　は

예) 순서배열 정답쓰기	①午後 ②晴れ ③から ④そうです

급수		
N4	**53. (동사의 た형)** **～たことがある**	**～한 적이 있다(경험)**

●동사의 た형 공식(～했다, 한)
▶1그룹 う・つ・る탈락+った/あう-あった 만났다
　　　　ぬ・ぶ・む탈락+んだ/よむ-よんだ 읽었다
　　　　く탈락+いた/かく-かいた 썼다

182

ぐ탈락+いだ /かぐ–かいだ 냄새를 맡았다
す탈락+した /はなす–はなした 말했다
예외) い←–いった 갔다
▶2그룹 る탈락+た/たべる–たべた 먹었다
▶3그룹 する–します–した 했다/くる–きます–きた 왔다

예) 沖縄でドライブしたことがあります。 오키나와에서 드라이브한 적이 있습니다.
おきなわ

예) 순서배열 정답쓰기	①沖縄で ②した ③ドライブ ④ことがあります

N4

54. (동사의 ます형) ~だす

~하기 시작하다

동사의 ます형 공식(~합니다)
▶1그룹 い단+ます/いく–いきます 갑니다
▶2그룹 る탈락+ます/みる–みます 봅니다
▶3그룹 する–します 합니다/くる–きます 옵니다

예) 急に雨が降り出しました。 갑자기 비가 내리기 시작했습니다.
きゅう あめ ふ だ

예) 순서배열 정답쓰기	①急に ②出しました ③雨が ④降り

N4

55. (동사의 た형)

~たって(だって)

~라고 해도

동사의 た형 공식(~했다, 한)
▶1그룹 う・つ・る탈락+った /うつ–うった 쳤다, 때렸다
ぬ・ぶ・む탈락+んだ /あそぶ–あそんだ 놀았다
く탈락+いた/きく–きいた 들었다/물었다
ぐ탈락+いだ/かぐ–かいだ 냄새를 맡았다
す탈락+した/かす–かした 빌려줬다
예외) い←–いった 갔다
▶2그룹 る탈락+た/おきる–おきた 일어났다
▶3그룹 する–します–した 했다/くる–きます–きた 왔다

예) そんなことを言ったってできないものはできないんです。
い

그런 말을 해도 하지 못하는 것은 하지 못합니다.

예) 순서배열 정답쓰기	①言ったって ②そんなことを ③できないものは ④できないんです

N4

56. (동사의 た형)

~たばかりだ

막 ~하다

동사의 た형 공식(~했다, 한)
▶1그룹 う・つ・る탈락+った /すわる–すわった 앉았다
ぬ・ぶ・む탈락+んだ /よぶ–よんだ 불렀다
く탈락+いた/かく–かいた 썼다
ぐ탈락+いだ/かぐ–かいだ 냄새를 맡았다
す탈락+した /おす–おした 밀었다, 눌렀다
예외) い←–いった 갔다
▶2그룹 る탈락+た/たべる–たべた 먹었다
▶3그룹 する–します–した 했다/くる–きます–きた 왔다

예) 今年大学を卒業したばかりです。 올해 대학을 막 졸업했습니다.
ことし だいがく そつぎょう

예) 순서배열 정답쓰기	①今年 ②卒業 ③大学を ④したばかりです

| **N4** | **57. (동사의 た형)**

~たほうがいい | ~하는 편이 좋다 |

동사의 た형 공식(~했다, 한)
- ▶1그룹 う・つ・る탈락+った /かう-かった 샀다
  - ぬ・ぶ・む탈락+んだ /しぬ-しんだ 죽었다
  - く탈락+いた/きく-きいた 들었다/물었다
  - ぐ탈락+いだ/かぐ-かいだ 냄새를 맡았다
  - す탈락+した/はなす-はなした 말했다
- 예외) い-いった 갔다
- ▶2그룹 る탈락+た/やめる-やめた 그만두었다
- ▶3그룹 する-します-した 했다/くる-きます-きた 왔다

| 예) **今日のゼミには行った方がいいですよ。** 오늘의 공동수업에는 가는 편이 좋습니다. |
| きょう　　　　　　い　　　　ほう |

| 예) 순서배열 정답쓰기 | ①今日のゼミには　　②方が
③行った　　　　　④いいですよ |

| **N4** | **58. (보통형/명사の/な형용사 だ탈락な)**

~ために | ~때문에(이유) |

| 예) **面接のために、新しいスーツを買いました。** 면접 때문에 새 양복을 샀습니다. |
| めんせつ　　　　　あたら　　　　　　か |

| 예) 순서배열 정답쓰기 | ①面接の　　　　　②新しい
③ために　　　　　④スーツを買いました |

| **N4** | **59. (동사의 기본형/명사의 の) ~ために** | ~위해서(목적) |

| 예) **日本に留学するために、働いています。** 일본에 유학가기 위해 일하고 있습니다. |
| に ほん　りゅうがく　　　　　　はたら |

| 예) 순서배열 정답쓰기 | ①日本に　　　　　②働いて
③留学するために　④います |

| **N4** | **60. (동사의 た형+ら) ~たら** | ~면(가정조건) |

동사의 たら형 공식(~하면, 한다면, 했더니)
- ▶1그룹 う・つ・る탈락+ったら/あう-あったら 만나면
  - ぬ・ぶ・む탈락+んだら/よむ-よんだら 읽으면
  - く탈락+いたら/かく-かいたら 쓰면
  - ぐ탈락+いだら/かぐ-かいだら 냄새를 맡으면
  - す탈락+したら/かす-かしたら 빌려주면
- 예외) い-いったら 가면
- ▶2그룹 る탈락+たら/みる-みたら 보면
- ▶3그룹 する-します-したら 하면/くる-きます-きたら 오면

| 예) **大学を卒業したら何をしますか。** 대학교를 졸업하면 무엇을 할 겁니까? |
| だいがく　そつぎょう　　　なに |

| 예) 순서배열 정답쓰기 | ①卒業したら　　　②大学を
③何を　　　　　　④しますか |

| **N4** | **61. (동사의 た형+ら)**

~たらいいですか | ~하면 좋나요? |

동사의 たら형 공식(~하면, 한다면, 했더니)
- ▶1그룹 う・つ・る탈락+ったら/もつ-もったら 들면, 가지면
  - ぬ・ぶ・む탈락+んだら/よぶ-よんだら 부르면
  - く탈락+いたら/きく-きいたら 들으면, 물으면

ぐ탈락+いだら/かぐ-かいだら 냄새를 맡으면
す탈락+したら/はなす-はなしたら 말하면
예외) い←いったら 가면
▶ 2그룹 る탈락+たら/たべる-たべたら 먹으면
▶ 3그룹 する-しますーしたら 하면/くる-きますーきたら 오면

예) **それはどうしたらいいですか**。 그것은 어떻게 하면 좋나요?

예) 순서배열 정답쓰기	①どう	②それは
	③したら	④いいですか

N4

62. (동사의　た형+ら)

~たらどうですか

~하면 어때요?

동사의 たら형 공식(~하면, 한다면, 했더니)
▶ 1그룹 う・つ・る탈락+ったら/かえる-かえったら 돌아가면
ぬ・ぶ・む탈락+んだら/しぬ-しんだら 죽으면
く←탈락+いたら/かく-かいたら 쓰면
ぐ탈락+いだら/かぐ-かいだら 냄새를 맡으면
す탈락+したら/おす-おしたら 밀면, 누르면
예외) い←いったら 가면
▶ 2그룹 る탈락+たら/おきる-おきたら 일어나면
▶ 3그룹 する-しますーしたら 하면/くる-きますーきたら 오면

예) **もっとお金を貯めたらどうですか**。 좀 더 돈을 모으면 어때요?
かね　　た

예) 순서배열 정답쓰기	①もっと	②貯めたら
	③お金を	④どうですか

N4

63. (보통형/명사/な형용사 だ탈락)

~だろう

~이겠지, ~일 것이다(추측)

예) **母はそろそろ帰ってくるだろう**。 엄마는 슬슬 돌아올 것이다.
はは　　　　　かえ

예) 순서배열 정답쓰기	①母は	②帰ってくる
	③そろそろ	④だろう

N4

64. (보통형/명사/な형용사 だ탈락)

~だろうと思(おも)う

~일 것이라고 생각한다, ~일 것이다

예) **今回のパーティーにはたくさんの人が来るだろうと思います**。
こんかい　　　　　　　　　　　ひと　く　　　　　　　　おも
이번 파티에는 많은 사람이 올 것이라고 생각합니다.

예) 순서배열 정답쓰기	①今回のパーティーには	②人が
	③来るだろうと思います	④たくさんの

N4

65. (동사의 ます형) ~続(つづ)ける

계속 ~하다

동사의 ます형 공식(~합니다)
▶ 1그룹 い단+ます/さがす-さがします 찾습니다
▶ 2그룹 る탈락+ます/やめる-やめます 그만둡니다
▶ 3그룹 する-します 합니다 くる-きます 옵니다

예) **結果を出すまでやり続けます**。 결과를 낼 때까지 계속 하겠습니다.
けっか　だ　　　　　　　　つづ

예) 순서배열 정답쓰기	①結果を	②やり
	③出すまで	④続けます

급수	문법 기능어 예문	예문 순서배열 정답쓰기
N4	**66. (명사) ～って**	～라는, ～라고 하는
	예)「ロッテワールド」って場所、どこか知ってる? '롯데월드'라는 장소 어딘지 알고 있니?	
	예) 순서배열 정답쓰기	①「ロッテワールド」　②どこか ③って場所　④知ってる?
N4	**67. (동사의 기본형, 동사의 ない형)** **～つもりだ**	～할 생각이다
	동사의 부정(ない)형 공식(～하지 않다) ▶1그룹 あ단+ない/かう-かわない 사지 않는다 ▶2그룹 る탈락+ない/みる-みない 보지 않는다 ▶3그룹 する-しない 하지 않는다/くる-こない 오지 않는다	
	예)①日本語のN4を勉強するつもりです。 　　　일본어의 N4를 공부할 생각입니다. 　②明日のパーティーには行かないつもりです。 　　　내일 파티에는 가지 않을 생각입니다.	
	① 예) 순서배열 정답쓰기	①N4を　②日本語の ③勉強する　④つもりです
	② 예) 순서배열 정답쓰기	①明日の　②行かない ③パーティーには　④つもりです
N4	**68. (동사의 て형) ～て**	～해서(이유, 원인)
	동사의 て형 공식(～하고, ～해서) ▶1그룹　う・つ・る탈락+って/きる-きって 자르고, 잘라서 　　　　ぬ・ぶ・む탈락+んで/よぶ-よんで 부르고, 불러서 　　　　く탈락+いて/きく-きいて 듣고, 들어서/もんで, 물어서 　　　　ぐ탈락+いで/かぐ-かいで 냄새를 맡고, 맡아서 　　　　す탈락+して/はなす-はなして 말하고, 말해서 　예외) いく-いって 가고, 가서 ▶2그룹　る탈락+て/たべる-たべて 먹고, 먹어서 ▶3그룹　する-します-して 하고, 해서/くる-きます-きて 오고, 와서	
	예) 熱があってコンパには参加できません。 열이 있어서 미팅(다과회)에는 참가하지 못합니다.	
	예) 순서배열 정답쓰기	①熱があって　②できません ③コンパには　④参加
N4	**69. (동사의 て형) ～てあげる**	(내가 남에게 뭔가를) ～해 주다
	동사의 て형 공식(～하고, ～해서) ▶1그룹　う・つ・る탈락+って/のぼる-のぼって (산을) 오르고, 올라서 　　　　ぬ・ぶ・む탈락+んで/よむ-よんで 읽고, 읽어서 　　　　く탈락+いて/かく-かいて 쓰고, 써서 　　　　ぐ탈락+いで/およぐ-およいで 헤엄치고, 헤엄쳐서 　　　　す탈락+して/おす-おして 누르고(밀고), 눌러서(밀어서) 　예외) いく-いって 가고, 가서 ▶2그룹　る탈락+て/やめる-やめて 보고, 봐서 ▶3그룹　する-します-して 하고, 해서/くる-きます-きて 오고, 와서	
	예) お姉さんの誕生日に何を買ってあげましたか。 누님의 생일에 무엇을 사 주었나요?	
	예) 순서배열 정답쓰기	①誕生日に　②お姉さんの ③何を　④買ってあげましたか

급수	문법 기능어 예문	예문 순서배열 정답쓰기

N4

70. (동사의 て형) ～てある
～해져 있다, ～해 두다

동사의 て형 공식(～하고,～해서)
▶ 1그룹 う・つ・る탈락+って/かう－かって 사고, 사서
　　　ぬ・ぶ・む탈락+んで/よぶ－よんで 부르고, 불러서
　　　く탈락+いて/おく－おいて 두고, 두어서
　　　ぐ탈락+いで/かぐ－かいで 냄새를 맡고, 맡아서
　　　す탈락+して/かえす－かえして 돌려주고, 돌려줘서
예외) いく－いって 가고, 가서
▶ 2그룹 る탈락+て/あける－あけて 열고, 열어서
▶ 3그룹 する－しますーして 하고, 해서/くる－きますーきて 오고, 와서

예) **昨日のケーキは冷蔵庫に入れてあります。** 어제의 케이크는 냉장고에 넣어 두었습니다.
　　きのう　　　　れいぞうこ　い

| 예)순서배열 정답쓰기 | ①昨日のケーキは　②あります　③冷蔵庫に　④入れて |

N4

71. (동사의 て형) ～ていない
～하지 않았다

동사의 て형 공식(～하고,～해서)
▶ 1그룹 う・つ・る탈락+って/あう－あって 만나고, 만나서
　　　ぬ・ぶ・む탈락+んで/のむ－のんで 마시고, 마셔서
　　　く탈락+いて/きく－きいて 듣고, 들어서/묻고, 물어서
　　　ぐ탈락+いで/かぐ－かいで 냄새를 맡고, 맡아서
　　　す탈락+して/はなす－はなして 말하고, 말해서
예외) いく－いって 가고, 가서
▶ 2그룹 る탈락+て/たべる－たべて 먹고, 먹어서　　▶ 3그룹 する－しますーして 하고, 해서/くる－きますーきて 오고, 와서

예) **まだその本は読んでいない.** 아직 그 책은 읽지 않았다.
　　　　　　ほん　よ

| 예) 순서배열 정답쓰기 | ①まだ　②その本は　③いない　④読んで |

N4

72. (동사의 て형) ～ておく
～해 두다

동사의 て형 공식(～하고,～해서)
▶ 1그룹 う・つ・る탈락+って/うつ－うって 치고, 쳐서
　　　ぬ・ぶ・む탈락+んで/あそぶ－あそんで 놀고, 놀아서
　　　く탈락+いて/かく－かいて 쓰고, 써서
　　　ぐ탈락+いで/かぐ－かいで 냄새를 맡고, 맡아서
　　　す탈락+して/かす－かして 빌려주고, 빌려주어서
예외) いく－いって 가고, 가서
▶ 2그룹 る탈락+て/おきる－おきて 일어나고, 일어나서
▶ 3그룹 する－しますーして 하고, 해서/くる－きますーきて 오고, 와서

예) **必要なものだから買っておきます.** 필요한 것이기 때문에 사 둡니다.
　　ひつよう　　　　　　か

| 예) 순서배열 정답쓰기 | ①買って　②必要な　③ものだから　④おきます |

N4

73. (동사의 て형) ～てから
～하고 나서(기점)

동사의 て형 공식(～하고,～해서)
▶ 1그룹 う・つ・る탈락+って/かえる－かえって 돌아가고, 돌아가서
　　　ぬ・ぶ・む탈락+んで/よぶ－よんで 부르고, 불러서
　　　く탈락+いて/きく－きいて 듣고, 들어서/묻고, 물어서
　　　ぐ탈락+いで/およぐ－およいで 헤엄치고, 헤엄치서
　　　す탈락+して/はなす－はなして 말하고, 말해서
예외) いく－いって 가고, 가서
▶ 2그룹 る탈락+て/みる－みて 보고, 봐서　　▶ 3그룹 する－しますーして 하고, 해서/くる－きますーきて 오고, 와서

예) **彼女ができてから、ずいぶん変わりました.** 여자 친구가 생기고 나서 많이 바뀌었습니다.
　　かのじょ　　　　　　　　　　　か

| 예) 순서배열 정답쓰기 | ①彼女が　②ずいぶん　③できてから　④変わりました |

급수	문법 기능어 예문	예문 순서배열 정답쓰기
N4	74. ①(동사의 て형) ~**てくる** ②(동사의 て형)~**ていく**	① ~해 오다 ② ~해 가다

동사의 て형 공식(~하고,~해서)
▶1그룹 う・つ・る탈락+って/うる-うって 팔고, 팔아서
  ぬ・ぶ・む탈락+んで/たのむ-たのんで 부탁하고, 부탁해서
  ←탈락+いて/かく-かいて 쓰고, 써서
  ←탈락+いで/かぐ-かいで 냄새를 맡고, 맡아서
  す탈락+して/さがす-さがして 찾고, 찾아서
예외) い←-いって 가고, 가서
▶2그룹 る탈락+て/たべる-たべて 먹고, 먹어서
▶3그룹 する-します-して 하고, 해서/くる-きます-きて 오고, 와서

예) ①**この資料を5部コピーしてくるね。**
  しりょう ぶ
  이 자료를 5부 복사해 올게.

②**今日はあそこまで走っていこう。**
  きょう はし
  오늘은 저기까지 달려가자.

①예)순서배열 정답쓰기	①この資料を ③くるね	②コピーして ④5部
②예)순서배열 정답쓰기	①あそこまで ③走って	②今日は ④いこう

N4	75. (동사의 て형) ~**てくれる**	(남이 나에게 뭔가를) ~해 주다

●동사의 て형 공식(~하고,~해서)
▶1그룹 う・つ・る탈락+って/かう-かって 사고, 사서
  ぬ・ぶ・む탈락+んで/よぶ-よんで 부르고, 불러서
  ←탈락+いて/きく-きいて 듣고, 들어서/묻고, 물어서
  ←탈락+いで/かぐ-かいで 냄새를 맡고, 맡아서
  す탈락+して/はなす-はなして 말하고, 말해서
예외) い←-いって 가고, 가서
▶2그룹 る탈락+て/やめる-やめて 그만두고, 그만두어서
▶3그룹 する-します-して 하고, 해서/くる-きます-きて 오고, 와서

예)**友達がぺんを貸してくれました。** 친구가 펜을 빌려주었습니다.
  ともだち か

예) 순서배열 정답쓰기	①友達が ③ぺんを	②貸して ④くれました

N4	76. (동사의 て형) ~**てしまう**	① ~해 버리다(완료) ② ~해 버리다(유감)

동사의 て형 공식(~하고,~해서)
▶1그룹 う・つ・る탈락+って/まつ-まって 기다리고, 기다려서
  ぬ・ぶ・む탈락+んで/よろこぶ-よろこんで 기뻐하고, 기뻐해서
  ←탈락+いて/かく-かいて 쓰고, 써서
  ←탈락+いで/かぐ-かいで 냄새를 맡고, 맡아서
  す탈락+して/かえす-かえして 돌려주고, 돌려줘서
예외) い←-いって 가고, 가서
▶2그룹 る탈락+て/できる-できて 생기고, 생겨서
▶3그룹 する-します-して 하고, 해서/くる-きます-きて 오고, 와서

예) ① **予習の単語を全部覚えてしまいました。**
  よしゅう たんご ぜんぶ おぼ
  예습 단어를 전부 외워 버렸습니다.

급수	문법 기능어 예문	예문 순서배열 정답쓰기

②道で財布を無くしてしまった。 학교에서 지갑을 분실해 버렸다.
みち さいふ な

① 예) 순서배열 정답쓰기	①全部 ②しまいました ③覚えて ④予習の単語を
② 예) 순서배열 정답쓰기	①道で ②しまった ③財布を ④無くして

N4

77. (동사의 て형) ～てはいけない ～해서는 안 된다(금지)

동사의 て형 공식(～하고, ～해서)
▶1그룹 う・つ・る탈락+って/おくる−おくって 보내고, 보내서
      ぬ・ぶ・む탈락+んで/のむ−のんで 마시고, 마셔서
      く탈락+いて/おく−おいて 두고, 두어서
      ぐ탈락+いで/およぐ−およいで 헤엄치고, 헤엄쳐서
      す탈락+して/さがす−さがして 찾고, 찾아서
  예외) い く−いって 가고, 가서
▶2그룹 る탈락+て/あける−あけて 열고, 열어서
▶3그룹 する−します−して 하고, 해서/くる−きます−きて 오고, 와서

예) ここに車を止めてはいけない。 여기에 차를 세워서는 안 된다.
    くるま と

예) 순서배열 정답쓰기	①ここに ②止めては ③車を ④いけない

N4

78. (동사의 て형) ～てみる ～해 보다

동사의 て형 공식(～하고, ～해서)
▶1그룹 う・つ・る탈락+って/あう−あって 만나고, 만나서
      ぬ・ぶ・む탈락+んで/たのむ−たのんで 부탁하고, 부탁해서
      く・ぐ탈락+いて/きく−きいて 듣고, 들어서/묻고, 물어서
      ぐ탈락+いで/かぐ−かいで 냄새를 맡고, 맡아서
      す탈락+して/はなす−はなして 말하고, 말해서
  예외) い く−いって 가고, 가서
▶2그룹 る탈락+て/たべる−たべて 먹고, 먹어서
▶3그룹 する−します−して 하고, 해서/くる−きます−きて 오고, 와서

예) 明日までにできるだけやってみます。 내일까지 가능한 한 해 보겠습니다.
   あした

예) 순서배열 정답쓰기	①明日までに ②やって ③できるだけ ④みます

N4

79. (동사의 て형) ～ても ～해도

동사의 て형 공식(～하고, ～해서)
▶1그룹 う・つ・る탈락+って/かう−かって 사고, 사서
      ぬ・ぶ・む탈락+んで/よぶ−よんで 부르고, 불러서
      く탈락+いて/つく−ついて 도착하고, 도착해서
      ぐ탈락+いで/かぐ−かいで 냄새를 맡고, 맡아서
      す탈락+して/かす−かして 빌려주고, 빌려줘서
  예외) い く−いって 가고, 가서
▶2그룹 る탈락+て/おきる−おきて 일어나고, 일어나서
▶3그룹 する−します−して 하고, 해서/くる−きます−きて 오고, 와서

예) いくら食べても太らないタイプです。 아무리 먹어도 살찌지 않는 타입니다.
    た   ふと

예) 순서배열 정답쓰기	①いくら ②太らない ③食べても ④タイプです

급수	문법 기능어 예문	예문 순서배열 정답쓰기

N4	**80. (동사의 て형) ~てもいい**	~해도 좋다(양보)

동사의 て형 공식(~하고,~해서)
▶1그룹　う・つ・る탈락+って/かつ－かって 이기고, 이겨서
　　　　ぬ・ぶ・む탈락+んで/よむ－よんで 읽고, 읽어서
　　　　く탈락+いて/かく－かいて 쓰고, 써서
　　　　ぐ탈락+いで/かぐ－かいで 냄새를 맡고, 맡아서
　　　　す탈락+して/かえす－かえして 돌려주고, 돌려줘서
　　예외) い←いって 가고, 가서
▶2그룹　る탈락+て/みる－みて 보고, 봐서
▶3그룹　する－します－して 하고, 해서/くる－きます－きて 오고, 와서

예) **これを使ってもいいですか。** 이것을 사용해도 좋나요?
　　　　　　つか

예) 순서배열 정답쓰기	①これ　　　　　　　　②を ③いいですか　　　　　④使っても

N4	**81. (동사의 て형)** **~てもかまわない**	~해도 괜찮다, ~해도 좋다

동사의 て형 공식(~하고,~해서)
▶1그룹　う・つ・る탈락+って/かう－かって 사고, 사서
　　　　ぬ・ぶ・む탈락+んで/よぶ－よんで 부르고, 불러서
　　　　く탈락+いて/きく－きいて 듣고, 들어서/もぐ－もいで 물어서
　　　　ぐ탈락+いで/かぐ－かいで 냄새를 맡고, 맡아서
　　　　す탈락+して/はなす－はなして 말하고, 말해서
　　예외) い←いって 가고, 가서
▶2그룹　る탈락+て/たべる－たべて 먹고, 먹어서
▶3그룹　する－します－して 하고, 해서/くる－きます－きて 오고, 와서

예) **午後6時になったら帰ってもかまわない。** 오후 6시가 되면 돌아가도 상관없어.
　　ごご　じ　　　　　　　　　　かえ

예) 순서배열 정답쓰기	①帰っても　　　　　　②かまわない ③午後　　　　　　　　④6時になったら

N4	**82. (동사의 て형)** **~てもらう**	(내가 남에게 뭔가를) ~해 받다

동사의 て형 공식(~하고,~해서)
▶1그룹　う・つ・る탈락+って/のこる－のこって 남기고, 남겨서
　　　　ぬ・ぶ・む탈락+んで/のむ－のんで 마시고, 마셔서
　　　　く탈락+いて/おく－おいて 두고, 두어서
　　　　ぐ탈락+いで/かぐ－かいで 냄새를 맡고, 맡아서
　　　　す탈락+して/さがす－さがして 찾고, 찾아서
　　예외) い←いって 가고, 가서
▶2그룹　る탈락+て/おきる－おきて 일어나고, 일어나서
▶3그룹　する－します－して 하고, 해서/くる－きます－きて 오고, 와서

예) **母にスーツを買ってもらいました。** 엄마에게 양복을 사 받았습니다. (=엄마가 양복을 사 주었습니다.)
　　はは　　　　　か

예) 순서배열 정답쓰기	①母に　　　　　　　　②買って ③スーツを　　　　　　④もらいました

N4	**83. (동사의 기본형) ~と**	~하면(가정조건)

예) **春になると、桜の花がきれいに咲きます。** 봄이 되면 벚꽃이 예쁘게 핍니다.
　　はる　　　　さくら　はな　　　　　さ

예) 순서배열 정답쓰기	①春になると　　　　　②きれいに ③桜の花が　　　　　　④咲きます

|---|---|---|
N4	**84. (보통형의 현재형) ~といい** ~하면 좋겠다(희망) 예) N4に合格するといいね。N4에 합격하면 좋겠네. _{ごうかく} 예) 순서배열 정답쓰기	①N4に ②と ③いいね ④合格する
N4	**85. (동사의 기본형) ~といい** ~하면 좋다(권유) 예) こんなやり方で勉強するといい。이런 방식으로 공부하면 좋아. _{かた　べんきょう} 예) 순서배열 정답쓰기	①こんな ②勉強すると ③やり方で ④いい
N4	**86. (명사) ~という** ~라는, ~라고 하는(이름) 예) 鈴木さんという方から連絡がありました。스즈키 씨라는 분으로부터 연락이 있었습니다. _{すずき　　　かた　れんらく} 예) 순서배열 정답쓰기	①鈴木さん ②方から ③という ④連絡がありました
N4	**87. (명사)と(명사)とどちら** ~와 ~중 어느 쪽 예) あなたは韓国料理と日本料理とどちらが好きですか。 _{かんこくりょうり　　にほんりょうり　　　　　　　　す} 당신은 한국요리와 일본요리 중 어느 쪽을 좋아하나요? 예) 순서배열 정답쓰기	①韓国料理と日本料理と ②どちらが ③あなたは ④好きですか
N4	**88. (동사의 기본형) ~な** ~하지 마라(금지) 예) 危ないところには絶対に行くな。위험한 곳에는 절대로 가지 마라. _{あぶ　　　　　　　　　ぜったい　い} 예) 순서배열 정답쓰기	①危ない ②絶対に ③ところには ④行くな
N4	**89. (동사의 ない형) ~ないで** ~하지 않고, ~하지 말고 동사의 부정(ない)형 공식(~하지 않다) ▶1그룹 あ단+ない/あう- あわない 만나지 않다 ▶2그룹 る탈락+ない/たべる-たべない 먹지 않다 ▶3그룹 する-しない 하지 않는다/くる-こない 오지 않는다 예) 何も買わないで帰ってきた。아무것도 사지 않고 돌아왔다. _{なに　か　　　　　かえ} 예) 순서배열 정답쓰기	①何も ②ないで ③買わ ④帰ってきた
N4	**90. (동사의 ない형) ~ないでおく** ~하지 않은 채로 두다 동사의 부정(ない)형 공식(~하지 않다) ▶1그룹 あ단+ない/いく- いかない 가지 않다 ▶2그룹 る탈락+ない/みる-みない 보지 않다 ▶3그룹 する-しない 하지 않는다/くる-こない 오지 않는다 예) 思い出の写真なので捨てないでおきました。추억의 사진이기 때문에 버리지 않고 두었습니다. _{おも　で　しゃしん　　　　す} 예) 순서배열 정답쓰기	①思い出の ②捨てないで ③写真なので ④おきました

급수	문법 기능어 예문	예문 순서배열 정답쓰기
N4	**91. (동사의 ない형) ~なくて**	~하지 않아서(이유)

동사의 부정(ない)형 공식(~하지 않다)
- ▶1그룹 あ단+ない/はなす-はなさない 말하지 않는다
- ▶2그룹 る탈락+ない/おきる-おきない 일어나지 않는다
- ▶3그룹 する-しない 하지 않는다/くる-こない 오지 않는다

예) **試験が難しくなくてほっとした。** 시험이 어렵지 않아서 안심했다.
　　しけん　　むずか

예) 순서배열 정답쓰기	①試験が　　　　　　　②なくて ③難しく　　　　　　　④ほっとした

급수	문법 기능어 예문	예문 순서배열 정답쓰기
N4	**92. (동사의 ない형)** **~なくてはならない**	~없어서는 안 된다, ~않으면 안 된다

동사의 부정(ない)형 공식(~하지 않다)
- ▶1그룹 あ단+ない/まつ- またない 기다리지 않는다
- ▶2그룹 る탈락+ない/たべる-たべない 먹지 않는다
- ▶3그룹 する-しない 하지 않는다/くる-こない 오지 않는다

예) **生活にスマートフォンはなくてはならない。** 생활에 스마트폰은 없어서는 안 된다.
　　せいかつ

예) 순서배열 정답쓰기	①生活に　　　　　　　②なくては ③スマートフォンは　　④ならない

급수	문법 기능어 예문	예문 순서배열 정답쓰기
N4	**93. (동사의 ない형)** **~なくてもいい**	~하지 않아도 된다

동사의 부정(ない)형 공식(~하지 않다)
- ▶1그룹 あ단+ない/しぬ-しなない 죽지 않는다
- ▶2그룹 る탈락+ない/やめる-やめない 그만두지 않는다
- ▶3그룹 する-しない 하지 않는다/くる-こない 오지 않는다

예) **今回はレポートを出さなくてもいい。** 이번에는 리프트를 내지 않아도 된다.
　　こんかい　　　　　　　だ

예) 순서배열 정답쓰기	①今回は　　　　　　　②出さなくても ③いい　　　　　　　　④レポートを

급수	문법 기능어 예문	예문 순서배열 정답쓰기
N4	**94. (동사의 ない형)** **~なければいけない**	~하지 않으면 안 된다(화자가 바람직하지 않다고 생각하는 것을 말할 때 씀. 주관적)

동사의 부정(ない)형 공식(~하지 않다)
- ▶1그룹 あ단+ない/のむ-のまない 마시지 않는다
- ▶2그룹 る탈락+ない/みる-みない 보지 않는다
- ▶3그룹 する-しない 하지 않는다/くる-こない 오지 않는다

예) **明日は朝6時に起きなければいけない。** 내일은 아침 6시에 일어나지 않으면 안 된다.
　　あした　あさじ　お

예) 순서배열 정답쓰기	①朝6時に　　　　　　②起きなければ ③明日は　　　　　　　④いけない

급수	문법 기능어 예문	예문 순서배열 정답쓰기
N4	**95. (동사의 ない형)** **~なければならない**	~해야 한다(사회적 관습이나 의무에 씀. 객관적)

동사의 부정(ない)형 공식(~하지 않다)
- ▶1그룹 あ단+ない/あそぶ- あそばない 놀지 않는다
- ▶2그룹 る탈락+ない/あける-あけない 열지 않는다
- ▶3그룹 する-しない 하지 않는다/くる-こない 오지 않는다

급수	문법 기능어 예문	예문 순서배열 정답쓰기
	예) **太っているから運動し**なければならない。 살쪄서 운동해야 한다. ふと　　　　　　うんどう	
	예) 순서배열 정답쓰기	①太っているから　　②しなければ ③運動　　　　　　　④ならない
N4	96. **(동사의 ます형) ～なさい**	～하세요, ～해라, ～하렴
	동사의 ます형 공식(～합니다) ▶1그룹 い단+ます/たのむ-たのみます 마십니다 ▶2그룹 る탈락+ます/おきる-おきます 일어납니다 ▶3그룹 する-します 합니다/くる-きます 옵니다	
	예) **もうちょっと食べ**なさい。 좀 더 먹으렴. た	
	예) 순서배열 정답쓰기	①もう　　　　　　　②食べ ③ちょっと　　　　　④なさい
N4	97. **(명사) ～なら**	～라면, ～한다면(가정조건)
	예) **温泉**なら**湯布院がいいですよ**。 온천이라면 유후인이 좋아요. おんせん　　ゆ ふ いん	
	예) 순서배열 정답쓰기	①温泉　　　　　　　②湯布院が ③なら　　　　　　　④いいですよ
N4	98. **(동사의 ます형) ～にくい**	～하기 어렵다, ～하기 힘들다
	동사의 ます형 공식(～합니다) ▶1그룹 い단+ます/さがす-さがします 찾습니다 ▶2그룹 る탈락+ます/きる-きます 입습니다 ▶3그룹 する-します 합니다/くる-きます 옵니다	
	예) **この靴は小さくて履き**にくいですね。 이 신발은 작아서 신기 힘드네요. くつ　ちい　　　は	
	예) 순서배열 정답쓰기	①この靴は　　　　　②履き ③小さくて　　　　　④にくいですね
N4	99. **(명사) ～にする**	～로 하다
	예) **私は美味しいお茶**にします。 저는 맛있는 차로 하겠습니다. わたし　おい　　　ちゃ	
	예) 순서배열 정답쓰기	①お茶に　　　　　　②私は ③美味しい　　　　　④します
N4	100. **(명사) ～になる**	～가 되다
	예) **もうそろそろ成人**になります。 이제 곧 성인이 됩니다. せいじん	
	예) 순서배열 정답쓰기	①そろそろ　　　　　②もう ③成人に　　　　　　④なります

CHAPTER 3

N4 필수한자 285개 목차

여기에서는 N4 필수한자 285개 목차를 쓰면서 한자의 한글 뜻과 음을 외우는 코너입니다. 챕터4에는 한자 285개에 대한 음과 뜻을 쓰는 테스트가 있습니다. 부지런히 쓰고 외워 한자에 자신감을 가지도록 합시다. '한자가 좋아요.'라고 말하는 그날까지 여러분을 응원합니다.

한자의 한글 뜻과 음을 적으면서 외우세요. 그리고 뒤페이지의 테스트를 보세요.

1. 悪 N4	悪	悪	2. 安 N5	安	安	3. 暗 N4	暗	暗
악할 악 미워할 오	악할 악 미워할 오	악할 악 미워할 오	편안할 안	편안할 안	편안할 안	어두울 암	어두울 암	어두울 암
4. 以 N4			5. 医 N4			6. 意 N4		
써 이			의원 의			뜻 의		
7. 一 N5			8. 引 N4			9. 員 N4		
한 일			끌 인			인원 원		
10. 院 N4			11. 飲 N5			12. 右 N5		
집 원			마실 음			오른쪽 우		
13. 雨 N5			14. 運 N4			15. 英 N4		
비 우			옮길 운			꽃부리 영		
16. 映 N4			17. 駅 N5			18. 円 N4		
비칠 영			역참 역			둥글 원 화폐 단위 엔		
19. 遠 N4			20. 屋 N4			21. 音 N4		
멀 원			집 옥			소리 음		
22. 下 N5			23. 火 N5			24. 何 N5		
아래 하			불 화			어찌 하		
25. 花 N5			26. 夏 N4			27. 家 N4		
꽃 화			여름 하			집 가		
28. 歌 N4			29. 画 N4			30. 回 N4		
노래 가			그림 화 그을 획			돌아올 회		
31. 会 N5			32. 海 N4			33. 界 N4		
모을 회			바다 해			지경 계		
34. 開 N4			35. 外 N5			36. 学 N5		
열 개			바깥 외			배울 학		

37. 楽 N4			38. 寒 N4			39. 間 N5		
즐길 락 악기 악			추울 한			사이 간		
40. 漢 N4			41. 館 N4			42. 顔 N4		
한나라 한			집 관			얼굴 안		
43. 気 N5			44. 起 N4			45. 帰 N4		
기운 기			일어날 기			돌아갈 귀		
46. 九 N5			47. 休 N5			48. 究 N4		
아홉 구			쉴 휴			연구할 구		
49. 急 N4			50. 牛 N4			51. 去 N4		
급할 급			소 우			갈 거		
52. 魚 N5			53. 京 N4			54. 強 N4		
물고기 어			서울 경			굳셀 강		
55. 教 N4			56. 業 N4			57. 近 N4		
가르칠 교			업 업			가까울 근		
58. 金 N5			59. 銀 N4			60. 区 N4		
성 김 쇠 금			은 은			구역 구		
61. 空 N5			62. 兄 N4			63. 計 N4		
빌 공			형 형			셀 계		
64. 軽 N4			65. 月 N5			66. 犬 N4		
가벼울 경			달 월			개 견		
67. 見 N5			68. 建 N4			69. 研 N4		
볼 견			세울 건			갈 연		
70. 県 N4			71. 験 N4			72. 元 N4		
고을 현			시험할 험			으뜸 원		

73. 言 N5			74. 古 N5			75. 五 N5		
말씀 언			예 고			다섯 오		
76. 午 N5			77. 後 N5			78. 語 N5		
낮 오			뒤 후			말씀 어		
79. 口 N5			80. 工 N4			81. 広 N4		
입 구			장인 공			넓을 광		
82. 光 N4			83. 好 N4			84. 考 N4		
빛 광			좋을 호			생각할 고		
85. 行 N5			86. 校 N5			87. 高 N5		
다닐 행			학교 교			높을 고		
88. 合 N4			89. 国 N5			90. 黒 N4		
합할 합			나라 국			검을 흑		
91. 今 N5			92. 左 N5			93. 菜 N4		
이제 금			왼 좌			나물 채		
94. 作 N4			95. 三 N5			96. 山 N5		
지을 작			석 삼			메 산		
97. 産 N4			98. 子 N5			99. 止 N4		
낳을 산			아들 자			그칠 지		
100. 仕 N4			101. 四 N5			102. 市 N4		
섬길 사			넉 사			저자 시		
103. 死 N4			104. 私 N4			105. 使 N4		
죽을 사			사사 사			부릴 사		
106. 始 N4			107. 姉 N4			108. 思 N4		
비로소 시			손윗누이 자			생각할 사		

109. 紙 N4			110. 試 N4			111. 字 N4		
종이 지			시험 시			글자 자		
112. 耳 N5			113. 自 N4			114. 事 N4		
귀 이			스스로 자			일 사		
115. 持 N4			116. 時 N5			117. 七 N5		
가질 지			때 시			일곱 칠		
118. 室 N4			119. 質 N4			120. 写 N4		
집 실			바탕 질			베낄 사		
121. 社 N5			122. 車 N5			123. 者 N4		
모일 사			수레 차(거)			놈 자		
124. 借 N4			125. 弱 N4			126. 手 N5		
빌릴 차			약할 약			손 수		
127. 主 N4			128. 首 N4			129. 秋 N4		
주인 주			머리 수			가을 추		
130. 終 N4			131. 習 N4			132. 週 N5		
마칠 종			익힐 습			주일 주		
133. 集 N4			134. 十 N5			135. 住 N4		
모을 집			열 십			살 주		
136. 重 N4			137. 出 N5			138. 春 N4		
무거울 중			날 출			봄 춘		
139. 所 N4			140. 書 N5			141. 暑 N4		
바 소			글 서			더울 서		
142. 女 N5			143. 小 N5			144. 少 N5		
계집 녀(여)			작을 소			적을 소		

145. 上 N5			146. 乗 N4			147. 場 N4		
윗 상			탈 승			마당 장		
148. 色 N4			149. 食 N5			150. 心 N4		
빛 색			먹을 식			마음 심		
151. 真 N4			152. 進 N4			153. 森 N4		
참 진			나아갈 진			수풀 삼		
154. 新 N5			155. 親 N4			156. 人 N5		
새 신			친할 친			사람 인		
157. 図 N4			158. 水 N5			159. 世 N4		
그림 도			물 수			인간 세		
160. 正 N4			161. 生 N5			162. 西 N5		
바를 정			날 생			서녘 서		
163. 声 N4			164. 青 N4			165. 夕 N4		
소리 성			푸를 청			저녁 석		
166. 赤 N4			167. 切 N4			168. 説 N4		
붉을 적			끊을 절 온통 체			말씀 설		
169. 千 N5			170. 川 N5			171. 先 N5		
일천 천			내 천			먼저 선		
172. 洗 N4			173. 前 N5			174. 早 N4		
씻을 세			앞 전			이를 조		
175. 走 N4			176. 送 N4			177. 足 N5		
달릴 주			보낼 송			발 족		
178. 族 N4			179. 村 N4			180. 多 N5		
겨레 족			마을 촌			많을 다		

181. 太 N4			182. 体 N4			183. 待 N4		
클 태			몸 체			기다릴 대		
184. 貸 N4			185. 大 N5			186. 代 N4		
빌릴 대			큰 대			대신할 대		
187. 台 N4			188. 題 N4			189. 短 N4		
태풍 태 대 대			제목 제			짧을 단		
190. 男 N5			191. 地 N4			192. 池 N4		
사내 남			땅 지			못 지		
193. 知 N4			194. 茶 N4			195. 着 N4		
알 지			차 다(차)			붙을 착		
196. 中 N5			197. 虫 N4			198. 注 N4		
가운데 중			벌레 충			부을 주		
199. 昼 N4			200. 町 N4			201. 長 N5		
낮 주			밭두둑 정			긴 장		
202. 鳥 N4			203. 朝 N4			204. 通 N4		
새 조			아침 조			통할 통		
205. 低 N4			206. 弟 N4			207. 天 N5		
낮을 저			아우 제			하늘 천		
208. 店 N5			209. 転 N4			210. 田 N4		
가게 점			구를 전			밭 전		
211. 電 N5			212. 都 N4			213. 土 N5		
번개 전			도읍 도			흙 토		
214. 度 N4			215. 冬 N4			216. 東 N5		
법도 도			겨울 동			동녘 동		

217. 答 N4			218. 頭 N4			219. 同 N4		
대답 답			머리 두			한가지 동		
220. 動 N4			221. 堂 N4			222. 道 N5		
움직일 동			집 당			길 도		
223. 働 N4			224. 特 N4			225. 読 N5		
일할 동			특별할 특			읽을 독		
226. 南 N5			227. 二 N5			228. 肉 N4		
남녘 남			두 이			고기 육		
229. 日 N5			230. 入 N5			231. 年 N5		
날 일			들 입			해 년		
232. 売 N4			233. 買 N5			234. 白 N5		
팔 매			살 매			흰 백		
235. 八 N5			236. 発 N4			237. 半 N5		
여덟 팔			필 발 쏠 발			반 반		
238. 飯 N5			239. 百 N5			240. 病 N4		
밥 반			일백 백			병 병		
241. 品 N4			242. 不 N4			243. 父 N5		
물건 품			아닐 부(불)			아비 부		
244. 風 N4			245. 服 N4			246. 物 N4		
바람 풍			옷 복			물건 물		
247. 分 N5			248. 文 N4			249. 聞 N5		
나눌 분			글월 문			들을 문		
250. 別 N4			251. 便 N4			252. 勉 N4		
다를 별 나눌 별			편할 편 똥오줌 변			힘쓸 면		

253. 歩 N4			254. 母 N5			255. 方 N4		
걸음 보			어미 모			모 방		
256. 北 N5			257. 木 N5			258. 本 N5		
북녘 북			나무 목			근본 본		
259. 每 N5			260. 妹 N4			261. 万 N5		
매양 매			누이 매			일만 만		
262. 味 N4			263. 民 N4			264. 名 N5		
맛 미			백성 민			이름 명		
265. 明 N4			266. 目 N5			267. 門 N4		
밝을 명			눈 목			문 문		
268. 問 N4			269. 夜 N4			270. 野 N4		
물을 문			밤 야			들 야		
271. 薬 N4			272. 友 N5			273. 有 N4		
약 약			벗 우			있을 유		
274. 用 N4			275. 洋 N4			276. 曜 N4		
쓸 용			큰 바다 양			빛날 요		
277. 来 N5			278. 理 N4			279. 立 N5		
올 래			다스릴 이			설 립(입)		
280. 旅 N4			281. 料 N4			282. 力 N4		
나그네 려(여)			헤아릴 료(요)			힘 력(역)		
283. 林 N4			284. 六 N5			285. 話 N5		
수풀 림(임)			여섯 육			말씀 화		

CHAPTER 4

N4 필수한자 285개 목차 뜻과 음 테스트

여기에서는 3. N4 필수한자 285개 목차에서 외운 것을 테스트하는 코너입니다. 실력을 충분히 발휘할 수 있도록 285개의 한자를 충분히 쓰고 외우도록 합시다. '한자가 자신이 있어요.'라고 말하는 그 날까지 여러분을 응원합니다.

한자의 한글 뜻과 음 쓰기 테스트

1. 悪 N4	2. 安 N5	3. 暗 N4	4. 以 N4
악할 악/미워할 오	편안할 안	어두울 암	써 이
5. 医 N4	6. 意 N4	7. 一 N5	8. 引 N4
9. 員 N4	10. 院 N4	11. 飲 N5	12. 右 N5
13. 雨 N5	14. 運 N4	15. 英 N4	16. 映 N4
17. 駅 N5	18. 円 N4	19. 遠 N4	20. 屋 N4
21. 音 N4	22. 下 N5	23. 火 N5	24. 何 N5
25. 花 N5	26. 夏 N4	27. 家 N4	28. 歌 N4
29. 画 N4	30. 回 N4	31. 会 N5	32. 海 N4
33. 界 N4	34. 開 N4	35. 外 N5	36. 学 N5
37. 楽 N4	38. 寒 N4	39. 間 N5	40. 漢 N4
41. 館 N4	42. 顔 N4	43. 気 N5	44. 起 N4
45. 帰 N4	46. 九 N5	47. 休 N5	48. 究 N4

49. 急 N4	50. 牛 N4	51. 去 N4	52. 魚 N5
53. 京 N4	54. 強 N4	55. 教 N4	56. 業 N4
57. 近 N4	58. 金 N5	59. 銀 N4	60. 区 N4
61. 空 N5	62. 兄 N4	63. 計 N4	64. 軽 N4
65. 月 N5	66. 犬 N4	67. 見 N5	68. 建 N4
69. 研 N4	70. 県 N4	71. 験 N4	72. 元 N4
73. 言 N5	74. 古 N5	75. 五 N5	76. 午 N5
77. 後 N5	78. 語 N5	79. 口 N5	80. 工 N4
81. 広 N4	82. 光 N4	83. 好 N4	84. 考 N4
85. 行 N5	86. 校 N5	87. 高 N5	88. 合 N4
89. 国 N5	90. 黒 N4	91. 今 N5	92. 左 N5
93. 菜 N4	94. 作 N4	95. 三 N5	96. 山 N5

97. 産 N4	98. 子 N5	99. 止 N4	100. 仕 N4
101. 四 N5	102. 市 N4	103. 死 N4	104. 私 N4
105. 使 N4	106. 始 N4	107. 姉 N4	108. 思 N4
109. 紙 N4	110. 試 N4	111. 字 N4	112. 耳 N5
113. 自 N4	114. 事 N4	115. 持 N4	116. 時 N5
117. 七 N5	118. 室 N4	119. 質 N4	120. 写 N4
121. 社 N5	122. 車 N5	123. 者 N4	124. 借 N4
125. 弱 N4	126. 手 N5	127. 主 N4	128. 首 N4
129. 秋 N4	130. 終 N4	131. 習 N4	132. 週 N5
133. 集 N4	134. 十 N5	135. 住 N4	136. 重 N4
137. 出 N5	138. 春 N4	139. 所 N4	140. 書 N5
141. 暑 N4	142. 女 N5	143. 小 N5	144. 少 N5

145. 上 N5	146. 乗 N4	147. 場 N4	148. 色 N4
149. 食 N5	150. 心 N4	151. 真 N4	152. 進 N4
153. 森 N4	154. 新 N5	155. 親 N4	156. 人 N5
157. 図 N4	158. 水 N5	159. 世 N4	160. 正 N4
161. 生 N5	162. 西 N5	163. 声 N4	164. 青 N4
165. 夕 N4	166. 赤 N4	167. 切 N4	168. 説 N4
169. 千 N5	170. 川 N5	171. 先 N5	172. 洗 N4
173. 前 N5	174. 早 N4	175. 走 N4	176. 送 N4
177. 足 N5	178. 族 N4	179. 村 N4	180. 多 N5
181. 太 N4	182. 体 N4	183. 待 N4	184. 貸 N4
185. 大 N5	186. 代 N4	187. 台 N4	188. 題 N4
189. 短 N4	190. 男 N5	191. 地 N4	192. 池 N4

193. 知 N4	194. 茶 N4	195. 着 N4	196. 中 N5
197. 虫 N4	198. 注 N4	199. 昼 N4	200. 町 N4
201. 長 N5	202. 鳥 N4	203. 朝 N4	204. 通 N4
205. 低 N4	206. 弟 N4	207. 天 N5	208. 店 N5
209. 転 N4	210. 田 N4	211. 電 N5	212. 都 N4
213. 土 N5	214. 度 N4	215. 冬 N4	216. 東 N5
217. 答 N4	218. 頭 N4	219. 同 N4	220. 動 N4
221. 堂 N4	222. 道 N5	223. 働 N4	224. 特 N4
225. 読 N5	226. 南 N5	227. 二 N5	228. 肉 N4
229. 日 N5	230. 入 N5	231. 年 N5	232. 売 N4
233. 買 N5	234. 白 N5	235. 八 N5	236. 発 N4
237. 半 N5	238. 飯 N5	239. 百 N5	240. 病 N4

241. 品 N4	242. 不 N4	243. 父 N5	244. 風 N4
245. 服 N4	246. 物 N4	247. 分 N5	248. 文 N4
249. 聞 N5	250. 別 N4	251. 便 N4	252. 勉 N4
253. 歩 N4	254. 母 N5	255. 方 N4	256. 北 N5
257. 木 N5	258. 本 N5	259. 毎 N5	260. 妹 N4
261. 万 N5	262. 味 N4	263. 民 N4	264. 名 N5
265. 明 N4	266. 目 N5	267. 門 N4	268. 問 N4
269. 夜 N4	270. 野 N4	271. 薬 N4	272. 友 N5
273. 有 N4	274. 用 N4	275. 洋 N4	276. 曜 N4
277. 来 N5	278. 理 N4	279. 立 N5	280. 旅 N4
281. 料 N4	282. 力 N4	283. 林 N4	284. 六 N5
285. 話 N5			

CHAPTER 5

N4 필수한자 285개 포인트

여기에서는 N4 필수한자 285개 포인트를 각 한자별로 음독과 훈독으로 나누어 관련 단어들을 제시하였습니다. 한자는 음독과 훈독을 외워야 한자 관련 단어들이 나왔을 때 음독으로 쓰였는지 훈독으로 쓰였는지 아니면 음독과 훈독이 함께 쓰인 건지를 많은 문장을 통해 알 수 있습니다. 처음에는 어렵고 힘들 수 있습니다. 모든 것은 하고자 하는 의욕과 공부 습관에 달려 있습니다. 즐기면서 음독과 훈독을 외웁시다. 그리고 많은 예문을 통해 한자들이 어떻게 쓰이고 있는지 확인해 봅시다. 조금씩 실력이 쑥쑥 늘어나는 본인의 모습을 발견할 수 있을 것입니다. 여러분이 '한자를 정말 좋아해요.'라고 말하는 그 날까지 응원은 계속 됩니다.

챕터5에서 음독과 훈독의 대표적인 파란색 단어들을 뽑아 챕터6에서 테스트란(한자의 음을 찾는 문제와 음을 히라가나로 적는 문제)을 준비했습니다. 파란색을 먼저 외우고 챕터6에 준비된 테스트를 해 봅시다. 그리고 나머지 관련 단어들은 필요에 따라 조금씩 공부해 주세요. '한자를 통해 일본어에 날개를 다는 그 날까지' 여러분을 응원합니다.

---

1. 각 한자의 파란색을 외워서 N4 필수한자 최종 테스트를 합시다.

2. 그 외의 한자들도 필요에 따라 조금씩 쉬운 것부터 공부하세요.

일본한자(한국한자) 부수/총획수	음독과 훈독

1.

悪(惡) N4

악할 악
미워할 오

心 / 11

음독 あく/お

悪意 : 악의
_{あく い}　　悪事 : 나쁜 짓, 악행
_{あく じ}

悪習 : 악습
_{あくしゅう}　　悪寒 : 오한
_{お かん}

険悪 : 험악
_{けんあく}　　罪悪 : 죄악
_{ざいあく}

憎悪 : 증오
_{ぞう お}

훈독 わるい

悪い : 나쁘다
_{わる}　　悪口 : 험담, 욕
_{わるくち}

2.

安 N5

편안할 안

宀 / 6

음독 あん

安易 : 안이
_{あん い}　　安心 : 안심
_{あんしん}

安静 : 안정
_{あんせい}　　安全 : 안전
_{あんぜん}

安定 : 안정
_{あんてい}　　安否 : 안부
_{あん ぴ}

훈독 やすい

安い : 싸다
_{やす}　　目安 : 표준, 기준
_{め やす}

安物 : 싸구려 물건
_{やすもの}　　安らか : 평온함
_{やす}

3.

暗 N4

어두울 암

日 / 13

음독 あん

暗記 : 암기
_{あん き}　　暗号 : 암호
_{あんごう}

暗黒 : 암흑
_{あんこく}　　暗算 : 암산
_{あんざん}

暗示 : 암시
_{あん じ}　　暗唱 : 암송
_{あんしょう}

훈독 くらい

暗い : 어둡다
_{くら}　　暗闇 : 어둠
_{くらやみ}

4.

以 N4

써 이

人 / 5

음독 い

以下 : 이하
_{い か}　　以外 : 이외
_{い がい}

以後 : 이후
_{い ご}　　以上 : 이상
_{い じょう}

以前 : 이전
_{い ぜん}　　以心伝心 : 이심전심
_{い しんでんしん}

以内 : 이내
_{い ない}　　以来 : 이래, 이후
_{い らい}

훈독 もって

以て : 그 때문에
_{もっ}　　～を以て : ～로써, ～를 이유로
_{もっ}

5.

医(醫) N4

의원 의

匚 / 7

음독 い

医院 : 의원
_{い いん}　　医学 : 의학
_{い がく}

医師 : 의사
_{い し}　　医者 : 의사
_{い しゃ}

훈독 –

일본한자(한국한자) 부수/총획수	음독과 훈독
6. **意** N4 뜻 의 心 / 13	음독 い **意外** : 의외, 뜻밖 **意見** : 의견 いがい いけん **意志** : 의지 **意図** : 의도 いし いと **意味** : 의미 **決意** : 결의 いみ けつい **故意** : 고의 **好意** : 호의 こい こうい **注意** : 주의 **得意** : 장기, 자신 있음 ちゅうい とくい 훈독 –
7. **一** N5 한 일 一 / 1	음독 いち / いつ **一応** : 일단 **一月** : 1월 いちおう いちがつ **一度** : 한 번 **一番** : 가장 いちど いちばん **一人前** : 일인분, 제 몫을 함 いちにんまえ **一枚** : 한 장 **一緒に** : 함께 いちまい いっしょ **一生** : 평생 **一定** : 일정 いっしょう いってい 훈독 ひと / ひとつ **一人** : 한 사람 **一つ** : 하나, 한 살 ひとり ひと ★**一日** : 초하루 ついたち
8. **引** N4 끌 인 弓 / 4	음독 いん **引退** : 은퇴 **引用** : 인용 いんたい いんよう 훈독 ひく / ひける **引く** : 끌다, 찾다, 감기에 걸리다, 당기다, 빼다, 뽑다, 긋다, 깎다, 인용하다, 치다, 물려받다, ひ 　　　줄을 치다, 후퇴시키다 **字引** : 사전 **引っ越し** : 이사 じびき ひこ **引ける** : 끝나다, 기가 죽다 ひ
9. **員** N4 인원 원 口 / 10	음독 いん **会員** : 회원 **公務員** : 공무원 かいいん こうむいん **社員** : 사원 **乗務員** : 승무원 しゃいん じょうむいん **全員** : 전원 **定員** : 정원 ぜんいん ていいん **店員** : 점원 **満員** : 만원 てんいん まんいん 훈독 –

일본한자(한국한자) 부수/총획수	음독과 훈독
10. **院** N4 집 원 阝 / 10	음독 いん 医院 : 의원 い いん 衆議院 : 중의원 しゅう ぎ いん 病院 : 병원 びょういん 院長 : 원장 いんちょう 入院 : 입원 にゅういん 美容院 : 미장원, 미용실 び よういん 훈독 –
11. **飲** N5 마실 음 食 / 12	음독 いん 飲酒 : 음주 いんしゅ 飲料水 : 음료수 いんりょうすい 飲食店 : 음식점 いんしょくてん 훈독 のむ 飲む : 마시다 の
12. **右** N5 오른쪽 우 口 / 5	음독 う/ゆう 右折 : 우회전 う せつ 左右 : 좌우 さ ゆう 훈독 みぎ 右 : 오른쪽 みぎ 右側 : 우측 みぎがわ
13. **雨** N5 비 우 雨 / 8	음독 う 雨量 : 강우량 う りょう 훈독 あま/あめ 雨戸 : 덧문 あま ど 雨 : 비 あめ 大雨 : 큰 비 おおあめ
14. **運** N4 옮길 운 辶 / 12	음독 うん 運営 : 운영 うんえい 運転 : 운전 うんてん 運命 : 운명 うんめい 運送 : 운송 うんそう 運動 : 운동 うんどう 幸運 : 행운 こううん 훈독 はこぶ 運ぶ : 운반하다, 나르다 はこ
15. **英** N4 꽃부리 영 艹 / 8	음독 えい 英会話 : 영어회화 えいかい わ 英国 : 영국 えいこく 英雄 : 영웅 えいゆう 英語 : 영어 えい ご 英才 : 영재 えいさい 훈독 –

일본한자(한국한자) 부수/총획수	음독과 훈독
16. **映** N4 비칠 영 日 / 9	음독 えい 映画 : 영화 (えい が)　映像 : 영상 (えいぞう) 上映 : 상영 (じょうえい)　反映 : 반영 (はん えい) 훈독 うつる/うつす/はえる 映る : 비치다 (うつ)　映す : 비추다 (うつ) 映える : 빛나다 (は)
17. **駅(驛)** N5 역참 역 馬 / 14	음독 えき 駅員 : 역무원 (えき いん)　駅長 : 역장 (えき ちょう) 駅前 : 역 앞 (えき まえ)　終着員 : 종착역 (しゅう ちゃく いん) 훈독 −
18. **円(圓)** N5 둥글 원 화폐 단위 엔 冂 / 4	음독 えん 円 : 원, 엔 (えん)　百円 : 백엔 (ひゃく えん) 훈독 まるい 円い : 둥글다 (まる)
19. **遠** N4 멀 원 辶 / 13	음독 えん/おん 永遠 : 영원 (えい えん)　遠足 : 소풍 (えん そく) 望遠鏡 : 망원경 (ぼう えん きょう) 훈독 とおい 遠い : 멀다 (とお)
20. **屋** N4 집 옥 尸 / 9	음독 おく 屋上 : 옥상 (おく じょう)　家屋 : 가옥 (か おく) 훈독 や 花屋 : 꽃집 (はな や)　部屋 : 방 (へ や) 屋台 : 포장마차 (や たい)　屋根 : 지붕 (や ね)
21. **音** N4 소리 음 音 / 9	음독 おん/いん 音楽 : 음악 (おん がく)　発音 : 발음 (はつ おん) 훈독 おと/ね 音 : 소리 (おと)　音色 : 음색 (ね いろ)

22.

下 N5
아래 하

一 / 3

음독 か/げ

地下鉄 : 지하철
ち か てつ

下水道 : 하수도
げ すいどう

下校 하교
げ こう

훈독 した/しも/もと/さげる/さがる/くだる/
くだす/くださる/おろす/おりる/

下 : 아래, 밑
した

下着 : 속옷
した ぎ

下 : (강의) 아래쪽, (장소의) 아래
しも

下半期 : 하반기
しもはん き

下 : 밑, 곁
もと

足元 : 발밑
あしもと

下げる : 내리다
さ

下がる : 내려가다, 떨어지다
さ

下る : 내리다, 내려가다
くだ

下す : 내리다, 선고하다
くだ

下さる : 주시다
くだ

下ろす : 내리다
お

下りる : 내리다
お

★ 下手 : 서투름
へ た

23.

火 N5
불 화

火 / 4

음독 か

火災 : 화재
か さい

火事 : 불
か じ

훈독 ひ/ほ

火 : 불
ひ

火影 : 불빛
ほ かげ

24.

何 N5
어찌 하

亻 / 7

음독 か

幾何学 : 기하학
き か がく

훈독 なに/なん

何物 : 무엇
なにもの

何事 : 무슨 일
なにごと

何歳 : 몇 살
なんさい

何点 : 몇 점
なんてん

何人 : 몇 사람
なんにん

何年 : 몇 년
なんねん

何本 : 몇 개
なんぼん

25.

花 N5
꽃 화

艹 / 7

음독 か

開花 : 개화
かい か

花壇 : 화단
か だん

造花 : 조화
ぞう か

훈독 はな

花 : 꽃
はな

草花 : 화초
くさばな

花火 : 불꽃
はな び

花見 : 꽃구경
はな み

일본한자(한국한자) 부수/총획수	음독과 훈독
26. **夏** N4 여름 하 夂 / 10	**음독** か/げ 夏季 : 하계 (かき)　　初夏 : 초여름 (しょか) 夏至 : 하지 (げし) **훈독** なつ 夏 : 여름 (なつ)　　夏祭り : 여름 축제 (なつまつり) 夏休み : 여름방학, 여름휴가 (なつやすみ)
27. **家** N4 집 가 宀 / 10	**음독** か/け 家族 : 가족 (かぞく)　　家庭 : 가정 (かてい) 作家 : 작가 (さっか)　　家来 : 가신, 부하 (けらい) **훈독** いえ/や 家 : 집 (いえ)　　大家 : 집주인 (おおや) 家主 : 집주인 (やぬし)
28. **歌** N4 노래 가 欠 / 14	**음독** か 愛唱歌 : 애창가 (あいしょうか)　　歌手 : 가수 (かしゅ) 校歌 : 교가 (こうか) **훈독** うた/うたう 歌 : 노래 (うた)　　歌う : 노래하다 (うた) 鼻歌 : 콧노래 (はなうた)
29. **画(畫)** N4 그림 화 그을 획 田 / 8	**음독** が/かく 絵画 : 회화 (かいが)　　画家 : 화가 (がか) 画面 : 화면 (がめん)　　計画 : 계획 (けいかく) 画期的 : 획기적 (かっきてき) **훈독** —
30. **回** N4 돌아올 회 口 / 6	**음독** かい/え 回答 : 회답 (かいとう)　　回復 : 회복 (かいふく) 回収 : 회수 (かいしゅう)　　回向 : 죽은 사람의 명복을 빎 (えこう) **훈독** まわる/まわす 回る : 돌다 (まわ)　　回す : 돌리다 (まわ)

일본한자(한국한자) 부수/총획수	음독과 훈독

31.

会(會) N5

모을 회

人 / 6

음독 かい / え

会 : 위원회 委員会
い いんかい

会社 : 회사
かいしゃ

会場 : 회장
かいじょう

機会 : 기회
き かい

面会 : 면회
めんかい

会得 : 터득
え とく

훈독 あう

会う : 만나다
あ

出会い : 만남
であ

32.

海(海) N4

바다 해

氵 / 9

음독 かい

海岸 : 해안
かいがん

海外 : 해외
かいがい

海水浴 : 해수욕
かいすいよく

海底 : 해저
かいてい

훈독 うみ

海 : 바다
うみ

海辺 : 해변
うみ べ

33.

界 N4

지경 계

田 / 9

음독 かい

境界 : 경계
きょうかい

業界 : 업계
ぎょうかい

限界 : 한계
げんかい

世界 : 세계
せ かい

훈독 －

34.

開 N4

열 개

門 / 12

음독 かい

開始 : 개시
かい し

開発 : 개발
かいはつ

公開 : 공개
こうかい

展開 : 전개
てんかい

훈독 ひらく / ひらける / あく / あける

開く : 열리다, 열다
ひら

開ける : 열리다
ひら

開く : 열리다
あ

開ける : 열다
あ

35.

外 N5

바깥 외

夕 / 5

음독 がい / げ

外出 : 외출
がいしゅつ

外食 : 외식
がいしょく

外科 : 외과
げ か

훈독 そと / ほか / はずす / はずれる

外 : 밖, 외부
そと

外側 : 바깥쪽
そとがわ

外 : 딴 곳, 그 밖
ほか

外す : 떼다, 풀다
はず

外れる : 빠지다, 벗어나다, 빗나가다
はず

일본한자(한국한자) 부수/총획수	음독과 훈독
36. **学(學)** N5 배울 학 子 / 8	**음독** がく **学校** : 학교 がっこう **学生** : 학생 がくせい **学習** : 학습 がくしゅう **新学期** : 신학기 しんがっき **小学校** : 초등학교 しょうがっこう **中学校** : 중학교 ちゅうがっこう **高等学校** : 고등학교 こうとうがっこう **大学** : 대학교　**大学院** : 대학원 だいがく　　　だいがくいん **훈독** まなぶ **学ぶ** : 배우다 まな
37. **楽(樂)** N4 즐길 락 악기 악 木 / 13	**음독** がく/らく **音楽** : 음악　**快楽** : 쾌락 おんがく　　かいらく **楽器** : 악기　**気楽** : 속 편함, 홀가분함 がっき　　　きらく **苦楽** : 고락　**楽だ** : 편하다 くらく　　　らく **훈독** たのしい/たのしむ **楽しい** : 즐겁다　**楽しむ** : 즐기다 たの　　　　　たの
38. **寒** N4 찰 한 宀 / 12	**음독** かん **寒波** : 한파　**防寒** : 방한 かんぱ　　　ぼうかん **훈독** さむい **寒い** : 춥다　**寒気** : 오한 さむ　　　　さむけ
39. **間** N5 사이 간 門 / 12	**음독** かん/けん **間接** : 간접　**期間** : 기간 かんせつ　　きかん **時間** : 시간　**中間** : 중간 じかん　　　ちゅうかん **世間** : 세간, 세상　**人間** : 인간 せけん　　　　　にんげん **훈독** あいだ/ま **間** : 사이　**仲間** : 동료 あいだ　　　なかま **間に合う** : 제 시간에 가다 ま　あ

일본한자(한국한자) 부수/총획수	음독과 훈독
40. **漢(漢)** N4 한나라 한 氵 / 13	음독 かん 漢字 한자 かん じ 漢方薬 : 한방약 かんぽうやく 훈독 –
41. **館** N4 집 관 食 / 16	음독 かん 館内 : 관내　図書館 : 도서관 かんない　　と しょかん 体育館 : 체육관　旅館 : 여관 たいいくかん　りょかん 훈독 やかた 館 : 귀족 • 호족 등의 저택 やかた
42. **顔** N4 얼굴 안 頁 / 18	음독 がん 洗顔 : 세안　童顔 : 동안 せんがん　　どうがん 훈독 かお 顔 : 얼굴　顔色 : 안색 かお　　かおいろ 顔つき : 얼굴, 용모　素顔 : 맨 얼굴 かお　　　　　す がお
43. **気(氣)** N5 기운 기 气 / 6	음독 き/け 気の毒 : 가엾음　気候 : 기후 き どく　　き こう 気分 : 기분　気持ち : 마음, 기분 き ぶん　　き も 元気 : 기운, 활기참　雰囲気 : 분위기 げん き　　ふん い き 気配 : 기척, 낌새　湯気 : 김, 수증기 け はい　　ゆ げ 훈독 –
44. **起** N4 일어날 기 走 / 10	음독 き 起源 : 기원　起立 : 기립 き げん　　き りつ 再起 : 재기　提起 : 제기 さい き　　てい き 훈독 おきる/おこる/おこす 起きる : 일어나다　早起き : 일찍 일어남 お　　　　　はや お 起こる : 일어나다　起こす : 일으키다 お　　　　　お

일본한자(한국한자) 부수/총획수	음독과 훈독
45. **帰(歸)** N4 돌아갈 귀 巾 / 10	음독 **き** 帰国 : 귀국 (き こく) 　　帰省 : 귀성 (き せい) 帰宅 : 귀가 (き たく) 　　復帰 : 복귀 (ふっ き) 훈독 **かえる/かえす** 帰る : 돌아가(오)다 (かえ) 　　帰り道 : 귀가길 (かえ みち) 日帰り : 당일치기 (ひ がえ) 　　帰す : 돌려보내다 (かえ)
46. **九** N5 아홉 구 乚 / 2	음독 **きゅう/く** 九匹 : 9마리 (きゅうひき) 　　九十 : 90 (きゅうじゅう) 九人 : 9명 (きゅうにん) 　　九時 : 9시 (く じ) 훈독 **ここの/ここのつ** 九つ : 아홉, 아홉 살 (ここの) 　　九日 : 9일 (ここの か)
47. **休** N5 쉴 휴 亻 / 6	음독 **きゅう** 休日 : 휴일 (きゅうじつ) 　　休息 : 휴식 (きゅうそく) 定休 : 정기 휴일 (ていきゅう) 　　連休 : 연휴 (れんきゅう) 훈독 **やすむ/やすまる/やすめる** 休む : 쉬다 (やす) 　　休まる : (심신이) 편안해지다 (やす) 休める : 쉬게 하다, 멈추다 (やす)
48. **究** N4 연구할 구 穴 / 7	음독 **きゅう** 究極 : 궁극 (きゅうきょく) 　　研究 : 연구 (けんきゅう) 研究発表 : 연구발표 (けんきゅうはっぴょう) 探究 : 탐구 (たんきゅう) 　　追求 : 추구 (ついきゅう) 훈독 **きわめる** 究める : 깊이 연구하다 (きわ)
49. **急** N4 급할 급 心 / 9	음독 **きゅう** 急行 : 급행 (きゅうこう) 　　急用 : 급한 용무 (きゅうよう) 救急車 : 구급차 (きゅうきゅうしゃ) 훈독 **いそぐ** 急ぐ : 서두르다 (いそ) 　　大急ぎ : 매우 급함 (おおいそ)

일본한자(한국한자) 부수/총획수	음독과 훈독
50. **牛** N4 소 우 <hr>牛 / 4	음독 ぎゅう 牛肉 : 쇠고기　牛乳 : 우유 ぎゅうにく　　ぎゅうにゅう 훈독 うし 牛 : 소　　子牛 : 송아지 うし　　こ うし
51. **去** N4 갈 거 <hr>厶 / 5	음독 きょ/こ 去年 : 작년　死去 : 사망, 죽음 きょ ねん　　し きょ 除去 : 제거　過去 : 과거 じょきょ　　か こ 훈독 さる 去る : 떠나다 さ
52. **魚** N5 물고기 어 <hr>魚 / 11	음독 ぎょ 金魚 : 금붕어　人魚 : 인어 きんぎょ　　にんぎょ 훈독 うお/さかな 魚市場 : 어시장　魚 : 생선 うおいち ば　　さかな 魚つり : 낚시질 さかな
53. **京** N4 서울 경 <hr>亠 / 8	음독 きょう/けい 京都 : 교토　上京 : 상경 きょう と　　じょうきょう 東京 : 동경 とうきょう 훈독 －
54. **強** N4 굳셀 강 <hr>弓 / 11	음독 きょう/ごう 強弱 : 강약　強調 : 강조 きょうじゃく　　きょうちょう 強敵 : 강적　強風 : 강풍 きょうてき　　きょうふう 勉強 : 공부　強引 : 무리하게 べんきょう　　ごういん 훈독 つよい/つよまる/つよめる/しいる 強い : 강하다　強まる : 강해지다 つよ　　つよ 強める : 강하게 하다　強いる : 강요하다 つよ　　し

224

일본한자(한국한자) 부수/총획수	음독과 훈독
55. **教** N4 가르칠 교 攵 / 11	음독 きょう 教育 : 교육 きょういく 教室 : 교실 きょうしつ 教材 : 교재 きょうざい 宗教 : 종교 しゅうきょう 훈독 おしえる/おそわる 教える : 가르치다 おし 教え方 : 가르치는 법 おし かた 教わる : 배우다 おそ
56. **業** N4 업 업 木 / 13	음독 ぎょう/ごう 工業 : 공업 こうぎょう 職業 : 직업 しょくぎょう 作業 : 작업 さぎょう 卒業 : 졸업 そつぎょう 훈독 わざ 業 : 행위, 직업 わざ
57. **近** N4 가까울 근 辶 / 7	음독 きん 近代 : 근대 きんだい 最近 : 최근 さいきん 近辺 : 근처, 부근 きんぺん 付近 : 부근 ふきん 훈독 ちかい 近い : 가깝다 ちか 近道 : 지름길 ちかみち
58. **金** N5 성 김 쇠 금 金 / 8	음독 きん/こん 金曜日 : 금요일 きんよう び 貯金 : 저금 ちょきん 代金 : 대금 だいきん 黄金 : 황금 おうごん 훈독 かね/かな 金 : 돈 かね 金持ち : 부자 かね も 金具 : 쇠장식 かな ぐ
59. **銀** N4 은 은 金 / 14	음독 ぎん 銀行 : 은행 ぎんこう 銀行口座 : 은행 계좌 ぎんこうこう ざ 銀行振込み : 은행 송금 ぎんこうふり こ 훈독 −

60.

区(區) N4

구역 구

冂 / 4

음독 　く

区域 : 구역　　区分 : 구분
く いき　　　　 く ぶん

区別 : 구별　　区役所 : 구청
く べつ　　　　 く やくしょ

훈독 　–

61.

空 N5

빌 공

穴 / 8

음독 　くう

空気 : 공기, 분위기　　空港 : 공항
くう き　　　　　　　 くうこう

空想 : 공상　　空腹 : 공복
くうそう　　　　 くうふく

훈독 　あく/あける/から/そら

空く : 비다　　空ける : 비우다, 내다
あ　　　　　　 あ

空 : (속이)빔, 빈 손　　青空 : 푸른 하늘　　夜空 : 밤하늘
から　　　　　　　　　 あおぞら　　　　　 よ ぞら

62.

兄 N4

형 형

儿 / 5

음독 　けい/きょう

父兄 : 부형　　兄弟 : 형제
ふ けい　　　　 きょうだい

훈독 　あに

兄 : 형, 오빠　　お兄さん : 형님, 오빠
あに　　　　　　 にい

63.

計 N4

셀 계

言 / 9

음독 　けい

計画 : 계획　　計算 : 계산
けいかく　　　　 けい さん

計略 : 계략　　合計 : 합계
けいりゃく　　　　 ごうけい

設計 : 설계　　時計 : 시계
せっけい　　　　 と けい

훈독 　はかる/はからう

計る : 재다　　計らう : 조처하다, 가늠하다
はか　　　　　　 はか

64.

軽(輕) N4

가벼울 경

車 / 12

음독 　けい

軽快 : 경쾌　　軽率 : 경솔
けいかい　　　　 けいそつ

훈독 　かるい/かろやか

軽い : 가볍다　　軽やか : 가뿐함, 경쾌함
かる　　　　　　 かろ

気軽 : 선뜻, 소탈함　　手軽 : 손쉬움
き がる　　　　　　　 て がる

65.

月 N5

달 월

月 / 4

음독 げつ/がつ

月曜日 : 월요일
げつようび

一月 : 1월
いちがつ

満月 : 보름달
まんげつ

正月 : 정월
しょうがつ

훈독 つき

月 : 달
つき

毎月 : 매월
まいつき

66.

犬 N4

개 견

犬 / 4

음독 けん

愛犬 : 애견
あいけん

番犬 : 집 지키는 개
ばんけん

훈독 いぬ

犬 : 개
いぬ

飼い犬 : 애완견
か　　いぬ

子犬 : 강아지
こ いぬ

67.

見 N5

볼 견

見 / 7

음독 けん

意見 : 의견
い けん

見当 : 짐작, 예상
けんとう

見学 : 견학
けんがく

見物人 : 구경인
けんぶつにん

훈독 みる/みえる/みせる

見る : 보다
み

見える : 보이다
み

見本 : 견본
み ほん

見せる : 보여주다
み

68.

建 N4

세울 건

廴 / 9

음독 けん/こん

建設 : 건설
けんせつ

再建 : 재건
さいけん

建築 : 건축
けんちく

建立 : 건립
こんりゅう

훈독 たてる/たつ

建てる : 세우다
た

建つ : 서다
た

建物 : 건물
たてもの

69.

研(研) N4

갈 연

石 / 9

음독 けん

研究 : 연구
けんきゅう

研究者 : 연구자
けんきゅうしゃ

研究所 : 연구소
けんきゅうじょ

研究室 : 연구실
けんきゅうしつ

研修 : 연수
けんしゅう

훈독 とぐ

研ぐ : 연마하다
と

일본한자(한국한자) 부수/총획수	음독과 훈독
70. **県(縣)** N4 고을 현 目 / 9	음독 **けん** 都道府県 : 도도부현 と どう ふ けん 長崎県 : 나가사키현 ながさきけん 훈독 –
71. **験(驗)** N4 시험할 험 馬 / 18	음독 **けん/げん** 経験 : 경험　　試験 : 시험 けいけん　　　し けん 実験 : 실험　　受験 : 수험 じっけん　　　じゅけん 体験 : 체험 たいけん 훈독 –
72. **元** N4 으뜸 원 儿 / 4	음독 **げん/がん** 元気 : 기운, 활기참　復元 : 복원 げん き　　　　　　ふくげん 元日 : 1월 1일　　元祖 : 원조 がんじつ　　　　　がん そ 훈독 **もと** 元 : 이전, 원래　　足元 : 발 밑 もと　　　　　　あしもと 地元 : 그 지방 じ もと
73. **言** N5 말씀 언 言 / 7	음독 **げん/ごん** 助言 : 조언　　伝言 : 전언 じょげん　　　でんごん 宣言 : 선언 せんげん 훈독 **いう/こと** 言う : 말하다　　一言 : 한마디 い　　　　　　　ひとこと
74. **古** N5 예 고 口 / 5	음독 **こ** 古典 : 고전　　中古車 : 중고차 こ てん　　　　ちゅうこ しゃ 훈독 **ふるい/ふるす** 古い : 오래되다 ふる
75. **五** N5 다섯 오 二 / 4	음독 **ご** 五匹 : 다섯 마리　五感 : 오감 ご ひき　　　　　ご かん 훈독 **いつ/いつつ** 五日 : 5일　　　五つ : 다섯 いつ か　　　　いつ

일본한자(한국한자) 부수/총획수	음독과 훈독
76. **午** N5 낮 오 十 / 4	음독 ご 午前 : 오전　　午前中 : 오전 중 ご ぜん　　　ご ぜんちゅう 午後 : 오후　　正午 : 정오 ご ご　　　しょう ご 훈독 ―
77. **後** N5 뒤 후 彳 / 9	음독 ご/こう 最後 : 최후, 마지막　前後 : 전후 さい ご　　　　　ぜん ご 放課後 : 방과후　後退 : 후퇴 ほう か ご　　　こう たい 훈독 のち/うしろ/あと/おくれる 後 : 다음, 후　　後ろ : 뒤 のち　　　　　うし 後 : 뒤, 후　　　後れる : 뒤떨어지다 あと　　　　　　おく
78. **語** N5 말씀 어 言 / 14	음독 ご 英語 : 영어　　　共通語 : 공통어 えい ご　　　きょうつう ご 語学 : 어학　　　国語 : 국어 ご がく　　　こく ご 훈독 かたる/かたらう 語る : 말하다　　物語 : 이야기 かた　　　　　ものがたり 語らう : 말을 주고받다 かた
79. **口** N5 입 구 口 / 3	음독 こう/く 口実 : 구실　　　工場 : 공장 こうじつ　　　こうじょう 口論 : 말다툼　　口調 : 어조 こうろん　　　く ちょう 훈독 くち 口 : 입, 입맛　　出口 : 출구 くち　　　　　で ぐち 入り口 : 입구　　出入り口 : 출입구 い ぐち　　　で い ぐち
80. **工** N4 장인 공 工 / 3	음독 こう/く 加工 : 가공　　　工事 : 공사 か こう　　　こう じ 工場 : 공장　　　工夫 : 궁리, 고안 こうじょう　　く ふう 細工 : 세공　　　大工 : 목수 さい く　　　だい く 훈독 ―

일본한자(한국한자) 부수/총획수	음독과 훈독

81.

広(廣) N4

넓을 광

广 / 5

음독 こう

広告 : 광고
こうこく

広報 : 홍보
こうほう

広大 : 광대
こうだい

훈독 ひろい/ひろまる/ひろめる/ひろがる/ひろげる

広い : 넓다
ひろ

広まる : 넓어지다, 널리 퍼지다
ひろ

広める : 널리 알리다, 범위를 넓히다
ひろ

広がる : 넓어지다
ひろ

広場 : 광장
ひろ ば

広げる : 넓히다
ひろ

82.

光 N4

빛 광

儿 / 6

음독 こう

栄光 : 영광
えいこう

日光 : 일광, 햇빛
にっこう

観光 : 관광
かんこう

陽光 : 햇빛
ようこう

훈독 ひかる/ひかり

光る : 빛나다
ひか

光り : 빛
ひか

83.

好 N4

좋을 호

女 / 6

음독 こう

格好 : 모습, 모양
かっこう

好感 : 호감
こうかん

好物 : 좋아하는 음식
こうぶつ

好意 : 호의
こう い

好評 : 호평
こうひょう

友好 : 우호
ゆうこう

훈독 このむ/すく

好む : 좋아하다, 즐기다
この

大好き : 매우 좋아함
だい す

好く : 좋아하다
す

84.

考 N4

생각할 고

耂 / 6

음독 こう

考案 : 고안
こうあん

参考 : 참고
さんこう

考察 : 고찰
こうさつ

思考 : 사고
し こう

훈독 かんがえる

考える : 생각하다
かんが

85.

行 N5

다닐 행

行 / 6

음독 こう/ぎょう/あん

旅行 : 여행
りょこう

行進 : 행진
こうしん

行列 : 행렬
ぎょうれつ

流行 : 유행
りゅうこう

行政 : 행정
ぎょうせい

行灯 : 사방등
あんどん

일본한자(한국한자) 부수/총획수	음독과 훈독
	훈독 いく/ゆく/おこなう **行く** : 가다 い **行う** : 행하다 おこな　　　　　　　　　　　　　　**行き先** : 행선지 　　　　　　　　　　　　　　い　　さき
86. **校** N5 학교 교 **木** / 10	**음독** こう **学校** : 학교　　　　　　　　**転校** : 전학 がっこう　　　　　　　　てんこう **校歌** : 교가　　　　　　　　**校長** : 교장 こう か　　　　　　　　こうちょう **훈독** –
87. **高** N5 높을 고 **高** / 10	**음독** こう **高温** : 고온　　　　　　　　**高級** : 고급 こう おん　　　　　　　　こうきゅう **高低** : 고저　　　　　　　　**最高** : 최고 こう てい　　　　　　　　さいこう **훈독** たかい/たか/たかまる/たかめる **高い** : 높다, (키가) 크다　　**円高** : 엔화 강세 たか　　　　　　　　　　えんだか **高まる** : 높아지다, 오르다　**高める** : 높이다 たか　　　　　　　　　　たか
88. **合** N4 합할 합 **口** / 5	**음독** ごう/がっ/かっ **合格** : 합격　　　　　　　　**合同** : 합동 ごう かく　　　　　　　　ごう どう **合宿** : 합숙　　　　　　　　**合奏** : 합주 がっしゅく　　　　　　　　がっそう **合戦** : 전투, 교전 かっせん **훈독** あう/あわす/あわせる **合う** : 맞다, 일치하다　　　**合図** : 신호 あ　　　　　　　　　　　あい ず **合わす** : 합치다　　　　　　**合わせる** : 합치다, 맞추다 あ　　　　　　　　　　　あ
89. **国**(國) N5 나라 국 **口** / 8	**음독** こく **外国** : 외국　　　　　　　　**国王** : 국왕 がいこく　　　　　　　　こくおう **国語** : 국어　　　　　　　　**国際** : 국제 こく ご　　　　　　　　こくさい **国家** : 국가　　　　　　　　**全国** : 전국 こっ か　　　　　　　　ぜんこく **훈독** くに **国** : 나라, 고향　　　　　　　**島国** : 섬나라 くに　　　　　　　　　しまぐに
90. **黒**(黑) N4 검을 흑 **黒** / 11	**음독** こく **暗黒** : 암흑　　　　　　　　**黒板** : 칠판 あんこく　　　　　　　　こくばん **훈독** くろ/くろい **黒** : 검정　　　　　　　　　**真っ黒** : 새까맘 くろ　　　　　　　　　　ま　くろ **白黒** : 흑백　　　　　　　　**黒い** : 검다 しろくろ　　　　　　　　くろ

일본한자(한국한자) 부수/총획수	음독과 훈독

91.

今 N5
이제 금

人 / 4

음독 こん/きん

今回 : 금번, 이번 こんかい	今後 : 금후 こん ご
今日 : 오늘날 こんにち	今度 : 이번, 다음 こん ど
今晩 : 오늘밤 こんばん	今夜 : 오늘밤 こん や
昨今 : 요즈음 さっこん	

훈독 いま

今 : 지금 いま	今更 : 새삼스레 いまさら

92.

左 N5
왼 좌

工 / 5

음독 さ

左折 : 좌회전 さ せつ	左右 : 좌우 さ ゆう

훈독 ひだり

左 : 왼쪽 ひだり	左足 : 왼발 ひだりあし
左側 : 좌측 ひだりがわ	左手 : 왼손 ひだり て

93.

菜 N4
나물 채

艹 / 11

음독 さい

白菜 : 배추 はくさい	野菜 : 야채 や さい

훈독 な

菜の花 : 유채(꽃) な はな	

94.

作 N4
지을 작

亻 / 7

음독 さく/さ

作品 : 작품 さくひん	作文 : 작문 さくぶん
作家 : 작가 さっ か	著作 : 저작, 저술 ちょさく
豊作 : 풍작 ほうさく	作業 : 작업 さ ぎょう
作法 : 예의범절 さ ほう	作用 : 작용 さ よう
操作 : 조작 そう さ	動作 : 동작 どう さ

훈독 つくる

作る : 만들다 つく	手作り : 손수 만듦 て づく

95.

三 N5
석 삼

一 / 3

음독 さん

三角形 : 삼각형 さんかくけい	三百 : 삼 백 さんびゃく

훈독 み/みつ/みっつ

三日 : 3일 みっか	三つ : 세 개 みっ

일본한자(한국한자) 부수/총획수	음독과 훈독
96. **山** N5 메 산 山 / 3	음독 さん 山林 : 산림 （さんりん）　　火山 : 화산 （か ざん） 下山 : 하산 （げ ざん）　　鉱山 : 광산 （こうざん） 登山 : 등산 （と ざん）　　名山 명산 （めいざん） 훈독 やま 山 : 산 （やま）　　山登り : 등산 （やまのぼ）
97. **産** N4 낳을 산 生 / 11	음독 さん 財産 : 재산 （ざいさん）　　産業 : 산업 （さんぎょう） 出産 : 출산 （しゅっさん）　　特産品 : 특산품 （とくさんひん） 훈독 うむ/うまれる/うぶ 産む : 낳다 （う）　　産まれる : 태어나다 （う） 産着 : 배내옷 （うぶ ぎ）
98. **子** N5 아들 자 子 / 3	음독 し/す 女子 : 여자 （じょ し）　　男子 : 남자 （だん し） 弟子 : 제자 （で し）　　様子 : 모양 （よう す） 훈독 こ 子供 : 아이들 （こ ども）　　親子 : 어버이와 자식 （おや こ）
99. **止** N4 그칠 지 止 / 4	음독 し 禁止 : 금지 （きん し）　　静止 : 정지 （せい し） 中止 : 중지 （ちゅう し）　　防止 : 방지 （ぼう し） 훈독 とまる/とめる 止まる : 멈추다 （と）　　歯止め : 제동, 브레이크 （は ど） 通行止め : 통행금지 （つうこう ど）　　止める : 세우다 （と）
100. **仕** N4 섬길 사 イ / 5	음독 し/じ 仕入れ : 구입 （し い）　　仕方ない : 하는 수 없다 （し かた） 仕組み : 구조 （し く）　　仕事 : 일 （し ごと） 훈독 つかえる 仕える : 섬기다 （つか）

일본한자(한국한자) 부수/총획수	음독과 훈독
101. **四** N5 넉 사 口 / 5	음독 し 四月 : 4월　　四季 : 사계 し がつ　　　　　し き 훈독 よ/よつ/よっつ/よん 四時 : 4시　　四日 : 나흘 よ じ　　　　　よっ か 四つ角 : 네 모퉁이, 네거리 よ かど 四人 : 네 사람　四つ : 넷, 네 살 よ にん　　　　　よっ 四回 : 4번, 4회 よんかい
102. **市** N4 저자 시 巾 / 5	음독 し 市民 : 시민　　　都市 : 도시 し みん　　　　　と し 市長 : 시장　　　市役所 : 시청 し ちょう　　　　し やくしょ 훈독 いち 市 : 시장　　　　朝市 : 아침 장 いち　　　　　　あさいち 魚市場 : 어시장 うおいち ば
103. **死** N4 죽을 사 歹 / 6	음독 し 死亡 : 사망　　　死力 : 사력 し ぼう　　　　　し りょく 戦死 : 전사　　　必死 : 필사 せん し　　　　　ひっ し 훈독 しぬ 死ぬ : 죽다 し
104. **私** N4 사사 사 禾 / 7	음독 し 公私 : 공사　　　私鉄 : 사철, 민영 철도 こう し　　　　　し てつ 훈독 わたくし/わたし 私 : 나　　　　　私 : 저 わたし　　　　　わたくし
105. **使** N4 하여금 사 부릴 사 イ / 8	음독 し 使用 : 사용　　　大使 : 대사 し よう　　　　　たい し 훈독 つかう 使う : 사용하다　使い捨て : 1회용 つか　　　　　　つか す

일본한자(한국한자) 부수/총획수	음독과 훈독
106. **始** N4 비로소 시 女 / 8	음독 し 開始 : 개시　　年始 : 연초, 신년 축하 かい し　　　　ねん し 훈독 はじめる/はじまる 始める : 시작하다　　始まる : 시작되다 はじ　　　　　　　はじ 始まり : 시작 はじ
107. **姉** N4 손윗누이 자 女 / 8	음독 し 姉妹 : 자매　　姉妹校 : 자매 학교 し まい　　　　し まいこう 훈독 あね 姉 : 누나, 언니　　お姉さん : 언니, 누나 あね　　　　　　　ねえ
108. **思** N4 생각할 사 心 / 9	음독 し 思考 : 사고　　思想 : 사상 し こう　　　　し そう 意思 : 의사 い し 훈독 おもう 思う : 생각하다　　思い出 : 추억 おも　　　　　　　おも　　で 思いがけない : 뜻밖이다 おも
109. **紙** N4 종이 지 糸 / 10	음독 し 新聞紙 : 신문지　　用紙 : 용지 しんぶん し　　　　よう し 훈독 かみ 紙 : 종이　　紙くず : 휴지 かみ　　　　かみ
110. **試** N4 시험 시 言 / 13	음독 し 試合 : 시합　　試験 : 시험 し あい　　　　し けん 試練 : 시련　　入試 : 입시 し れん　　　　にゅう し 훈독 こころみる/ためす 試みる : 시도해 보다　　試み : 시도, 시험 こころ　　　　　　　　こころ 試す : 시험해 보다 ため
111. **字** N4 글자 자 子 / 6	음독 じ 赤字 : 적자　　漢字 : 한자 あか じ　　　　かん じ 黒字 : 흑자　　数字 : 숫자 くろ じ　　　　すう じ 훈독 あざ あざ : 「町」정」이나 「村」촌」보다 작은 행정 구획

112.

耳 N5

귀 이

耳 / 6

음독 じ

耳鼻科 : 이비인후과
じ び か

훈독 みみ

耳 : 귀   初耳 : 처음 들음
みみ   はつみみ

113.

自 N4

스스로 자

自 / 6

음독 じ/し

各自 : 각자   自己 : 자기
かく じ   じ こ

自習 : 자습   自信 : 자신
じ しゅう   じ しん

自分 : 자신, 자기   自動 : 자동
じ ぶん   じ どう

自由 : 자유   自然 : 자연
じ ゆう   し ぜん

훈독 みずから

自ら : 스스로
みずか

114.

事 N4

일 사

亅 / 8

음독 じ/ず

行事 : 행사   事故 : 사고
ぎょう じ   じ こ

事実 : 사실   食事 : 식사
じ じつ   しょく じ

大事 : 중요함, 소중함   無事 : 무사
だい じ   ぶ じ

훈독 こと

事 : 일   出来事 : 사건
こと   で き ごと

115.

持 N4

가질 지

扌 / 9

음독 じ

持参 : 지참   支持 : 지지
じ さん   し じ

持続 : 지속   所持品 : 소지품
じ ぞく   しょ じ ひん

훈독 もつ

持つ : 가지다, 들다   金持ち : 부자
も   かね も

持ち物 : 소지품
も   もの

116.

時 N5

때 시

日 / 10

음독 じ

時間 : 시간   時刻 : 시각
じ かん   じ こく

時代 : 시대, 시절   当時 : 당시
じ だい   とう じ

훈독 とき

時 : 때, 시간   時々 : 때때로
とき   ときどき

일본한자(한국한자) 부수/총획수	음독과 훈독
117. **七** N5 일곱 칠 ―――― 一 / 2	**음독** しち 七月 : 7월 しちがつ 七福神 : 칠복신 しちふくじん **훈독** なな / ななつ / なの 七日 : 7일 なのか 七つ : 일곱, 일곱 살 なな
118. **室** N4 집 실 ―――― 宀 / 9	**음독** しつ 客室 : 객실 きゃくしつ 室内 : 실내 しつない 地下室 : 지하실 ちかしつ 図書室 : 도서실 としょしつ 和室 : 일본방 わしつ 病室 : 병실 びょうしつ **훈독** むろ 石室 : 석실 いしむろ
119. **質** N4 바탕 질 ―――― 貝 / 15	**음독** しつ / しち / ち 質疑 : 질의 しつぎ 質素 : 검소함 しっそ 質問 : 질문 しつもん 性質 : 성질 せいしつ 素質 : 소질 そしつ 品質 : 품질 ひんしつ 人質 : 인질 ひとじち 言質 : 언질 げんち **훈독** –
120. **写**(寫) N4 베낄 사 ―――― 冖 / 5	**음독** しゃ 試写会 : 시사회 ししゃかい 写真 : 사진 しゃしん **훈독** うつす / うつる 写す : 베끼다 うつ 写る : (사진에)찍히다 うつ
121. **社**(社) N5 모일 사 ―――― 示 / 7	**음독** しゃ 会社 : 회사 かいしゃ 社員 : 사원 しゃいん 社会 : 사회 しゃかい 社長 : 사장 しゃちょう **훈독** やしろ 社 : 신을 모신 건물, 신사 やしろ

CHAPTER 5 N4 필수한자 285개 포인트 237

일본한자(한국한자) 부수/총획수	음독과 훈독
122. **車 N5** 수레 차(거) 車 / 7	**음독** しゃ 汽車 : 기차 きしゃ 乗車 : 승차 じょうしゃ 下車 : 하차 げしゃ 電車 : 전차, 전철 でんしゃ **훈독** くるま 車 : 차 くるま 車代 : 차비 くるまだい
123. **者(者) N4** 놈 자 耂 / 8	**음독** しゃ 学者 : 학자 がくしゃ 勝者 : 승자 しょうしゃ 作者 : 작자, 만든 사람 さくしゃ 読者 : 독자 どくしゃ **훈독** もの 者 : 자, 사람 もの 若者 : 젊은이 わかもの 人気者 : 인기 있는 사람 にんきもの
124. **借 N4** 빌릴 차 亻 / 10	**음독** しゃく 借金 : 빚 しゃっきん 借用 : 차용 しゃくよう 借家 : 셋집 しゃくや 拝借 : 삼가 빌려 씀 はいしゃく **훈독** かりる 借りる : 빌리다 か
125. **弱 N4** 약할 약 弓 / 10	**음독** じゃく 強弱 : 강약 きょうじゃく 弱点 : 약점 じゃくてん 弱者 : 약자 じゃくしゃ **훈독** よわい/よわる/よわまる/よわめる 弱い : 약하다 よわ 弱まる : 약해지다 よわ 弱虫 : 겁쟁이 よわむし 弱める : 약하게 하다 よわ
126. **手 N5** 손 수 手 / 4	**음독** しゅ 歌手 : 가수 かしゅ 選手 : 선수 せんしゅ **훈독** て/た 手 : 손 て 手本 : 글씨본, 본보기 てほん 手間 : 수고 てま 下手 : 잘 못함, 서투름 へた 手作り : 손수 만듦 てづく 手不足 : 일손 부족 てぶそく 手料理 : 손수 만든 요리 てりょうり ★上手 : 잘함, 능숙함 じょうず

일본한자(한국한자) 부수/총획수	음독과 훈독
127. **主** N4 주인 주 임금 주 丶 / 5	음독 しゅ/す 主演 : 주연 しゅ えん 主人公 : 주인공 しゅ じん こう 主人 : 주인, 남편 しゅ じん 主張 : 주장 しゅ ちょう 훈독 ぬし/おも 主 : 주인 ぬし 主に : 주로 おも 家主 : 집주인 や ぬし
128. **首** N4 머리 수 首 / 9	음독 しゅ 首相 : 수상 しゅ しょう 首都 : 수도 しゅ と 훈독 くび 首 : 목, 해고 くび 足首 : 발목 あし くび
129. **秋** N4 가을 추 禾 / 9	음독 しゅう 秋分 : 추분 しゅうぶん 晩秋 : 늦가을 ばんしゅう 훈독 あき 秋 : 가을 あき 秋空 : 가을 하늘 あきぞら
130. **終** N4 마칠 종 糸 / 11	음독 しゅう 最終 : 최종 さいしゅう 終着駅 : 종착역 しゅうちゃくえき 終業式 : 종업식 しゅうぎょうしき 終点 : 종점 しゅうてん 훈독 おわる/おえる 終わる : 끝나다 お 終える : 끝내다 お
131. **習** N4 익힐 습 羽 / 11	음독 しゅう 学習 : 학습 がくしゅう 習慣 : 습관 しゅうかん 予習 : 예습 よ しゅう 自習 : 자습 じ しゅう 復習 : 복습 ふくしゅう 練習 : 연습 れんしゅう 훈독 ならう 習う : 배우다 なら 見習う : 보고 배우다 み なら

CHAPTER 5 N4 필수한자 285개 포인트

일본한자(한국한자) 부수/총획수	음독과 훈독
132. 週 N5 주일 주 辶 / 11	음독 しゅう 週刊 : 주간　週末 : 주말 しゅうかん　しゅうまつ 毎週 : 매주　先週 : 지난 주 まいしゅう　せんしゅう 今週 : 이번 주　来週 : 다음 주 こんしゅう　らいしゅう 훈독 －
133. 集 N4 모을 집 隹 / 12	음독 しゅう 集会 : 집회　集合 : 집합 しゅうかい　しゅうごう 集団 : 집단　集中 : 집중 しゅうだん　しゅうちゅう 훈독 あつまる/あつめる/つどう 集まる : 모이다　集まり : 모임 あつ　　　　あつ 集める : 모으다　集い : 모임, 집회 あつ　　　　つど
134. 十 N5 열 십 十 / 2	음독 じゅう/じっ 十時 : 10시　十回 : 10회 じゅう じ　じっかい 훈독 とお/と 十 : 열, 열 살　十日 : 10일 とお　　　　とお か 十色 : 10가지 색 と いろ
135. 住 N4 살 주 亻 / 7	음독 じゅう 衣食住 : 의식주 い しょくじゅう 住居 : 주거　住所 : 주소 じゅうきょ　じゅうしょ 住宅 : 주택　住民 : 주민 じゅうたく　じゅうみん 훈독 すむ/すまう 住む : 살다　住まう : (한곳에) 살다 す　　　　　す
136. 重 N4 무거울 중 里 / 9	음독 じゅう/ちょう 貴重 : 귀중　重視 : 중시 き ちょう　じゅう し 重大 : 중대　尊重 : 존중 じゅうだい　そんちょう 훈독 え/おもい/かさねる/かさなる 重い : 무겁다　重ねる : 겹치다 おも　　　　かさ 重なる : 포개지다, 거듭되다 かさ

일본한자(한국한자) 부수/총획수	음독과 훈독

137.

出 N5

날 출

山 / 5

| 음독 | しゅつ/すい |

外出 がいしゅつ : 외출	出国 しゅっこく : 출국
出席 しゅっせき : 출석, 참석	出張 しゅっちょう : 출장
出発 しゅっぱつ : 출발	提出 ていしゅつ : 제출
出納 すいとう : 출납	

| 훈독 | でる/だす |

出る で : 나가(오)다	出会う であ : 우연히 마주치다
出口 でぐち : 출구	出かける で : 외출하다
出す だ : 꺼내다, 내다, 내밀다, 부치다	

138.

春 N4

봄 춘

日 / 9

| 음독 | しゅん |

| 春分 しゅんぶん : 춘분 | 青春 せいしゅん : 청춘 |
| 立春 りっしゅん : 입춘 | |

| 훈독 | はる |

| 春 はる : 봄 | |

139.

所 N4

바 소

戸 / 8

| 음독 | しょ |

近所 きんじょ : 근처	所得 しょとく : 소득
所有 しょゆう : 소유	場所 ばしょ : 장소
名所 めいしょ : 명소	役所 やくしょ : 관공서

| 훈독 | ところ |

| 所 ところ : 곳 | 台所 だいどころ : 부엌 |

140.

書 N5

글 서

日 / 10

| 음독 | しょ |

| 辞書 じしょ : 사전 | 書店 しょてん : 서점 |
| 書道 しょどう : 서예 | 読書 どくしょ : 독서 |

| 훈독 | かく |

| 書く か : 쓰다 | |

141.

暑(暑) N4

더울 서

日 / 12

| 음독 | しょ |

| 残暑 ざんしょ : 늦더위 | |

| 훈독 | あつい |

| 暑い あつ : 덥다 | 蒸し暑い むあつ : 무덥다 |

142. **女** N5 계집 녀(여) 女 / 3	음독 じょ/にょ/にょう 男女 : 남녀 だんじょ 長女 : 장녀 ちょうじょ 老若男女 : 남녀노소 ろうにゃくなんにょ 女房 : 마누라, 아내 にょうぼう 훈독 おんな/め 女 : 여자 おんな 女神 : 여신 め がみ
143. **小** N5 작을 소 小 / 3	음독 しょう 小学校 : 초등학교 しょうがっこう 大小 : 대소 だいしょう 훈독 ちいさい/こ/お 小さい : 작다 ちい 小型 : 소형 こ がた 小言 : 잔소리 こ ごと 小川 : 시내 お がわ
144. **少** N5 적을 소 小 / 4	음독 しょう 減少 : 감소 げんしょう 少女 : 소녀 しょうじょ 少年 : 소년 しょうねん 青少年 : 청소년 せいしょうねん 훈독 すくない/すこし 少ない : 적다 すく 少し : 조금 すこ
145. **上** N5 윗 상 一 / 3	음독 じょう/しょう 上位 : 상위 じょう い 上達 : 향상, 숙달 じょうたつ 上下 : 상하 じょう げ 上手 : 잘함, 능숙함 じょう ず 훈독 うえ/うわ/かみ/あげる/あがる/のぼる/のぼせる/のぼす 上 : 위 うえ 上着 : 겉옷, 상의 うわ ぎ 上半期 : 상반기 かみはん き 仕上げ : 마무리 し あ 上げる : 올리다 あ 値上げ : 가격 인상 ね あ 上がる : 올라가다 あ 上る : (높은 곳으로)오르다 のぼ 上り : 올라감 のぼ 上せる : 올리다, 문제삼다 のぼ
146. **乗(乘)** N4 탈 승 丿 / 9	음독 じょう 乗客 : 승객 じょうきゃく 乗馬 : 승마 じょう ば 훈독 のる/のせる 乗る : 타다 の 乗り物 : 탈 것 の もの 相乗り : 합승 あい の 乗せる : 태우다 の

일본한자(한국한자) 부수/총획수	음독과 훈독

147.

場 N4

마당 장

土 / 12

음독 じょう
会場 : 회장 かいじょう	**工場** : 공장 こうじょう
市場 : 시장 しじょう	**場内** : 장내 じょうない
登場 : 등장 とうじょう	**入場** : 입장 にゅうじょう

훈독 ば
市場 : 시장 いちば	**立場** : 입장 たちば
場合 : 경우, 형편 ばあい	**場面** : 장면 ばめん

148.

色 N4

빛 색

色 / 6

음독 しょく/しき
特色 : 특색 とくしょく	**景色** : 경치 けしき

훈독 いろ
色 : 색 いろ	**顔色** : 안색 かおいろ

149.

食 N5

먹을 식

食 / 9

음독 しょく/じき
外食 : 외식 がいしょく	**食事** : 식사 しょくじ
食欲 : 식욕 しょくよく	**食料品** : 식료품 しょくりょうひん
朝食 : 조식 ちょうしょく	**断食** : 단식 だんじき

훈독 くう/くらう/たべる
食う : 먹다 く	**食らう** : 먹다, 마시다의 품위 없는 말 く
食べる : 먹다 た	**食べ物** : 음식 た もの

150.

心 N4

마음 심

心 / 4

음독 しん
関心 : 관심 かんしん	**感心** : 감탄 かんしん
心臓 : 심장 しんぞう	**心配** : 걱정, 근심 しんぱい
熱心 : 열심 ねっしん	**用心** : 조심, 주의함 ようじん

훈독 こころ
心 : 마음 こころ	**親心** : 부모의 마음 おやごころ
心がけ : 마음가짐 こころ	**心細い** : 불안하다 こころぼそ

151.

真(眞) N4

참 진

目 / 10

음독 しん
写真 사진 しゃしん	**真実** : 진실 しんじつ
真相 : 진상 しんそう	**真理** : 진리 しんり

훈독 ま
真心 : 진심 まごころ	

일본한자(한국한자) 부수/총획수	음독과 훈독

152.

進 N4

나아갈 진

辶 / 11

음독 しん

進学 : 진학
しんがく

進行 : 진행
しんこう

進展 : 진전
しんてん

進歩 : 진보
しん ぽ

훈독 すすむ/すすめる

進む : 나아가다, (시계가) 빨라지다
すす

進める : 전진시키다, 진행시키다
すす

153.

森 N4

수풀 삼

木 / 12

음독 しん

森林 : 삼림
しんりん

森林浴 : 삼림욕
しんりんよく

훈독 もり

森 : 수풀, 삼림
もり

森の中 : 숲 속
もり　なか

154.

新 N5

새 신

斤 / 13

음독 しん

革新 : 혁신
かくしん

新刊 : 신간
しんかん

新幹線 : 신칸센
しんかんせん

新年 : 신년
しんねん

新聞 : 신문
しんぶん

新米 : 햅쌀, 신참
しんまい

훈독 あたらしい/あらた/にい

新しい : 새롭다
あたら

新たに : 새로
あら

155.

親 N4

친할 친

見 / 16

음독 しん

親切 : 친절
しんせつ

親善 : 친선
しんぜん

親友 : 친구, 벗
しんゆう

肉親 : 육친
にくしん

훈독 おや/したしい/したしむ

親 : 부모
おや

親子 : 어버이와 자식
おやこ

親しい : 친하다
した

親しむ : 친하게 지내다, 즐기다
した

156.

人 N5

사람 인

人 / 2

음독 じん/にん

人生 : 인생
じんせい

成人 : 성인
せいじん

人形 : 인형
にんぎょう

人間 : 인간
にんげん

훈독 ひと

人 : 사람
ひと

人気 : 인기척
ひと け

★大人 : 어른, 성인
おとな

157.

図(圖) N4

그림 도

口 / 7

음독 ず/と

図案 : 도안
ず あん

図形 : 도형
ず けい

図表 : 도표
ず ひょう

指図 : 지시
さし ず

図書館 : 도서관
と しょかん

意図 : 의도
い と

훈독 はかる

図る : 도모하다
はか

일본한자(한국한자) 부수/총획수	음독과 훈독
158. **水** N5 물 수 水 / 4	음독 すい 水道水 : 수돗물 すいどうすい 훈독 みず 水 : 물　　　　　　水着 : 수영복 みず　　　　　　　　みず ぎ
159. **世** N4 인간 세 一 / 5	음독 せい/せ 世紀 : 세기　　　　　出世 : 출세 せい き　　　　　　　しゅっ せ 世界 : 세계　　　　　世間 : 세상 せ かい　　　　　　　せ けん 世代 : 세대　　　　　世話する : 돌보다 せ だい　　　　　　　せ わ 世話になる : 신세를 지다 せ わ 훈독 よ 世の中 : 세상 よ　なか
160. **正** N4 바를 정 止 / 5	음독 せい/しょう 改正 : 개정　　　　　正確 : 정확 かい せい　　　　　　せい かく 正義 : 정의　　　　　正門 : 정문 せい ぎ　　　　　　　せい もん 正月 : 정월　　　　　正直 : 정직 しょうがつ　　　　　しょうじき 훈독 ただしい/ただす/まさ 正しい : 올바르다　　正す : 바로잡다, 고치다 ただ　　　　　　　　ただ
161. **生** N5 날 생 生 / 5	음독 せい/しょう 生活 : 생활　　　　　先生 : 선생 せいかつ　　　　　　せん せい 生徒 : 생도, 특히 중·고교 학생 せい と 生命 : 생명　　　　　一生 : 일생 せいめい　　　　　　いっしょう 훈독 いきる/いかす/いける/うまれる/うむ/おう/はえる/はやす/き/なま 生きる : 살다　　　　生かす : 살리다 い　　　　　　　　　い 生まれる : 태어나다　生える : 나다 う　　　　　　　　　は 生やす : 기르다　　　生ビール : 생맥주 は　　　　　　　　　なま 生糸 : 생사　　　　　生意気 : 건방짐 き いと　　　　　　　なま い き ★芝生 : 잔디 しば ふ
162. **西** N5 서녘 서 两 / 6	음독 せい/さい 西洋 : 서양　　　　　関西 : 관서 せいよう　　　　　　かん さい 훈독 にし 西 : 서쪽 にし

일본한자(한국한자) 부수/총획수	음독과 훈독
163. **声(聲)** N4 소리 성 士 / 7	음독 せい/しょう 音声 : 음성 おんせい 名声 : 명성 めいせい 훈독 こえ/こわ 声 : 목소리 こえ 鳴き声 : 울음소리 な　ごえ 声色 : 음색 こわいろ
164. **青** N4 푸를 청 青 / 8	음독 せい/しょう 青春 : 청춘 せいしゅん 青年 : 청년 せいねん 群青 : 군청색 ぐんじょう 훈독 あお/あおい 青 : 파랑, 초록 あお 青い : 파랗다 あお 青空 : 푸른 하늘 あおぞら
165. **夕** N4 저녁 석 夕 / 3	음독 せき 一朝一夕 : 일조일석 いっちょういっせき 훈독 ゆう 夕方 : 해질 무렵 ゆうがた 夕立 : 소나기 ゆうだち 夕飯 : 저녁밥 ゆうはん 夕焼け : 저녁놀 ゆう　や
166. **赤** N4 붉을 적 赤 / 7	음독 せき/しゃく 赤道 : 적도 せきどう 훈독 あか/あかい/あからむ/あからめる 赤 : 빨강 あか 赤字 : 적자 あか　じ 赤い : 빨갛다 あか 赤らむ : 붉어지다 あか 赤らめる : 붉히다 あか
167. **切** N4 끊을 절 온통 체 刀 / 4	음독 せつ/さい 切実 : 절실 せつじつ 大切 : 중요함, 소중함 たいせつ 適切 : 적절 てきせつ 一切 : 일체, 일절 いっさい 훈독 きる/きれる 切る : 자르다 き 切れる : 잘리다 き 品切れ : 품절 しな　ぎ ★切手 : 우표 きって
168. **説** N4 말씀 설 言 / 14	음독 せつ/ぜい 演説 : 연설 えんぜつ 小説 : 소설 しょうせつ 説教 : 설교 せっきょう 説得 : 설득 せっとく 説明 : 설명 せつめい 遊説 : 유세 ゆうぜい

일본한자(한국한자) 부수/총획수	음독과 훈독
	훈독 とく 説く : 설명하다. 설득하다 _と
169. **千** N5 일천 천 十 / 3	**음독** せん 千 : 천　　　　千円 : 천엔 _{せん}　　　　_{せん えん} **훈독** ち 千草 : 갖가지 풀 _{ち ぐさ}
170. **川** N5 내 천 川 / 3	**음독** せん 河川 : 하천 _{か せん} **훈독** かわ 川 : 강, 시내　　　川岸 : 강변 _{かわ}　　　　　_{かわぎし}
171. **先** N5 먼저 선 儿 / 6	**음독** せん 先月 : 지난 달　　　先祖 : 선조, 조상 _{せんげつ}　　　　　_{せん ぞ} 先頭 : 선두　　　　先輩 : 선배 _{せんとう}　　　　　_{せんぱい} **훈독** さき 先に : 먼저 _{さき}
172. **洗** N4 씻을 세 氵 / 9	**음독** せん 洗顔 : 세안　　　　洗濯 : 세탁 _{せんがん}　　　　　_{せんたく} 洗練 : 세련　　　　洗面所 : 세면소, 화장실 _{せんれん}　　　　　_{せんめんじょ} **훈독** あらう 洗う : 씻다 _{あら}
173. **前** N5 앞 전 刂 / 9	**음독** ぜん 以前 : 이전　　　　前後 : 전후 _{い ぜん}　　　　　_{ぜん ご} 前進 : 전진 _{ぜんしん} **훈독** まえ 前 : 앞, 이전　　　名前 : 이름 _{まえ}　　　　　　_{な まえ} 当たり前 : 당연함 _{あ　　まえ}

174. **早** N4 이를 조 日 / 6	음독 そう/さっ 早退 : 조퇴 そうたい　　早速 : 즉시 さっそく 훈독 はやい/はやまる/はやめる 早い : 빠르다 はや　　早起き : 일찍 일어남 はや お 早まる : 빨라지다 はや　　早める : 서두르다, 앞당기다 はや
175. **走** N4 달릴 주 走 / 7	음독 そう 競走 : 경주 きょうそう　　独走 : 독주 どくそう 훈독 はしる 走る : 달리다 はし
176. **送** N4 보낼 송 辶 / 9	음독 そう 運送 : 운송 うんそう　　送金 : 송금 そうきん 送信 : 송신 そうしん　　送別 : 송별 そうべつ 発送 : 발송 はっそう　　放送 : 방송 ほうそう 훈독 おくる 送る : 보내다 おく　　見送り : 배웅 み おく
177. **足** N5 발 족 足 / 7	음독 そく 遠足 : 소풍 えんそく　　満足 : 만족 まんぞく 훈독 あし/たりる/たる/たす 足 : 다리, 발 あし　　手足 : 손발 て あし 足りる : 족하다 た　　足る : 족하다 た 足す : 더하다 た
178. **族** N4 겨레 족 方 / 11	음독 ぞく 遺族 : 유족 い ぞく　　家族 : 가족 か ぞく 貴族 : 귀족 き ぞく　　親族 : 친족 しんぞく 水族館 : 수족관 すいぞくかん　　民族 : 민족 みんぞく 훈독 －
179. **村** N4 마을 촌 木 / 7	음독 そん 市町村 : 시정촌, 시읍면 し ちょうそん 村長 : 촌장 そんちょう　　農村 : 농촌 のうそん 훈독 むら 村 : 마을 むら　　村人 : 마을 사람 むらびと

일본한자(한국한자) 부수/총획수	음독과 훈독
180 **多** N5 많을 다 夕 / 6	음독　た **多額**：고액　　**多少**：다소 た がく　　　　た しょう **多数**：다수　　**多様**：다양 た すう　　　　た よう 훈독　おおい **多い**：많다 おお
181. **太** N4 클 태 大 / 4	음독　たい／た **皇太子**：황태자　　**太陽**：태양 こうたい し　　　　たいよう **丸太**：통나무 まる た 훈독　ふとい／ふとる **太い**：굵다　　**太る**：살찌다 ふと　　　　　　ふと
182. **体**(體) N4 몸 체 イ / 7	음독　たい／てい **全体**：전체　　　**体温**：체온 ぜんたい　　　　　たい おん **体格**：체격　　　**体験**：체험 たいかく　　　　　たいけん **体力**：체력　　　**体裁**：외관, 체면, 체재 たいりょく　　　　ていさい 훈독　からだ **体**：몸　　　　　**体つき**：몸매 からだ　　　　　　からだ
183. **待** N4 기다릴 대 彳 / 9	음독　たい **期待**：기대　　　**招待**：접대 き たい　　　　　しょうたい **接待**：접대　　　**待機**：대기 せったい　　　　　たい き 훈독　まつ **待つ**：기다리다　**待合室**：대합실 ま　　　　　　　　まちあいしつ
184. **貸** N4 빌릴 대 貝 / 12	음독　たい **貸借**：대차　　　　　**賃貸**：임대 たいしゃく　　　　　　ちんたい 훈독　かす **貸す**：빌려주다 か
185. **大** N5 큰 대 大 / 3	음독　だい／たい **大学**：대학교　　**大工**：목수 だいがく　　　　　だい く **大丈夫**：괜찮음　**大会**：대회 だいじょう ぶ　　　たいかい 훈독　おお／おおきい／おおいに **大型**：대형　　　**大通り**：큰길 おおがた　　　　　おおどお **大きい**：크다　　**大いに**：매우, 많이 おお　　　　　　　おお

일본한자(한국한자) 부수/총획수	음독과 훈독

186.

代 N4

대신할 대

イ / 5

음독 だい/たい

現代 : 현대
げんだい

時代 : 시대
じだい

代表 : 대표
だいひょう

交代 : 교대
こうたい

훈독 かわる/かえる/よ/しろ

代わる : 대신하다

代わり : 대신, 대리

代える : 대신하다

187.

台(臺) N4

태풍 태

대 대

口 / 5

음독 だい/たい

一台 : 한 대
いちだい

台所 : 부엌
だいどころ

台風 : 태풍
たいふう

훈독 –

188.

題 N4

제목 제

頁 / 18

음독 だい

課題 : 과제
かだい

宿題 : 숙제
しゅくだい

出題 : 출제
しゅつだい

題名 : 표제명
だいめい

問題 : 문제
もんだい

例題 : 예제
れいだい

훈독 –

189.

短 N4

짧을 단

矢 / 12

음독 たん

短気 : 성질이 급함
たんき

短期 : 단기
たんき

短所 : 단점
たんしょ

短縮 : 단축
たんしゅく

훈독 みじかい

短い : 짧다
みじか

190.

男 N5

사내 남

力 / 7

음독 だん/なん

男子 : 남자
だんし

男女 : 남녀
だんじょ

男性 : 남성
だんせい

長男 : 장남
ちょうなん

훈독 おとこ

男 : 남자
おとこ

男らしい : 남자답다
おとこ

191.

地 N4

땅 지

土 / 6

음독 ち/じ

地球 : 지구
ちきゅう

地図 : 지도
ちず

地方 : 지방
ちほう

地元 : 자기 고장
じもと

훈독 –

일본한자(한국한자) 부수/총획수	음독과 훈독
192. **池** N4 못 지 氵/ 6	음독 ち **乾電池** : 건전지　**貯水池** : 저수지 かんでん ち　　ちょすい ち **電池** : 전지 でん ち 훈독 いけ **池** : 연못 いけ
193. **知** N4 알 지 矢 / 8	음독 ち **知事** : 지사　　**知識** : 지식 ち じ　　　ち しき **知人** : 지인　　**知能** : 지능 ち じん　　　ち のう **通知** : 통지 つう ち 훈독 しる **知る** : 알다 し
194. **茶** N4 차 다(차) 艹 / 9	음독 ちゃ/さ **紅茶** : 홍차　　**茶畑** : 차밭 こう ちゃ　　ちゃばたけ **緑茶** : 녹차　　**茶道** : 다도 りょくちゃ　　さ どう 훈독 －
195. **着** N4 붙을 착 目 / 12	음독 ちゃく/じゃく **愛着** : 애착　　**試着** : 입어 봄 あいちゃく　　し ちゃく **着席** : 착석　　**着用** : 착용 ちゃくせき　　ちゃくよう **定着** : 정착　　**密着** : 밀착 ていちゃく　　みっちゃく 훈독 きる/きせる/つく/つける **着る** : 입다　　**着物** : 일본 옷 き　　　　　き もの **着せる** : 입히다　**着く** : 도착하다 き　　　　　　つ **落ち着く** : 안정되다 **着ける** : 착용하다 お つ　　　　　つ
196. **中** N5 가운데 중 丨 / 4	음독 ちゅう **中央** : 중앙　　**中間** : 중간 ちゅうおう　　ちゅうかん **中心** : 중심　　**的中** : 적중 ちゅうしん　　てきちゅう **夢中** : 열중함, 몰두함 む ちゅう 훈독 なか **中** : 안, 속, 가운데　**背中** : 등 なか　　　　　　せなか **真ん中** : 한가운데 ま なか

일본한자(한국한자) 부수/총획수	음독과 훈독

197.

虫(蟲) N4

벌레 충

虫 / 6

음독 ちゅう

害虫 : 해충
がいちゅう

昆虫 : 곤충
こんちゅう

훈독 むし

虫 : 벌레
むし

泣き虫 : 울보
な　むし

虫歯 : 충치
むし　ば

198.

注 N4

부을 주

氵 / 8

음독 ちゅう

注意 : 주의
ちゅう い

注射 : 주사
ちゅうしゃ

注目 : 주목
ちゅうもく

注文 : 주문
ちゅうもん

훈독 そそぐ

注ぐ : (물 등을) 붓다, 따르다
そそ

199.

昼(晝) N4

낮 주

日 / 9

음독 ちゅう

昼食 : 중식, 점심
ちゅうしょく

昼夜 : 주야
ちゅう や

훈독 ひる

昼 : 낮
ひる

昼ご飯 : 점심
ひる　はん

昼飯 : 점심
ひるめし

昼休み : 점심시간
ひるやす

昼間 : 낮 동안
ひる ま

200.

町 N4

밭두둑 정

田 / 7

음독 ちょう

町 : 읍
ちょう

市町村 : 시정촌, 시읍면
し ちょうそん

下町 : 서민동네, 번화가
したまち

훈독 まち

町 : 마을, 동네
まち

港町 : 항구 도시
みなとまち

201.

長 N5

긴 장

長 / 8

음독 ちょう

校長 : 교장
こうちょう

社長 : 사장
しゃちょう

身長 : 신장
しんちょう

成長 : 성장
せいちょう

長所 : 장점
ちょうしょ

훈독 ながい

長い : 길다
なが

長生き : 장수
なが　い

202.

鳥 N4

새 조

鳥 / 11

음독 ちょう

鳥類 : 조류
ちょうるい

野鳥 : 들새
や ちょう

훈독 とり

鳥 : 새
とり

小鳥 : 작은 새
こ とり

203.

朝 N4

아침 조

月 / 12

음독 ちょう

早朝 : 이른 아침
そうちょう

朝刊 : 조간
ちょうかん

朝食 : 조식
ちょうしょく

朝礼 : 조례
ちょうれい

훈독 あさ

朝 : 아침
あさ

朝ご飯 : 아침밥
あさ　　　はん

毎朝 : 매일아침
まいあさ

204.

通 N4

통할 통

辶 / 10

음독 つう/つ

共通 : 공통
きょうつう

交通 : 교통
こうつう

通過 : 통과
つうか

通行 : 통행
つうこう

通信 : 통신
つうしん

通夜 : 초상집에서의 밤샘
つや

훈독 とおる/とおす/かよう

通る : 통과하다
とお

通す : 통과시키다
とお

通う : 다니다
かよ

205.

低 N4

낮을 저

亻 / 7

음독 てい

高低 : 고저
こうてい

最低 : 최저, 최하, 형편없음
さいてい

低温 : 저온
ていおん

低学年 : 저학년
ていがくねん

低下 : 저하
ていか

低気圧 : 저기압
ていきあつ

훈독 ひくい/ひくめる/ひくまる

低い : 낮다
ひく

低める : 낮추다
ひく

低まる : 낮아지다
ひく

206.

弟 N4

아우 제

弓 / 7

음독 てい/だい/で

末弟 : 막내 동생
まってい

兄弟 : 형제
きょうだい

弟子 : 제자
でし

훈독 おとうと

弟 : 남동생
おとうと

207.

天 N5

하늘 천

大 / 4

음독 てん

雨天 : 우천
うてん

晴天 : 맑은 하늘
せいてん

天気 : 날씨
てんき

天才 : 천재
てんさい

天災 : 천재
てんさい

天然 : 천연
てんねん

훈독 あめ/あま

天の川 : 은하(수)
あま　がわ

天下り : 낙하산인사
あまくだ

일본한자(한국한자) 부수/총획수	음독과 훈독

208.

店 N5

가게 점

广 / 8

음독 てん

商店 しょうてん : 상점　　書店 しょてん : 서점

店長 てんちょう : 점장　　本店 ほんてん : 본점

훈독 みせ

店 みせ : 가게

209.

転(轉) N4

구를 전

車 / 11

음독 てん

運転 うんてん : 운전　　逆転 ぎゃくてん : 역전

自転車 じ てんしゃ : 자전거　　転機 てん き : 전기, 계기

훈독 ころがる/ころげる/ころがす/ころぶ

転がる ころ : 구르다, 넘어지다　　転げる ころ : 구르다

転がす ころ : 굴리다, 넘어뜨리다　　転ぶ ころ : 구르다

210.

田 N4

밭 전

田 / 5

음독 でん

水田 すいでん : 논　　田園 でんえん : 전원

油田 ゆ でん : 유전

훈독 た

田植え た う : 모내기　　田畑 た はた : 논밭

田んぼ た : 논

211.

電 N5

번개 전

雨 / 13

음독 でん

停電 ていでん : 정전　　電気 でん き : 전기

電車 でんしゃ : 전차, 전철　　電灯 でんとう : 전등

電報 でんぽう : 전보　　電話 でん わ : 전화

훈독 −

212.

都(都) N4

도읍 도

阝 / 11

음독 と/つ

首都 しゅ と : 수도　　都会 と かい : 도회지, 도시

都市 と し : 도시　　都心 と しん : 도심

都合 つ ごう : 형편　　都度 つ ど : 매회

훈독 みやこ

都 みやこ : 수도

일본한자(한국한자) 부수/총획수	음독과 훈독
213. **土** N5 흙 토 土 / 3	**음독** ど/と 土曜日 : 토요일　土地 : 토지 どようび　　　とち **훈독** つち 土 : 흙 つち
214. **度** N4 법도 도 广 / 9	**음독** ど/と/たく 温度 : 온도　　限度 : 한도 おんど　　　　げんど 制度 : 제도　　程度 : 정도 せいど　　　　ていど 度胸 : 배짱　　仕度 : 준비 どきょう　　　したく **훈독** たび 度に : ～할 때마다 たび
215. **冬** N4 겨울 동 夂 / 5	**음독** とう 春夏秋冬 : 춘하추동 しゅん か しゅうとう 冬季 : 동계　　立冬 : 입동 とうき　　　　りっとう **훈독** ふゆ 冬 : 겨울　　　冬物 : 겨울용품 ふゆ　　　　　ふゆもの 冬休み : 겨울 방학 ふゆやす
216. **東** N5 동녘 동 木 / 8	**음독** とう 東西 : 동서　　東洋 : 동양 とうざい　　　とうよう **훈독** ひがし 東 : 동쪽　　　東側 : 동쪽 ひがし　　　　ひがしがわ
217. **答** N4 대답 답 竹 / 12	**음독** とう 解答 : 해답　　回答 : 회답 かいとう　　　かいとう 答案 : 답안　　答弁 : 답변 とうあん　　　とうべん **훈독** こたえ/こたえる 答え : 대답　　口答え : 말대답 こた　　　　　くちごた 答える : 대답하다 こた

일본한자(한국한자) 부수/총획수	음독과 훈독
218. **頭** N4 머리 두 頁 / 16	음독 とう/ず/と **頭角** : 두각　**頭痛** : 두통 とうかく　　　ず つう **頭脳** : 두뇌　**音頭** : 선창 ず のう　　　おん ど 훈독 あたま/かしら **頭** : 머리　**頭** : 우두머리 あたま　　　かしら
219. **同** N4 한가지 동 口 / 6	음독 どう **同意** : 동의　**同感** : 동감 どう い　　　どうかん **同級生** : 동급생　**同時** : 동시 どうきゅうせい　　　どう じ **同点** : 동점　**同情** : 동정 どうてん　　　どうじょう 훈독 おなじ **同じだ** : 같다　**同い年** : 동갑 おな　　　おな　どし
220. **動** N4 움직일 동 力 / 11	음독 どう **移動** : 이동　**活動** : 활동 い どう　　　かつどう **感動** : 감동　**行動** : 행동 かんどう　　　こうどう **動作** : 동작　**動物** : 동물 どう さ　　　どうぶつ 훈독 うごく/うごかす **動く** : 움직이다　**動き** : 움직임, 동향 うご　　　うご **動かす** : 움직이다 うご
221. **堂** N4 집 당 土 / 11	음독 どう **講堂** : 강당　**食堂** : 식당 こうどう　　　しょくどう 훈독 －
222. **道** N5 길 도 辶 / 12	음독 どう/とう **鉄道** : 철도　**道具** : 도구 てつどう　　　どう ぐ **道路** : 도로　**報道** : 보도 どう ろ　　　ほうどう 훈독 みち **道** : 길　**近道** : 지름길 みち　　　ちかみち **夜道** : 밤길 よ みち

일본한자(한국한자) 부수/총획수	음독과 훈독
223. **働** N4 일할 동 イ / 13	음독 どう 労働 : 노동 ろうどう 労働者 : 노동자 ろうどうしゃ 훈독 はたらく 働く : 일하다 はたら 共働き : 맞벌이 ともばたら
224. **特** N4 특별할 특 牛 / 10	음독 とく 特技 : 특기 とく ぎ 特集 : 특집 とくしゅう 独特 : 독특 どくとく 特別 : 특별 とくべつ 特急 : 특급 とっきゅう 特許 : 특허 とっきょ 훈독 –
225. **読(讀)** N5 읽을 독 言 / 14	음독 どく／とく／とう 読者 : 독자 どくしゃ 読書 : 독서 どくしょ 読本 : 독본 とくほん 훈독 よむ 読む : 읽다 よ
226. **南** N5 남녘 남 十 / 9	음독 なん／な 南極 : 남북 なんきょく 南北 : 남북 なんぼく 훈독 みなみ 南 : 남쪽 みなみ 南側 : 남쪽 みなみがわ
227. **二** N5 두 이 二 / 2	음독 に 二番目 : 두 번째 に ばん め 훈독 ふた／ふたつ 二つ : 둘, 두 살 ふた
228. **肉** N4 고기 육 肉 / 6	음독 にく 牛肉 : 쇠고기 ぎゅうにく 筋肉 : 근육 きんにく 鶏肉 : 닭고기 とりにく 肉体 : 육체 にくたい 훈독 –

일본한자(한국한자) 부수/총획수	음독과 훈독

229.

日 N5
날 일

日 / 4

음독 にち/じつ
日時 : 일시
にち じ
日記 : 일기
にっ き
休日 : 휴일
きゅうじつ

훈독 ひ/か
日 : 해, 햇빛, 날짜
ひ
日当たり : 볕이 듦
ひ あ
十日 : 10일
とお か

230.

入 N5
들 입

入 / 2

음독 にゅう
入学 : 입학
にゅうがく
入場 : 입장
にゅうじょう
入門 : 입문
にゅうもん
納入 : 납입
のうにゅう

훈독 いる/いれる/はいる
入り口 : 입구
い ぐち
手入れ : 손질함
て い
入れる : 넣다
い
入る : 들어가다
はい

231.

年 N5
해 년

干 / 6

음독 ねん
去年 : 작년
きょねん
年代 : 연대
ねんだい

훈독 とし
年 : 해, 년, 나이
とし
年寄り : 노인
とし よ
お年玉 : 세뱃돈
としだま

232.

売(賣) N4
팔 매

士 / 7

음독 ばい
商売 : 장사
しょうばい
売店 : 매점
ばいてん
発売 : 발매
はつばい

훈독 うる/うれる
売る : 팔다
う
売り場 : 매장
う ば
売れる : 팔리다
う

233.

買 N5
살 매

貝 / 12

음독 ばい
買収 : 매수
ばいしゅう
売買 : 매매
ばいばい

훈독 かう
買う : 사다
か
買い物 : 쇼핑
か もの

일본한자(한국한자) 부수/총획수	음독과 훈독
234. 白 N5 흰 백 ——— 白 / 5	음독 はく/びゃく 紅白 : 홍백 　白紙 : 백지 こうはく　　　はく し 白米 : 백미 　明白 : 명백 はくまい　　　めいはく 훈독 しろ/しら/しろい 白 : 흰색 　真っ白 : 새하얗다 しろ　　　　　ま しろ 白い : 하얗다 　白雪 : 흰 눈 しろ　　　　　しらゆき
235. 八 N5 여덟 팔 ——— 八 / 2	음독 はち 八月 : 8월 　八時 : 8시 はちがつ　　　はち じ 훈독 や/やつ/やっつ/よう 八つ : 여덟, 여덟 살 　八日 : 8일 やっ　　　　　　　　ようか
236. 発(發) N4 필 발 쏠 발 ——— 癶 / 9	음독 はつ/ほっ 発生 : 발생 　発明 : 발명 はっせい　　　はつめい 発売 : 발매 　発表 : 발표 はつばい　　　はっぴょう 発端 : 발단 ほったん 훈독 －
237. 半 N5 반 반 ——— 十 / 5	음독 はん 後半 : 후반 　前半 : 전반 こうはん　　　ぜんはん 半額 : 반액 　半分 : 절반 はんがく　　　はんぶん 훈독 なかば 半ば : 절반 なか
238. 飯 N4 밥 반 ——— 食 / 12	음독 はん 朝ご飯 : 아침밥 　ご飯 : 밥의 높임말 あさ　はん　　　　はん 昼ご飯 : 점심 　晩ご飯 : 저녁 식사 ひる　はん　　　ばん　はん 훈독 めし 飯 : 밥 　昼飯 : 점심 めし　　　　ひるめし

239.

百 N5

일백 백

白 / 6

음독 ひゃく

数百 : 수백
すうひゃく

百 : 백
ひゃく

훈독 −

240.

病 N4

병 병

疒 / 10

음독 びょう/へい

重病 : 중병
じゅうびょう

病気 : 병
びょうき

病室 : 병실
びょうしつ

疾病 : 질병
しっぺい

훈독 やむ/やまい

病む : 앓다, 병들다
や

病 : 병
やまい

241.

品 N4

물건 품

口 / 9

음독 ひん

作品 : 작품
さくひん

上品 : 고상함
じょうひん

食品 : 식품
しょくひん

品質 : 품질
ひんしつ

部品 : 부품
ぶひん

훈독 しな

品物 : 물건, 상품
しなもの

品数 : 물품 종류
しなかず

242.

不 N4

아닐 부(불)

一 / 4

음독 ふ/ぶ

不安 : 불안
ふ あん

不況 : 불황
ふ きょう

不思議 : 이상함, 불가사의
ふ し ぎ

不足 : 부족
ふ そく

不便 : 불편
ふ べん

不満 : 불만
ふ まん

不利 : 불리
ふ り

훈독 −

243.

父 N5

아비 부

父 / 4

음독 ふ

祖父 : 조부
そ ふ

父母 : 부모
ふ ぼ

훈독 ちち

父 : 아버지
ちち

父親 : 부친
ちちおや

★お父さん : 아버지
とう

244.

風 N4

바람 풍

風 / 9

음독 ふう/ふ

風習 : 풍습
ふうしゅう

風船 : 풍선
ふうせん

風俗 : 풍속
ふうぞく

風情 : 운치
ふ ぜい

훈독 かぜ/かざ

風 : 바람
かぜ

風向き : 풍향
かざ む

일본한자(한국한자) 부수/총획수	음독과 훈독

245.
服 N4
옷 복

月 / 8

음독 ふく
衣服 : 의복
い ふく
服装 : 복장
ふく そう
服用 : 복용
ふく よう

制服 : 제복
せい ふく
服従 : 복종
ふく じゅう
洋服 : 양복
よう ふく

훈독 −

246.
物 N4
물건 물

牛 / 8

음독 ぶつ/もつ
人物 : 인물
じん ぶつ
植物 : 식물
しょく ぶつ
荷物 : 짐, 화물
に もつ

動物 : 동물
どう ぶつ
物理 : 물리
ぶつ り

훈독 もの
物 : 물건, 것
もの

物語 : 이야기
ものがたり

247.
分 N5
나눌 분

刀 / 4

음독 ぶん/ふん/ぶ
ゴミ分別 : 쓰레기 분별
ぶん べつ
分配 : 분배
ぶん ぱい
分別 : 분별
ふん べつ

分担 : 분담
ぶん たん
身分 : 신분
み ぶん
分厚い : 두껍다
ぶ あつ

훈독 わける/わかる/わかれる/わかつ
分ける : 나누다
わ
分かれる : 갈리다
わ

分かる : 알다
わ
分かつ : 나누다
わ

248.
文 N4
글월 문

文 / 4

음독 ぶん/もん
文化 : 문화
ぶん か
注文 : 주문
ちゅう もん

文章 : 문장
ぶん しょう
文句 : 문구, 불만
もん く

훈독 ふみ
文 : 문서, 책
ふみ
★文字 : 문자
も じ

249.
聞 N5
들을 문

耳 / 14

음독 ぶん/もん
見聞 : 견문
けん ぶん

新聞 : 신문
しん ぶん

훈독 きく/きこえる
聞く : 듣다, 묻다
き

聞こえる : 들리다
き

일본한자(한국한자) 부수/총획수	음독과 훈독
250. **別** N4 다를 별 나눌 별 リ / 7	음독 べつ 区別 : 구별 くべつ　　差別 : 차별 さべつ 性別 성별 せいべつ　　選別 : 선별 せんべつ 特別 : 특별 とくべつ　　別居 : 별거 べっきょ 別人 : 딴 사람 べつじん　　別途 : 별도 べっと 훈독 わかれる 別れる : 헤어지다 わか
251. **便** N4 편할 편 똥오줌 변 イ / 9	음독 べん/びん 便箋 : 편지지 びんせん　　便利 : 편리 べんり 便所 : 변소 べんじょ　　宅配便 : 택배 たくはいびん 船便 : 배편 ふなびん　　郵便 : 우편 ゆうびん 훈독 たより 便り : 소식, 편지 たよ
252. **勉(勉)** N4 힘쓸 면 力 / 10	음독 べん 勤勉 : 근면 きんべん　　勉学 : 면학 べんがく 勉強 : 공부 べんきょう 훈독 –
253. **歩(歩)** N4 걸음 보 止 / 8	음독 ほ/ぶ/ふ 散歩 : 산책 さんぽ　　進歩 : 진보 しんぽ 徒歩 : 도보 とほ　　歩行者 : 보행자 ほこうしゃ 横断歩道 : 횡단보도 おうだんほどう　　歩合 : 비율 ぶあい 훈독 あるく/あゆむ 歩く : 걷다 ある　　歩む : 걷다, 전진하다 あゆ 歩み : 걸음, 발자취, 변천 あゆ
254. **母** N5 어미 모 母 / 5	음독 ぼ 父母 : 부모 ふぼ　　母校 : 모교 ぼこう 훈독 はは 母 : 어머니 はは　　母親 : 모친 ははおや ★お母さん : 어머니 かあ

일본한자(한국한자) 부수/총획수	음독과 훈독
255. **方** N4 모 방 方 / 4	**음독** ほう 地方 : 지방 (ちほう) 方言 : 방언 (ほうげん) 方向 : 방향 (ほうこう) 方法 : 방법 (ほうほう) **훈독** かた 方 : 분, 법 (かた) 話し方 : 말투 (はな かた) 夕方 : 해질 무렵 (ゆうがた)
256. **北** N5 북녘 북 匕 / 5	**음독** ほく 東北 : 동북 (とうほく) 敗北 : 패배 (はいぼく) 北極 : 북극 (ほっきょく) **훈독** きた 北 : 북쪽 (きた) 北風 : 북풍 (きたかぜ)
257. **木** N5 나무 목 木 / 4	**음독** ぼく/もく 大木 : 큰 나무 (たいぼく) 木造 : 목조 (もくぞう) 木曜日 : 목요일 (もくようび) **훈독** き/こ 木 : 나무 (き) 植木 : 정원수, 분재 (うえ き)
258. **本** N5 근본 본 木 / 5	**음독** ほん 日本語 : 일본어 (にほんご) 本気 : 진심 (ほんき) 本質 : 본질 (ほんしつ) 本能 : 본능 (ほんのう) 本来 : 본래 (ほんらい) 見本 : 견본 (みほん) **훈독** もと 本 : 근본 (もと)
259. **毎(每)** N5 매양 매 毋 / 6	**음독** まい 毎朝 : 매일 아침 (まいあさ) 毎回 : 매회 (まいかい) 毎週 : 매주 (まいしゅう) 毎月 : 매월 (まいつき) 毎度 : 매번 (まいど) 毎日 : 매일 (まいにち) 毎晩 : 매일 밤 (まいばん) **훈독** －

일본한자(한국한자) 부수/총획수	음독과 훈독
260. **妹** N4 누이 매 女 / 8	음독 まい 姉妹 : 자매 しまい 姉妹校 : 자매 학교 しまいこう 훈독 いもうと 妹 : 여동생 いもうと
261. **万(萬)** N5 일만 만 一 / 3	음독 まん/ばん 一万円 : 1만엔 いちまんえん 千万 : 천만 せんまん 万一 : 만일 まんいち 万年筆 : 만년필 まんねんひつ 훈독 –
262. **味** N4 맛 미 口 / 8	음독 み 興味 : 흥미 きょうみ 地味 : 수수함 じみ 味覚 : 미각 みかく 味方 : 우리 편, 아군 みかた 훈독 あじ/あじわう 味 : 맛 あじ 味見 : 맛을 봄 あじみ 味わう : 맛보다 あじ 味わい : 맛, 운치 あじ
263. **民** N4 백성 민 氏 / 5	음독 みん 移民 : 이민 いみん 国民 : 국민 こくみん 市民 : 시민 しみん 住民 : 주민 じゅうみん 農民 : 농민 のうみん 民族 : 민족 みんぞく 훈독 たみ 民 : 백성 たみ
264. **名** N5 이름 명 口 / 6	음독 めい/みょう 指名 : 지명 しめい 氏名 : 성명 しめい 名作 : 명작 めいさく 名物 : 명물 めいぶつ 有名 : 유명 ゆうめい 名字 : 성 みょうじ 훈독 な 名札 : 명찰, 명패 なふだ 名前 : 이름 なまえ

일본한자(한국한자) 부수/총획수	음독과 훈독

265.
明 N4
밝을 명

日 / 8

음독 めい/みょう

説明 : 설명
せつめい

発明 : 발명
はつめい

明暗 : 명암
めいあん

明快 : 명쾌
めいかい

훈독 あかり/あかるい/あかるむ/あからむ/あきらか/あけるあく/あくる/あかす

明かり : 빛
あ

明るい : 밝다
あか

明るむ : 밝아지다
あか

明らむ : 밝아오다
あか

明らか : 명백함
あき

明ける : (날이) 밝다
あ

夜明け : 새벽
よ あ

明く : 나다, 비다
あ

明くる日 : 다음 날
あ ひ

明かす : 밝히다
あ

266.
目 N5
눈 목

目 / 5

음독 もく/ぼく

目的 : 목적
もくてき

面目 : 면목
めんぼく

훈독 め

目 : 눈
め

267.
門 N4
문 문

門 / 8

음독 もん

校門 : 교문
こうもん

専門 : 전문
せんもん

入門 : 입문
にゅうもん

門限 : 귀가 시간
もんげん

훈독 かど

門 : 문, 집 앞, 집안
かど

門松 : 새해에 문 앞에 세우는 장식 소나무
かどまつ

268.
問 N4
물을 문

口 / 11

음독 もん

学問 : 학문
がくもん

疑問 : 의문
ぎ もん

質問 : 질문
しつもん

訪問 : 방문
ほうもん

問題 : 문제
もんだい

훈독 とう/とい/とん

問う : 묻다
と

問い : 물음
と

問屋 : 도매상
とん や

일본한자(한국한자) 부수/총획수	음독과 훈독
269. **夜** N4 밤 야 夕 / 8	**음독** や 今夜 : 오늘 밤 こん や 昼夜 : 주야 ちゅう や 夜景 : 야경 や けい 深夜 : 심야 しん や 夜間 : 야간 や かん **훈독** よ/よる 真夜中 : 한밤중 ま よ なか 夜 : 밤 よる 夜空 : 밤하늘 よ ぞら
270. **野** N4 들 야 里 / 11	**음독** や 野球 : 야구 や きゅう 分野 : 분야 ぶん や 野菜 : 야채 や さい **훈독** の 野原 : 들판 の はら 野宿 : 노숙 の じゅく
271. **薬(藥)** N4 약 약 ⺾ / 16	**음독** やく 消毒薬 : 소독약 しょうどくやく 薬品 : 약품 やく ひん 農薬 : 농약 のうやく 薬局 : 약국 やっきょく **훈독** くすり 薬 : 약 くすり 目薬 : 안약 め ぐすり 飲み薬 : 마시는 약 の ぐすり
272. **友** N5 벗 우 又 / 4	**음독** ゆう 親友 : 친구 しん ゆう 友情 : 우정 ゆうじょう 友好 : 우호 ゆうこう 友人 : 친구 ゆうじん **훈독** とも 友 : 친구 とも 友達 : 친구 ともだち
273. **有** N4 있을 유 月 / 6	**음독** ゆう/う 共有 : 공유 きょうゆう 有料 : 유료 ゆうりょう 有無 : 유무 う む 所有 : 소유 しょゆう 有力 : 유력 ゆうりょく **훈독** ある 有る : 있다 あ

일본한자(한국한자) 부수/총획수	음독과 훈독

274.

用 N4
쓸 용

用 / 5

음독 よう

起用 き よう : 기용   器用 き よう : 솜씨가 좋음

急用 きゅうよう : 급한 용무   使用 し よう : 사용

信用 しんよう : 신용   用意 よう い : 준비

用心 ようじん : 조심함   利用 り よう : 이용

훈독 もちいる

用いる もち : 사용하다, 이용하다

275.

洋 N4
큰 바다 양

氵 / 9

음독 よう

太平洋 たいへいよう : 태평양

洋画 よう が : 서양화, 서양 영화

洋食 ようしょく : 양식   洋服 ようふく : 양복

훈독 –

276.

曜 N4
빛날 요

日 / 18

음독 よう

月曜日 げつよう び : 월요일   火曜日 か よう び : 화요일

水曜日 すいよう び : 수요일   木曜日 もくよう び : 목요일

金曜日 きんよう び : 금요일   土曜日 ど よう び : 토요일

日曜日 にちよう び : 일요일   何曜日 なんよう び : 무슨 요일

훈독 –

277.

来(來) N5
올 래

木 / 7

음독 らい

将来 しょうらい : 장래   由来 ゆ らい : 유래

来年 らいねん : 내년

훈독 くる/きたる/きたす

来る く : 오다   来る きた : 오다

来たす き : 초래하다, 일으키다, 가져오다

278.

理 N4
다스릴 리(이)

王 / 11

음독 り

修理 しゅう り : 수리   真理 しん り : 진리

整理 せい り : 정리   地理 ち り : 지리

理科 り か : 이과   理解 り かい : 이해

理想 り そう : 이상   理由 り ゆう : 이유

훈독 –

일본한자(한국한자) 부수/총획수	음독과 훈독

279.

立 N5

설 립(입)

立 / 5

음독 りつ/りゅう

自立 : 자립
じ りつ

独立 : 독립
どく りつ

立案 : 입안
りつあん

両立 : 양립
りょうりつ

建立 : 건립
こんりゅう

훈독 たつ/たてる

立つ : 서다
た

立場 : 입장
たち ば

立てる : 세우다
た

280.

旅 N4

나그네 려(여)

方 / 10

음독 りょ

旅館 : 여관
りょかん

旅行 : 여행
りょこう

훈독 たび

旅 : 여행
たび

旅人 : 여행자
たび びと

281.

料 N4

헤아릴 료(요)

斗 / 10

음독 りょう

給料 : 급료
きゅうりょう

原料 : 원료
げんりょう

材料 : 재료
ざいりょう

資料 : 자료
し りょう

燃料 : 연료
ねんりょう

無料 : 무료
む りょう

料金 : 요금
りょうきん

料理 : 재료
りょう り

훈독 ―

282.

力 N4

힘 력(역)

力 / 2

음독 りょく/りき

権力 : 권력
けんりょく

努力 : 노력
ど りょく

能力 : 능력
のうりょく

力作 : 역작
りきさく

훈독 ちから

力 : 힘
ちから

底力 : 저력
そこぢから

283.

林 N4

수풀 림(임)

木 / 8

음독 りん

山林 : 산림
さんりん

森林 : 삼림, 숲
しんりん

훈독 はやし

林 : 숲
はやし

松林 : 송림
まつばやし

일본한자(한국한자) 부수/총획수	음독과 훈독
284. **六** N5 여섯 륙(육) --- **八** / 4	음독 **ろく** **六月** : 6월 ろく がつ **六冊** : 6권 ろく さつ **六時** : 6시 ろく じ **六本** : 6개 ろっ ぽん 훈독 **む/むつ/むっつ/むい** **六つ** : 여섯, 여섯 살 むっ **六日** : 6일 むい か
285. **話** N5 말씀 화 --- **言** / 13	음독 **わ** **会話** : 회화 かい わ **話題** : 화제 わ だい 훈독 **はなす/はなし** **話す** : 말하다 はな **昔話** : 옛날이야기 むかしばなし

CHAPTER 6

N4 필수한자 285개 포인트 단어 최종 테스트

여기에서는 N4 필수한자 285개 포인트의 파란색 부분에서 외운 단어들을 최종 테스트하는 코스입니다. 한자의 발음을 찾아 번호로 쓰기와 한자의 읽는 법 쓰기로 나눠져 있습니다. 최종 테스트를 치기 전에 다시 한 번 돌아가 파란색 부분을 체크해 봅시다. 그리고 확신이 생겼을 때 최종 테스트를 치도록 합시다. 왼쪽 부분과 오른쪽 부분은 상호보완 되게끔 만들어져 있습니다. 왼쪽 부분에서 한자의 발음을 찾아 번호로 써보고, 오른쪽 부분에서는 한자의 읽는 법을 히라가나로 써 보도록 합시다. 생각을 더듬으면서 하는 동안 조금씩 정리가 되는 자신의 모습을 발견할 수 있을 것입니다. '이젠 초급 한자로 일본어에 날개를 달 차례네요.' 마지막까지 여러분을 응원합니다.

N4 필수한자 285개 포인트 단어 최종 테스트

한자의 발음을 찾아 번호로 쓰기

한자	번호 쓰기	한자의 발음 찾기
1.悪意	13	1.いしゃ
1.悪寒	12	2.いいん
1.悪い	11	3.いじょう
2.安心	10	4.いか
2.安全	9	5.くらい
2.安い	8	6.あんざん
3.暗記	7	7.あんき
3.暗算	6	8.やすい
3.暗い	5	9.あんぜん
4.以下	4	10.あんしん
4.以上	3	11.わるい
5.医院	2	12.おかん
5.医者	1	13.あくい
6.意見	14	14.いけん
6.意味	15	15.いみ

한자	번호 쓰기	한자의 발음 찾기
6.得意		1.いんたい
7.一月		2.ひく
7.一番		3.てんいん
7.一人		4.まんいん
7.一つ		5.びょういん
7.一日		6.にゅういん
8.引退		7.とくい
8.引く		8.いちがつ
9.店員		9.いちばん
9.満員		10.ひとり
10.入院		11.ひとつ
10.病院		12.ついたち
11.飲酒		13.いんしゅ
11.飲食店		14.いんしょくてん

한자	번호 쓰기	한자의 발음 찾기
11.飲む		1.うつす
12.左右		2.うつる
12.右		3.えいが
12.右側		4.えいご
13.雨		5.えいかいわ
13.大雨		6.のむ
14.運転		7.さゆう
14.運動		8.みぎ
14.運ぶ		9.みぎがわ
15.英会話		10.あめ
15.英語		11.おおあめ
16.映画		12.うんてん
16.映る		13.うんどう
16.映す		14.はこぶ
17.駅員		15.えきいん

한자의 읽는 법 쓰기

한자	읽는 법 쓰기	뜻
1.悪意	あくい	악의
1.悪寒	おかん	오한
1.悪い	わるい	나쁘다
2.安心	あんしん	안심
2.安全	あんぜん	안전
2.安い	やすい	싸다
3.暗記	あんき	암기
3.暗算	あんざん	암산
3.暗い	くらい	어둡다
4.以下	いか	이하
4.以上	いじょう	이상
5.医院	いいん	의원
5.医者	いしゃ	의사
6.意見	いけん	의견
6.意味	いみ	의미

한자	읽는 법 쓰기	뜻
6.得意		장기, 자신 있음
7.一月		1월
7.一番		가장
7.一人		한 사람
7.一つ		하나, 한 살
7.一日		초하루
8.引退		은퇴
8.引く		끌다, 찾다
9.店員		점원
9.満員		만원
10.入院		입원
10.病院		병원
11.飲酒		음주
11.飲食店		음식점

한자	읽는 법 쓰기	뜻
11.飲む		마시다
12.左右		좌우
12.右		오른쪽
12.右側		오른쪽
13.雨		비
13.大雨		큰 비
14.運転		운전
14.運動		운동
14.運ぶ		운반하다
15.英会話		영어회화
15.英語		영어
16.映画		영화
16.映る		비치다
16.映す		비추다
17.駅員		역무원

한자	번호 쓰기	한자의 발음 찾기
17.駅前		1.くださる
18.百円		2.さがる
18.円い		3.した
19.永遠		4.ちかてつ
19.遠足		5.おと
19.遠い		6.はつおん
20.屋上		7.おんがく
20.花屋		8.へや
20.部屋		9.はなや
21.音楽		10.おくじょう
21.発音		11.とおい
21.音		12.えんそく
22.地下鉄		13.えいえん
22.下		14.まるい
22.下がる		15.ひゃくえん
22.下さる		16.えきまえ

한자	읽는 법 쓰기	뜻
17.駅前		역 앞
18.百円		백엔
18.円い		둥글다
19.永遠		영원
19.遠足		소풍
19.遠い		멀다
20.屋上		옥상
20.花屋		꽃집
20.部屋		방
21.音楽		음악
21.発音		발음
21.音		소리
22.地下鉄		지하철
22.下		아래, 밑
22.下がる		내려가다
22.下さる		주시다

한자	번호 쓰기	한자의 발음 찾기
22.下りる		1.おりる
22.下手		2.しょか
23.火事		3.なつ
23.火		4.なつやすみ
24.何歳		5.かぞく
24.何人		6.かてい
25.花壇		7.いえ
25.花		8.へた
25.花火		9.かじ
25.花見		10.ひ
26.初夏		11.なんさい
26.夏		12.なんにん
26.夏休み		13.かだん
27.家族		14.はな
27.家庭		15.はなび
27.家		16.はなみ

한자	읽는 법 쓰기	뜻
22.下りる		내리다
22.下手		서투름
23.火事		화재, 불
23.火		불
24.何歳		몇 살
24.何人		몇 사람
25.花壇		화단
25.花		꽃
25.花火		불꽃놀이
25.花見		꽃구경
26.初夏		초여름
26.夏		여름
26.夏休み		여름방학
27.家族		가족
27.家庭		가정
27.家		집

한자	번호 쓰기	한자의 발음 찾기
27.大家		1.おおや
28.歌手		2.かいしゃ
28.歌		3.きかい
28.歌う		4.あう
29.計画		5.かいがい
30.回答		6.かしゅ
30.回復		7.うた
30.回る		8.うたう
30.回す		9.けいかく
31.会社		10.かいとう
31.機会		11.かいふく
31.会う		12.まわる
32.海外		13.まわす
32.海		14.うみ
33.世界		15.せかい

한자	읽는 법 쓰기	뜻
27.大家		집주인
28.歌手		가수
28.歌		노래
28.歌う		노래하다
29.計画		계획
30.回答		회답
30.回復		회복
30.回る		돌다
30.回す		돌리다
31.会社		회사
31.機会		기회
31.会う		만나다
32.海外		해외
32.海		바다
33.世界		세계

한자	번호 쓰기	한자의 발음 찾기
34.開始		1.がいしょく
34.開発		2.そと
34.開く	10	3.そとがわ
34.開ける	11	4.がくせい
34.開く	12	5.がっこう
34.開ける	13	6.だいがく
35.外出		7.がいしゅつ
35.外食		8.かいし
35.外		9.かいはつ
35.外側		10.あく
36.学校		11.あける
36.学生		12.ひらく
36.大学		13.ひらける
36.学ぶ		14.まなぶ
37.音楽		15.おんがく
37.気楽		16.きらく

한자	읽는 법 쓰기	뜻
34.開始		개시
34.開発		개발
34.開く	ひらく	열리다, 열다
34.開ける	ひらける	열리다
34.開く	あく	열리다
34.開ける	あける	열다
35.外出		외출
35.外食		외식
35.外		바깥
35.外側		바깥쪽
36.学校		학교
36.学生		학생
36.大学		대학교
36.学ぶ		배우다
37.音楽		음악
37.気楽		홀가분함

한자	번호 쓰기	한자의 발음 찾기
37.楽だ		1.じかん
37.楽しい		2.にんげん
37.楽しむ		3.あいだ
38.寒波		4.まにあう
38.寒い		5.かんじ
38.寒気		6.としょかん
39.時間		7.らくだ
39.人間		8.たのしい
39.間		9.たのしむ
39.間に合う		10.かんぱ
40.漢字		11.さむい
41.図書館		12.さむけ
42.洗顔		13.せんがん
42.顔		14.かお
42.顔色		15.かおいろ
43.気分		16.きぶん

한자	읽는 법 쓰기	뜻
37.楽だ		편하다
37.楽しい		즐겁다
37.楽しむ		즐기다
38.寒波		한파
38.寒い		춥다
38.寒気		오한
39.時間		시간
39.人間		인간
39.間		사이
39.間に合う		제 시간에 가다
40.漢字		한자
41.図書館		도서관
42.洗顔		세안
42.顔		얼굴
42.顔色		안색
43.気分		기분

한자	번호 쓰기	한자의 발음 찾기
43.気持ち		1.きゅうじつ
43.元気		2.やすむ
44.起立		3.おこす
44.起きる		4.きこく
44.起こる		5.かえる
44.起こす		6.かえす
45.帰国		7.きゅうにん
45.帰る		8.くじ
45.帰す		9.ここのつ
46.九人		10.ここのか
46.九時		11.きもち
46.九つ		12.げんき
46.九日		13.きりつ
47.休日		14.おきる
47.休む		15.おこる

한자	읽는 법 쓰기	뜻
43.気持ち		마음, 기분
43.元気		기운, 활기참
44.起立		기립
44.起きる		일어나다
44.起こる		일어나다
44.起こす		일으키다
45.帰国		귀국
45.帰る		돌아가다
45.帰す		돌려보내다
46.九人		9명
46.九時		9시
46.九つ		아홉, 아홉 살
46.九日		9일
47.休日		휴일
47.休む		쉬다

한자	번호 쓰기	한자의 발음 찾기
48.研究		1.きんぎょ
48.追求		2.うおいちば
48.究める		3.さかな
49.急行		4.きょうと
49.急用		5.きわめる
49.急ぐ		6.きゅうこう
50.牛肉		7.きゅうよう
50.牛乳		8.いそぐ
50.牛		9.ぎゅうにく
51.去年		10.ぎゅうにゅう
51.過去		11.うし
51.去る		12.きょねん
52.金魚		13.かこ
52.魚市場		14.さる
52.魚		15.けんきゅう
53.京都		16.ついきゅう

한자	읽는 법 쓰기	뜻
48.研究		연구
48.追求		추구
48.究める		깊이 연구하다
49.急行		급행
49.急用		급한 용무
49.急ぐ		서두르다
50.牛肉		쇠고기
50.牛乳		우유
50.牛		소
51.去年		작년
51.過去		과거
51.去る		떠나다
52.金魚		금붕어
52.魚市場		어시장
52.魚		생선
53.京都		교토

한자	번호 쓰기	한자의 발음 찾기
53.東京		1.きんようび
54.勉強		2.さぎょう
54.強引		3.そつぎょう
54.強い		4.わざ
54.強いる		5.さいきん
55.教育		6.ちかい
55.教室		7.ちかみち
55.教える		8.きょういく
55.教わる		9.きょうしつ
56.作業		10.おしえる
56.卒業		11.おそわる
56.業		12.とうきょう
57.最近		13.べんきょう
57.近い		14.ごういん
57.近道		15.つよい
58.金曜日		16.しいる

한자	읽는 법 쓰기	뜻
53.東京		동경
54.勉強		공부
54.強引		무리하게
54.強い		강하다
54.強いる		강요하다
55.教育		교육
55.教室		교실
55.教える		가르치다
55.教わる		배우다
56.作業		작업
56.卒業		졸업
56.業		행위, 직업
57.最近		최근
57.近い		가깝다
57.近道		지름길
58.金曜日		금요일

한자	번호 쓰기	한자의 발음 찾기
58.黄金		1.くうこう
58.金		2.あく
58.金持ち		3.あける
59.銀行		4.あおぞら
60.区別		5.よぞら
60.区役所		6.ふけい
61.空港		7.きょうだい
61.空く		8.おうごん
61.空ける		9.かね
61.青空		10.かねもち
61.夜空		11.ぎんこう
62.父兄		12.くべつ
62.兄弟		13.くやくしょ
62.兄		14.あに

한자	읽는 법 쓰기	뜻
58.黄金		황금
58.金		돈
58.金持ち		부자
59.銀行		은행
60.区別		구별
60.区役所		구청
61.空港		공항
61.空く		비다
61.空ける		비우다, 내다
61.青空		푸른 하늘
61.夜空		밤하늘
62.父兄		부형
62.兄弟		형제
62.兄		형

한자	번호 쓰기	한자의 발음 찾기
62.お兄さん		1.おにいさん
63.計算		2.いけん
63.時計		3.けんがく
63.計る		4.けいさん
63.計らう		5.とけい
64.軽快		6.はかる
64.軽い		7.はからう
64.軽やか		8.けいかい
64.手軽		9.かるい
65.月曜日		10.かろやか
65.一月		11.てがる
65.月		12.げつようび
65.毎月		13.いちがつ
66.愛犬		14.つき
66.犬		15.まいつき
67.意見		16.あいけん
67.見学		17.いぬ

한자	번호 쓰기	한자의 발음 찾기
67.見る		1.けんしゅう
67.見える		2.とぐ
67.見せる		3.とどうふけん
68.建築		4.けいけん
68.建てる		5.しけん
68.建つ		6.がんじつ
69.研修		7.もと
69.研ぐ		8.たつ
70.都道府県		9.みる
71.経験		10.みえる
71.試験		11.みせる
72.元日		12.けんちく
72.元		13.たてる
72.足元		14.あしもと
73.伝言		15.でんごん
73.言う		16.いう

한자	번호 쓰기	한자의 발음 찾기
73.一言		1.うしろ
74.中古車		2.あと
74.古い		3.こくご
75.五匹		4.ひとこと
75.五日		5.ちゅうこしゃ
75.五つ		6.ふるい
76.午前中		7.ごひき
77.午後		8.いつか
77.最後		9.いつつ
77.後ろ		10.ごぜんちゅう
77.後		11.ごご
78.国語		12.さいご
78.語る		13.かたる
78.物語		14.ものがたり

한자	읽는 법 쓰기	뜻
62.お兄さん		형님, 오빠
63.計算		계산
63.時計		시계
63.計る		재다
63.計らう		조처하다
64.軽快		경쾌
64.軽い		가볍다
64.軽やか		가뿐함, 경쾌함
64.手軽		손쉬움
65.月曜日		월요일
65.一月		1월
65.月		달
65.毎月		매달
66.愛犬		애견
66.犬		개
67.意見		의견
67.見学		견학

한자	읽는 법 쓰기	뜻
67.見る		보다
67.見える		보이다
67.見せる		보여주다
68.建築		건축
68.建てる		세우다
68.建つ		서다
69.研修		연수
69.研ぐ		연마하다
70.都道府県		도도부현
71.経験		경험
71.試験		시험
72.元日		1월 1일
72.元		이전, 원래
72.足元		발 밑
73.伝言		전언
73.言う		말하다

한자	읽는 법 쓰기	뜻
73.一言		한마디
74.中古車		중고차
74.古い		오래되다
75.五匹		다섯 마리
75.五日		5일
75.五つ		다섯, 다섯 살
76.午前中		오전 중
77.午後		오후
77.最後		최후, 마지막
77.後ろ		뒤
77.後		뒤, 후
78.国語		국어
78.語る		말하다
78.物語		이야기

한자	번호 쓰기	한자의 발음 찾기	한자	읽는 법 쓰기	뜻
79.工場		1.こうじょう	79.工場		공장
79.口調		2.かんこう	79.口調		어조
79.口		3.ひかる	79.口		입, 입맛
79.出口		4.かっこう	79.出口		출구
79.入り口		5.こうい	79.入り口		입구
80.工夫		6.このむ	80.工夫		궁리, 고안
80.大工		7.だいすき	80.大工		목수
81.広告		8.こうこく	81.広告		광고
81.広い		9.ひろい	81.広い		넓다
81.広がる		10.ひろがる	81.広がる		넓어지다
81.広げる		11.ひろげる	81.広げる		넓히다
82.観光		12.くちょう	82.観光		관광
82.光る		13.くち	82.光る		빛나다
83.格好		14.でぐち	83.格好		모습, 모양
83.好意		15.いりぐち	83.好意		호의
83.好む		16.くふう	83.好む		좋아하다
83.大好き		17.だいく	83.大好き		매우 좋아함

한자	번호 쓰기	한자의 발음 찾기	한자	읽는 법 쓰기	뜻
84.参考		1.たかい	84.参考		참고
84.考える		2.えんだか	84.考える		생각하다
85.行進		3.ごうかく	85.行進		행진
85.行列		4.がっしゅく	85.行列		행렬
85.行く		5.あう	85.行く		가다
85.行う		6.あいず	85.行う		행하다
86.校長		7.あわせる	86.校長		교장
87.最高		8.がいこく	87.最高		최고
87.高い		9.さんこう	87.高い		높다
87.円高		10.かんがえる	87.円高		엔화 강세
88.合格		11.こうしん	88.合格		합격
88.合宿		12.ぎょうれつ	88.合宿		합숙
88.合う		13.いく	88.合う		맞다, 일치하다
88.合図		14.おこなう	88.合図		신호
88.合わせる		15.こうちょう	88.合わせる		맞추다
89.外国		16.さいこう	89.外国		외국

한자	번호 쓰기	한자의 발음 찾기	한자	읽는 법 쓰기	뜻
90.国		1.ひだり	90.国		나라, 고향
90.黒板		2.ひだりがわ	90.黒板		칠판
90.黒		3.やさい	90.黒		검정
90.黒い		4.なのはな	90.黒い		검다
91.今回		5.さくぶん	91.今回		이번
91.今度		6.こんばん	91.今度		이번, 다음번
91.今晩		7.いま	91.今晩		오늘밤
91.今		8.させつ	91.今		지금
92.左折		9.くに	92.左折		좌회전
92.左		10.こくばん	92.左		왼쪽
92.左側		11.くろ	92.左側		좌측
93.野菜		12.くろい	93.野菜		야채
93.菜の花		13.こんかい	93.菜の花		유채(꽃)
94.作文		14.こんど	94.作文		작문

한자	번호 쓰기	한자의 발음 찾기
94.操作		1.そうさ
94.動作		2.だんし
94.作る		3.ようす
95.三百		4.こども
95.三日		5.きんし
95.三つ		6.ちゅうし
96.火山		7.かざん
96.登山		8.とざん
96.山		9.やま
97.産業		10.さんぎょう
97.産む		11.うむ
97.産まれる		12.うまれる
98.男子		13.どうさ
98.様子		14.つくる
98.子供		15.さんびゃく
99.禁止		16.みっか
99.中止		17.みっつ

한자	읽는 법 쓰기	뜻
94.操作		조작
94.動作		동작
94.作る		만들다
95.三百		삼 백
95.三日		3일
95.三つ		셋, 세 살
96.火山		화산
96.登山		등산
96.山		산
97.産業		산업
97.産む		낳다
97.産まれる		태어나다
98.男子		남자
98.様子		모양
98.子供		아이들
99.禁止		금지
99.中止		중지

한자	번호 쓰기	한자의 발음 찾기
99.止まる		1.よじ
99.止める		2.よっか
100.仕事		3.よっつ
100.仕える		4.よんかい
101.四月		5.とし
101.四季		6.しやくしょ
101.四時		7.いち
101.四日		8.しぼう
101.四つ		9.ひっし
101.四回		10.しぬ
102.都市		11.とまる
102.市役所		12.とめる
102.市		13.しごと
103.死亡		14.つかえる
103.必死		15.しがつ
103.死ぬ		16.しき

한자	읽는 법 쓰기	뜻
99.止まる		멈추다
99.止める		세우다
100.仕事		일
100.仕える		섬기다
101.四月		4월
101.四季		사계
101.四時		4시
101.四日		나흘
101.四つ		넷, 네 살
101.四回		4번, 4회
102.都市		도시
102.市役所		시청
102.市		시장
103.死亡		사망
103.必死		필사
103.死ぬ		죽다

한자	번호 쓰기	한자의 발음 찾기
104.公私		1.しまい
104.私		2.あね
105.使用		3.おねえさん
105.大使		4.しこう
105.使う		5.いし
106.開始		6.こうし
106.年始		7.わたし
106.始める		8.しよう
106.始まる		9.たいし
107.姉妹		10.つかう
107.姉		11.かいし
107.お姉さん		12.ねんし
108.思考		13.はじめる
108.意思		14.はじまる

한자	읽는 법 쓰기	뜻
104.公私		공사
104.私		나
105.使用		사용
105.大使		대사
105.使う		사용하다
106.開始		개시
106.年始		연초
106.始める		시작하다
106.始まる		시작되다
107.姉妹		자매
107.姉		누나, 언니
107.お姉さん		언니, 누나
108.思考		사고
108.意思		의사

한자	번호 쓰기	한자의 발음 찾기
108.思う		1.おもう
108.思い出		2.ようし
109.新聞紙		3.かみ
109.用紙		4.おもいで
109.紙		5.しんぶんし
110.試合		6.こころみる
110.試験		7.ためす
110.試みる		8.しあい
110.試す		9.しけん
111.赤字		10.みみ
111.黒字		11.じしん
111.数字		12.じぶん
112.耳鼻科		13.みずから
112.耳		14.あかじ
113.自信		15.くろじ
113.自分		16.すうじ
113.自ら		17.じびか

한자	읽는 법 쓰기	뜻
108.思う		생각하다
108.思い出		추억
109.新聞紙		신문지
109.用紙		용지
109.紙		종이
110.試合		시합
110.試験		시험
110.試みる		시도해 보다
110.試す		시험해 보다
111.赤字		적자
111.黒字		흑자
111.数字		숫자
112.耳鼻科		이비인후과
112.耳		귀
113.自信		자신
113.自分		자신, 자기
113.自ら		스스로

한자	번호 쓰기	한자의 발음 찾기
114.事故		1.としょしつ
114.食事		2.じこ
114.大事		3.しょくじ
114.事		4.だいじ
114.出来事		5.こと
115.支持		6.できごと
115.持つ		7.しじ
115.金持ち		8.もつ
116.時間		9.おかねもち
116.時代		10.じかん
116.時		11.じだい
116.時々		12.とき
117.七月		13.ときどき
117.七日		14.しちがつ
117.七つ		15.なのか
118.図書室		16.ななつ

한자	읽는 법 쓰기	뜻
114.事故		사고
114.食事		식사
114.大事		중요함, 소중함
114.事		일
114.出来事		사건
115.支持		지지
115.持つ		가지다, 들다
115.金持ち		부자
116.時間		시간
116.時代		시대, 시절
116.時		때
116.時々		때때로
117.七月		7월
117.七日		7일
117.七つ		일곱, 일곱 살
118.図書室		도서실

한자	번호 쓰기	한자의 발음 찾기
119.質問		1.さくしゃ
119.人質		2.もの
120.写真		3.しつもん
120.写す		4.ひとじち
120.写る		5.しゃしん
121.会社		6.うつす
121.社会		7.うつる
121.社長		8.かいしゃ
122.汽車		9.しゃかい
122.電車		10.しゃちょう
122.車		11.きしゃ
123.作者		12.でんしゃ
123.者		13.くるま
124.借金		14.しゃっきん

한자	읽는 법 쓰기	뜻
119.質問		질문
119.人質		인질
120.写真		사진
120.写す		베끼다
120.写る		(사진에)찍히다
121.会社		회사
121.社会		사회
121.社長		사장
122.汽車		기차
122.電車		전차
122.車		차
123.作者		작자
123.者		자, 사람
124.借金		빚

한자	번호 쓰기	한자의 발음 찾기
124.借りる		1.かりる
125.強弱		2.じょうず
125.弱点		3.しゅじん
125.弱い		4.ぬし
126.選手		5.おもに
126.手		6.しゅしょう
126.手作り		7.しゅと
126.上手		8.きょうじゃく
127.主人		9.じゃくてん
127.主		10.よわい
127.主に		11.せんしゅ
128.首相		12.て
128.首都		13.てづくり
128.首		14.あき
129.晩秋		15.さいしゅう
129.秋		16.くび
130.最終		17.ばんしゅう

한자	번호 쓰기	한자의 발음 찾기
130.終点		1.らいしゅう
130.終わる		2.しゅうごう
130.終える		3.しゅうちゅう
131.復習		4.あつまる
131.予習		5.あつめる
131.練習		6.じゅうじ
131.習う		7.じっかい
132.今週		8.とおか
132.来週		9.しゅうてん
133.集合		10.おわる
133.集中		11.おえる
133.集まる		12.ふくしゅう
133.集める		13.よしゅう
134.十時		14.れんしゅう
134.十回		15.ならう
134.十日		16.こんしゅう

한자	번호 쓰기	한자의 발음 찾기
135.衣食住		1.きちょう
135.住所		2.そんちょう
135.住む		3.おもい
136.貴重		4.かさねる
136.尊重		5.いしょくじゅう
136.重い		6.じゅうしょ
136.重ねる		7.すむ
136.重なる		8.かさなる
137.出席		9.しゅっせき
137.出発		10.しゅっぱつ
137.出る		11.せいしゅん
137.出かける		12.だす
137.出す		13.でかける
138.青春		14.でる

한자	읽는 법 쓰기	뜻
124.借りる		빌리다
125.強弱		강약
125.弱点		약점
125.弱い		약하다
126.選手		선수
126.手		손
126.手作り		손수 만듦
126.上手		잘함, 능숙함
127.主人		주인, 남편
127.主		주인
127.主に		주로
128.首相		수상
128.首都		수도
128.首		목, 해고
129.晩秋		늦가을
129.秋		가을
130.最終		최종

한자	읽는 법 쓰기	뜻
130.終点		종점
130.終わる		끝나다
130.終える		끝내다
131.復習		복습
131.予習		예습
131.練習		연습
131.習う		배우다
132.今週		이번 주
132.来週		다음 주
133.集合		집합
133.集中		집중
133.集まる		모이다
133.集める		모으다
134.十時		10시
134.十回		10회
134.十日		10일

한자	읽는 법 쓰기	뜻
135.衣食住		의식주
135.住所		주소
135.住む		살다
136.貴重		귀중
136.尊重		존중
136.重い		무겁다
136.重ねる		겹치다
136.重なる		포개지다
137.出席		출석, 참석
137.出発		출발
137.出る		나가(오)다
137.出かける		외출하다
137.出す		꺼내다, 내밀다
138.青春		청춘

한자	번호 쓰기	한자의 발음 찾기
138.春		1.はる
139.近所		2.ちょうじょ
139.場所		3.おんな
139.所		4.しょうがっこう
139.台所		5.ちいさい
140.辞書		6.こごと
140.読書		7.かく
140.書く		8.ざんしょ
141.残暑		9.きんじょ
141.暑い		10.ばしょ
141.蒸し暑い		11.ところ
142.男女		12.だいどころ
142.長女		13.じしょ
142.女		14.どくしょ
143.小学校		15.あつい
143.小さい		16.むしあつい
143.小言		17.だんじょ

한자	읽는 법 쓰기	뜻
138.春		봄
139.近所		근처
139.場所		장소
139.所		곳
139.台所		부엌
140.辞書		사전
140.読書		독서
140.書く		쓰다
141.残暑		늦더위
141.暑い		덥다
141.蒸し暑い		무덥다
142.男女		남녀
142.長女		장녀
142.女		여자
143.小学校		초등학교
143.小さい		작다
143.小言		잔소리

한자	번호 쓰기	한자의 발음 찾기
143.小川		1.けしき
144.減少		2.とくしょく
144.青少年		3.いちば
144.少ない		4.にゅうじょう
144.少し		5.のせる
145.上下		6.のる
145.上		7.じょうきゃく
145.上げる		8.あがる
145.上がる		9.あげる
146.乗客		10.うえ
146.乗る		11.じょうげ
146.乗せる		12.すこし
147.入場		13.すくない
147.市場		14.せいしょうねん
148.特色		15.げんしょう
148.景色		16.おがわ

한자	읽는 법 쓰기	뜻
143.小川		시내
144.減少		감소
144.青少年		청소년
144.少ない		적다
144.少し		조금
145.上下		상하
145.上		위
145.上げる		올리다
145.上がる		올라가다
146.乗客		승객
146.乗る		타다
146.乗せる		태우다
147.入場		입장
147.市場		시장
148.特色		특색
148.景色		경치

한자	번호 쓰기	한자의 발음 찾기
148.色		1.すすめる
149.朝食		2.いろ
149.食べる		3.ちょうしょく
149.食べ物		4.たべる
150.熱心		5.たべもの
150.用心		6.ねっしん
150.心		7.ようじん
150.心がけ		8.こころ
151.写真		9.こころがけ
151.真心		10.しゃしん
152.進学		11.まごころ
152.進歩		12.しんがく
152.進む		13.しんぽ
152.進める		14.すすむ

한자	읽는 법 쓰기	뜻
148.色		색
149.朝食		조식
149.食べる		먹다
149.食べ物		음식
150.熱心		열심
150.用心		조심, 주의함
150.心		마음
150.心がけ		마음가짐
151.写真		사진
151.真心		진심
152.進学		진학
152.進歩		진보
152.進む		나아가다
152.進める		진행시키다

한자	번호 쓰기	한자의 발음 찾기
153.森林		1.しんりん
153.森		2.したしむ
154.新年		3.じんせい
154.新聞		4.にんぎょう
154.新しい		5.にんげん
155.親切		6.ひと
155.親友		7.おとな
155.親		8.としょかん
155.親しい		9.はかる
155.親しむ		10.もり
156.人生		11.しんねん
156.人形		12.しんぶん
156.人間		13.あたらしい
156.人		14.しんせつ
156.大人		15.しんゆう
157.図書館		16.おや
157.図る		17.したしい

한자	읽는 법 쓰기	뜻
153.森林		삼림
153.森		수풀, 삼림
154.新年		신년
154.新聞		신문
154.新しい		새롭다
155.親切		친절
155.親友		친구, 벗
155.親		부모
155.親しい		친하다
155.親しむ		친하게 지내다
156.人生		인생
156.人形		인형
156.人間		인간
156.人		사람
156.大人		어른, 성인
157.図書館		도서관
157.図る		도모하다

한자	번호 쓰기	한자의 발음 찾기
158.水道水		1.せいかく
158.水		2.しょうがつ
159.世紀		3.しょうじき
159.世界		4.ただしい
159.世の中		5.せんせい
160.正確		6.いきる
160.正月		7.うまれる
160.正直		8.なまビール
160.正しい		9.せいよう
161.先生		10.かんさい
161.生きる		11.にし
161.生まれる		12.すいどうすい
161.生ビール		13.みず
162.西洋		14.せいき
162.関西		15.せかい
162.西		16.よのなか

한자	읽는 법 쓰기	뜻
158.水道水		수돗물
158.水		물
159.世紀		세기
159.世界		세계
159.世の中		세상
160.正確		정확
160.正月		정월
160.正直		정직
160.正しい		올바르다
161.先生		선생
161.生きる		살다
161.生まれる		태어나다
161.生ビール		생맥주
162.西洋		서양
162.関西		관서
162.西		서쪽

한자	번호 쓰기	한자의 발음 찾기
163.音声		1.きれる
163.声		2.きる
164.青年		3.いっさい
164.青		4.たいせつ
164.青い		5.あかい
165.夕方		6.あか
165.夕飯		7.せきどう
166.赤道		8.ゆうはん
166.赤		9.ゆうがた
166.赤い		10.あおい
167.大切		11.あお
167.一切		12.せいねん
167.切る		13.こえ
167.切れる		14.おんせい

한자	읽는 법 쓰기	뜻
163.音声		음성
163.声		목소리
164.青年		청년
164.青		파랑
164.青い		파랗다
165.夕方		해질 무렵
165.夕飯		저녁밥
166.赤道		적도
166.赤		빨강
166.赤い		빨갛다
167.大切		중요함, 소중함
167.一切		일체, 일절
167.切る		자르다
167.切れる		잘리다

한자	번호 쓰기	한자의 발음 찾기
168.小説		1.しょうせつ
168.説明		2.ぜんご
168.説く		3.まえ
169.千円		4.なまえ
170.河川		5.そうたい
170.川		6.さっそく
171.先月		7.はやい
171.先に		8.はやおき
172.洗濯		9.せんたく
172.洗う		10.あらう
173.前後		11.せつめい
173.前		12.とく
173.名前		13.せんえん
174.早退		14.かせん
174.早速		15.かわ
174.早い		16.せんげつ
174.早起き		17.さきに

한자	읽는 법 쓰기	뜻
168.小説		소설
168.説明		설명
168.説く		설명하다
169.千円		천엔
170.河川		하천
170.川		강, 시내
171.先月		지난 달
171.先に		먼저
172.洗濯		세탁
172.洗う		씻다
173.前後		전후
173.前		앞, 이전
173.名前		이름
174.早退		조퇴
174.早速		즉시
174.早い		빠르다
174.早起き		일찍 일어남

한자	번호 쓰기	한자의 발음 찾기
175.競走		1.まんぞく
175.走る		2.あし
176.送信		3.てあし
176.放送		4.たりる
176.送る		5.たす
176.見送り		6.かぞく
177.遠足		7.すいぞくかん
177.満足		8.しちょうそん
177.足		9.むら
177.手足		10.きょうそう
177.足りる		11.はしる
177.足す		12.そうしん
178.家族		13.ほうそう
178.水族館		14.おくる
179.市町村		15.みおくり
179.村		16.えんそく

한자	읽는 법 쓰기	뜻
175.競走		경주
175.走る		달리다
176.送信		송신
176.放送		방송
176.送る		보내다
176.見送り		배웅
177.遠足		소풍
177.満足		만족
177.足		발
177.手足		손발
177.足りる		족하다
177.足す		더하다
178.家族		가족
178.水族館		수족관
179.市町村		시정촌, 시읍면
179.村		마을

한자	번호 쓰기	한자의 발음 찾기
180.多少		1.まつ
180.多数		2.しょうたい
180.多様		3.きたい
180.多い		4.からだ
181.太陽		5.たいりょく
181.太い		6.たいけん
181.太る		7.ぜんたい
182.全体		8.ふとる
182.体験		9.ふとい
182.体力		10.たいよう
182.体		11.おおい
183.期待		12.たよう
183.招待		13.たすう
183.待つ		14.たしょう

한자	읽는 법 쓰기	뜻
180.多少		다소
180.多数		다수
180.多様		다양
180.多い		많다
181.太陽		태양
181.太い		굵다
181.太る		살찌다
182.全体		전체
182.体験		체험
182.体力		체력
182.体		몸
183.期待		기대
183.招待		초대
183.待つ		기다리다

한자	번호 쓰기	한자의 발음 찾기
184.賃貸		1.ちんたい
184.貸す		2.しゅくだい
185.大学		3.もんだい
185.大丈夫		4.たんき
185.大会		5.たんしょ
185.大きい		6.みじかい
186.時代		7.じだい
186.代表		8.だいひょう
186.代わる		9.かわる
186.代える		10.かえる
187.一台		11.いちだい
187.台風		12.たいふう
188.宿題		13.かす
188.問題		14.だいがく
189.短気		15.だいじょうぶ
189.短所		16.たいかい
189.短い		17.おおきい

한자	번호 쓰기	한자의 발음 찾기
190.男性		1.いけ
190.長男		2.ちしき
190.男		3.ちじん
190.男らしい		4.しる
191.地球		5.りょくちゃ
191.地図		6.さどう
191.地元		7.ちゃくせき
192.電池		8.きる
192.池		9.だんせい
193.知識		10.ちょうなん
193.知人		11.おとこ
193.知る		12.おとこらしい
194.緑茶		13.ちきゅう
194.茶道		14.ちず
195.着席		15.じもと
195.着る		16.でんち

한자	번호 쓰기	한자의 발음 찾기
195.着く		1.ちゅうしょく
196.中間		2.ひる
196.夢中		3.ひるごはん
196.中		4.ひるやすみ
196.背中		5.まち
197.昆虫		6.こんちゅう
197.虫		7.むし
198.注意		8.ちゅうい
198.注ぐ		9.そそぐ
199.昼食		10.つく
199.昼		11.ちゅうかん
199.昼ご飯		12.むちゅう
199.昼休み		13.なか
200.町		14.せなか

한자	읽는 법 쓰기	뜻
184.賃貸		임대
184.貸す		빌려주다
185.大学		대학교
185.大丈夫		괜찮음
185.大会		대회
185.大きい		크다
186.時代		시대
186.代表		대표
186.代わる		대신하다
186.代える		대신하다
187.一台		한 대
187.台風		태풍
188.宿題		숙제
188.問題		문제
189.短気		성질이 급함
189.短所		단점
189.短い		짧다

한자	읽는 법 쓰기	뜻
190.男性		남성
190.長男		장남
190.男		남자
190.男らしい		남자답다
191.地球		지구
191.地図		지도
191.地元		자기 고장
192.電池		전지
192.池		연못
193.知識		지식
193.知人		지인
193.知る		알다
194.緑茶		녹차
194.茶道		다도
195.着席		착석
195.着る		입다

한자	읽는 법 쓰기	뜻
195.着く		도착하다
196.中間		중간
196.夢中		열중함, 몰두함
196.中		안, 속, 가운데
196.背中		등
197.昆虫		곤충
197.虫		벌레
198.注意		주의
198.注ぐ		붓다, 따르다
199.昼食		중식, 점심
199.昼		낮
199.昼ご飯		점심
199.昼休み		점심시간
200.町		마을, 동네

한자	번호 쓰기	한자의 발음 찾기
200.港町		1.みなとまち
201.身長		2.きょうつう
201.長所		3.こうつう
201.長い		4.とおる
202.鳥		5.とおす
203.早朝		6.かよう
203.朝		7.さいてい
203.朝ご飯		8.ひくい
203.毎朝		9.でし
204.共通		10.ちょうしょ
204.交通		11.しんちょう
204.通る		12.ながい
204.通す		13.とり
204.通う		14.そうちょう
205.最低		15.あさ
205.低い		16.あさごはん
206.弟子		17.まいあさ

한자	읽는 법 쓰기	뜻
200.港町		항구 도시
201.身長		신장
201.長所		장점
201.長い		길다
202.鳥		새
203.早朝		이른 아침
203.朝		아침
203.朝ご飯		아침밥
203.毎朝		매일아침
204.共通		공통
204.交通		교통
204.通る		통과하다
204.通す		통과시키다
204.通う		다니다
205.最低		최저, 형편없음
205.低い		낮다
206.弟子		제자

한자	번호 쓰기	한자의 발음 찾기
206.弟		1.でんしゃ
207.天気		2.でんわ
208.商店		3.おとうと
208.書店		4.てんき
208.店		5.しょてん
209.運転		6.しょうてん
209.自転車		7.みせ
209.転がる		8.うんてん
209.転げる		9.じてんしゃ
209.転がす		10.ころがる
209.転ぶ		11.ころげる
210.田園		12.ころがす
210.田んぼ		13.ころぶ
211.電気		14.でんえん
211.電車		15.たんぼ
211.電話		16.でんき

한자	읽는 법 쓰기	뜻
206.弟		남동생
207.天気		날씨
208.商店		상점
208.書店		서점
208.店		가게
209.運転		운전
209.自転車		자전거
209.転がる		넘어지다
209.転げる		구르다
209.転がす		굴리다, 넘어뜨리다
209.転ぶ		구르다
210.田園		전원
210.田んぼ		논
211.電気		전기
211.電車		전차, 전철
211.電話		전화

한자	번호 쓰기	한자의 발음 찾기
212.都会		1.ひがし
212.都合		2.とうざい
212.都		3.ふゆやすみ
213.土曜日		4.ふゆ
213.土地		5.とうき
213.土		6.したく
214.温度		7.せいど
214.制度		8.おんど
214.仕度		9.つち
215.冬季		10.とち
215.冬		11.どようび
215.冬休み		12.みやこ
216.東西		13.つごう
216.東		14.とかい

한자	읽는 법 쓰기	뜻
212.都会		도회지, 도시
212.都合		형편, 사정
212.都		수도
213.土曜日		토요일
213.土地		토지
213.土		흙
214.温度		온도
214.制度		제도
214.仕度		준비
215.冬季		동계
215.冬		겨울
215.冬休み		겨울 방학
216.東西		동서
216.東		동쪽

한자	번호 쓰기	한자의 발음 찾기
217.解答		1.かいとう
217.答案		2.とうあん
217.答える		3.こたえる
218.頭痛		4.ずつう
218.頭		5.あたま
219.同意		6.うごく
219.同級生		7.どうさ
219.同じだ		8.こうどう
220.感動		9.どうい
220.行動		10.どうきゅうせい
220.動作		11.おなじだ
220.動く		12.かんどう
220.動かす		13.うごかす
221.講堂		14.こうどう
221.食堂		15.しょくどう
222.道路		16.どうろ
222.報道		17.ほうどう

한자	읽는 법 쓰기	뜻
217.解答		해답
217.答案		답안
217.答える		대답하다
218.頭痛		두통
218.頭		머리
219.同意		동의
219.同級生		동급생
219.同じだ		같다
220.感動		감동
220.行動		행동
220.動作		동작
220.動く		움직이다
220.動かす		움직이다
221.講堂		강당
221.食堂		식당
222.道路		도로
222.報道		보도

한자	번호 쓰기	한자의 발음 찾기
222.道		1.みなみ
223.労働		2.にばんめ
223.働く		3.ふたつ
224.特別		4.とりにく
224.特急		5.みち
225.読書		6.ろうどう
225.読む		7.はたらく
226.南北		8.とくべつ
226.南		9.とっきゅう
227.二番目		10.どくしょ
227.二つ		11.よむ
228.鶏肉		12.なんぼく
228.肉体		13.にちじ
229.日時		14.きゅうじつ
229.休日		15.ひ
229.日		16.にくたい

한자	읽는 법 쓰기	뜻
222.道		길
223.労働		노동
223.働く		일하다
224.特別		특별
224.特急		특급
225.読書		독서
225.読む		읽다
226.南北		남북
226.南		남쪽
227.二番目		두 번째
227.二つ		둘, 두 살
228.鶏肉		닭고기
228.肉体		육체
229.日時		일시
229.休日		휴일
229.日		해, 햇빛, 날짜

한자	번호 쓰기	한자의 발음 찾기
230.入学		1.うる
230.入場		2.うれる
230.入れる		3.ばいばい
230.入る		4.にゅうがく
231.去年		5.にゅうじょう
231.年		6.いれる
231.年寄り		7.はいる
232.売店		8.きょねん
232.売る		9.とし
232.売れる		10.としより
233.売買		11.ばいてん
233.買う		12.めいはく
233.買い物		13.かいもの
234.明白		14.かう

한자	읽는 법 쓰기	뜻
230.入学		입학
230.入場		입장
230.入れる		넣다
230.入る		들어가다
231.去年		작년
231.年		해, 년, 나이
231.年寄り		노인
232.売店		매점
232.売る		팔다
232.売れる		팔리다
233.売買		매매
233.買う		사다
233.買い物		쇼핑
234.明白		명백

한자	번호 쓰기	한자의 발음 찾기
234.白		1.やまい
234.白い		2.さくひん
235.八月		3.しょくひん
235.八日		4.しろ
236.発生		5.しろい
236.発表		6.はちがつ
237.後半		7.ようか
237.前半		8.はっせい
237.半分		9.はっぴょう
238.晩ご飯		10.こうはん
238.飯		11.ぜんはん
239.百		12.はんぶん
240.病気		13.ばんごはん
240.病む		14.めし
240.病		15.ひゃく
241.作品		16.びょうき
241.食品		17.やむ

한자	읽는 법 쓰기	뜻
234.白		흰색
234.白い		하얗다
235.八月		8월
235.八日		8일
236.発生		발생
236.発表		발표
237.後半		후반
237.前半		전반
237.半分		절반
238.晩ご飯		저녁 식사
238.飯		밥
239.百		백(100)
240.病気		병
240.病む		앓다, 병들다
240.病		병
241.作品		작품
241.食品		식품

한자	번호 쓰기	한자의 발음 찾기
241.品物		1.ようふく
242.不安		2.ふくよう
242.不思議		3.いふく
242.不足		4.かぜ
242.不便		5.ふうせん
242.不満		6.ふうしゅう
243.祖父		7.おとうさん
243.父母		8.ちち
243.父		9.ふぼ
243.お父さん		10.そふ
244.風習		11.ふまん
244.風船		12.ふべん
244.風		13.ふそく
245.衣服		14.ふしぎ
245.服用		15.ふあん
245.洋服		16.しなもの

한자	읽는 법 쓰기	뜻
241.品物		물건
242.不安		불안
242.不思議		이상함
242.不足		부족
242.不便		불편
242.不満		불만
243.祖父		조부
243.父母		부모
243.父		아버지
243.お父さん		아버지
244.風習		풍습
244.風船		풍선
244.風		바람
245.衣服		의복
245.服用		복용
245.洋服		양복

한자	번호 쓰기	한자의 발음 찾기
246.動物		1.にもつ
246.荷物		2.もの
246.物		3.ぶんべつ
247.ゴミ分別		4.わける
247.分ける		5.わかる
247.分かる		6.わかれる
247.分かれる		7.ぶんか
248.文化		8.もんく
248.文句		9.もじ
248.文字		10.けんぶん
249.見聞		11.きく
249.聞く		12.きこえる
249.聞こえる		13.くべつ
250.区別		14.どうぶつ

한자	읽는 법 쓰기	뜻
246.動物		동물
246.荷物		짐, 화물
246.物		물건, 것
247.ゴミ分別		쓰레기 분별
247.分ける		나누다
247.分かる		알다
247.分かれる		갈리다
248.文化		문화
248.文句		문구, 불만
248.文字		문자
249.見聞		견문
249.聞く		듣다, 묻다
249.聞こえる		들리다
250.区別		구별

한자	번호 쓰기	한자의 발음 찾기	한자	읽는 법 쓰기	뜻
250.特別		1.あるく	250.特別		특별
250.別れる		2.あゆむ	250.別れる		헤어지다
251.便利		3.ぼこう	251.便利		편리
251.宅配便		4.はは	251.宅配便		택배
251.郵便		5.おかあさん	251.郵便		우편
251.便り		6.ちほう	251.便り		소식, 편지
252.勉学		7.ほうほう	252.勉学		면학
253.散歩		8.かた	253.散歩		산책
253.徒歩		9.とくべつ	253.徒歩		도보
253.歩く		10.わかれる	253.歩く		걷다
253.歩む		11.べんり	253.歩む		걷다, 전진하다
254.母校		12.たっきゅうびん	254.母校		모교
254.母		13.ゆうびん	254.母		어머니
254.お母さん		14.たより	254.お母さん		어머니
255.地方		15.べんがく	255.地方		지방
255.方法		16.さんぽ	255.方法		방법
255.方		17.とほ	255.方		분, 법

한자			한자		
255.話し方		1.じみ	255.話し方		말투
256.東北		2.きょうみ	256.東北		동북
256.北		3.まんねんひつ	256.北		북쪽
257.木曜日		4.いちまんえん	257.木曜日		목요일
257.木		5.いもうと	257.木		나무
258.日本語		6.しまいこう	258.日本語		일본어
258.本気		7.まいばん	258.本気		본심
258.見本		8.まいど	258.見本		견본
259.毎度		9.みほん	259.毎度		매번
259.毎晩		10.ほんき	259.毎晩		매일 밤
260.姉妹校		11.にほんご	260.姉妹校		자매 학교
260.妹		12.き	260.妹		여동생
261.一万円		13.もくようび	261.一万円		만엔
261.万年筆		14.きた	261.万年筆		만년필
262.興味		15.とうほく	262.興味		흥미
262.地味		16.はなしかた	262.地味		수수함

한자			한자		
262.味		1.め	262.味		맛
262.味わう		2.あじ	262.味わう		맛보다
263.国民		3.あじわう	263.国民		국민
263.住民		4.こくみん	263.住民		주민
264.氏名		5.じゅうみん	264.氏名		성명
264.有名		6.しめい	264.有名		유명
264.名字		7.ゆうめい	264.名字		성
264.名前		8.みょうじ	264.名前		이름
265.発明		9.なまえ	265.発明		발명
265.明暗		10.はつめい	265.明暗		명암
265.明るい		11.めいあん	265.明るい		밝다
265.明らか		12.あかるい	265.明らか		명백함
266.目的		13.あきらか	266.目的		목적
267.目		14.もくてき	267.目		눈

한자	번호 쓰기	한자의 발음 찾기
267.専門		1.せんもん
267.入門		2.にゅうもん
267.門限		3.もんげん
268.質問		4.やっきょく
268.訪問		5.しつもん
268.問う		6.ほうもん
269.今夜		7.とう
269.夜景		8.こんや
269.真夜中		9.やけい
269.夜		10.まよなか
270.野球		11.よる
270.分野		12.やきゅう
270.野原		13.ぶんや
271.薬局		14.のはら
271.薬		15.くすり
272.友情		16.ゆうじょう
272.友人		17.ゆうじん

한자	읽는 법 쓰기	뜻
267.専門		전문
267.入門		입문
267.門限		귀가 시간
268.質問		질문
268.訪問		방문
268.問う		묻다
269.今夜		오늘 밤
269.夜景		야경
269.真夜中		한밤중
269.夜		밤
270.野球		야구
270.分野		분야
270.野原		들판
271.薬局		약국
271.薬		약
272.友情		우정
272.友人		친구

한자	번호 쓰기	한자의 발음 찾기
272.友達		1.くる
273.有料		2.りかい
273.有無		3.りそう
273.有る		4.ともだち
274.使用		5.ゆうりょう
274.用意		6.うむ
274.利用		7.ある
274.用いる		8.しよう
275.太平洋		9.ようい
275.洋食		10.りよう
276.日曜日		11.もちいる
277.将来		12.たいへいよう
277.来年		13.ようしょく
277.来る		14.にちようび
278.理解		15.しょうらい
278.理想		16.らいねん

한자	읽는 법 쓰기	뜻
272.友達		친구
273.有料		유료
273.有無		유무
273.有る		있다
274.使用		사용
274.用意		준비
274.利用		이용
274.用いる		사용하다
275.太平洋		태평양
275.洋食		양식
276.日曜日		일요일
277.将来		장래
277.来年		내년
277.来る		오다
278.理解		이해
278.理想		이상

한자	번호 쓰기	한자의 발음 찾기
278.理由		1.どりょく
279.独立		2.りょうり
279.立つ		3.りょうきん
279.立場		4.むりょう
279.立てる		5.しりょう
280.旅館		6.きゅうりょう
280.旅行		7.たび
280.旅		8.りょこう
281.給料		9.りょかん
281.資料		10.たてる
281.無料		11.たちば
281.料金		12.たつ
281.料理		13.どくりつ
282.努力		14.りゆう

한자	읽는 법 쓰기	뜻
278.理由		이유
279.独立		독립
279.立つ		서다
279.立場		입장
279.立てる		세우다
280.旅館		여관
280.旅行		여행
280.旅		여행
281.給料		급료
281.資料		자료
281.無料		무료
281.料金		요금
281.料理		요리
282.努力		노력

한자	번호 쓰기	한자의 발음 찾기
282.能力		1.むかしばなし
282.力		2.のうりょく
283.山林		3.ちから
283.林		4.さんりん
284.六月		5.はやし
284.六時		6.ろくがつ
284.六つ		7.ろくじ
284.六日		8.むっつ
285.話題		9.むいか
285.話す		10.わだい
285.昔話		11.はなす

한자	읽는 법 쓰기	뜻
282.能力		능력
282.力		힘
283.山林		산림
283.林		숲
284.六月		6월
284.六時		6시
284.六つ		여섯, 여섯 살
284.六日		6일
285.話題		화제
285.話す		말하다
285.昔話		옛날이야기

꿈을 찾아가는 사람들

세상의 한파에 부딪쳐 버거워 하는 사람들. 그 버거워 하는 사람들 중에 나도 끼어 있는지도 모른다. 초, 중, 고, 대학교를 나오면서 우리들은 어릴 때 막연하게 생각하던 꿈들을 점점 가시화하기 시작한다.

세상에는 2부류의 사람들이 있는데 1. 꿈을 쫓는 사람과 2. 현실과 타협하며 세상을 살아가는 사람들이 있다고 볼 수 있다.

둘 다 정답일 수도, 하나가 정답일 수도 있다. 나는 어떠한가?

고등학교 때 누나의 영향으로 일본어를 처음 접한 나는 '일본어로 뭔가를 했으면 좋겠다'고 막연하게 생각했었다. 그때가 1989년 정도 되었을까?

그 막연한 꿈은 1997년에 일본어 능력 시험 1급을 따면서 구체화되기 시작했다. 1997년 10월 일본을 가려고 마음먹고 일본어 교사 양성과정을 신청하여 합격하고 준비하고 있는 과정에 IMF(국제통화기금위기)가 터졌다. 한마디로 자국의 화폐 가치가 급락하면서 환율은 지금의 100엔당 1500~1600원을 왔다 갔다 했다.

일본을 가야하나 말아야 하나 마음은 가시방석이었다.

결국 1998년 2월까지 환율이 떨어지지 않아 나온 비자를 반납할 수밖에 없었다. 그 이후 다음을 기약하며 직장 생활을 조금 경험했다.

2001년 4월에 일본 외국어 전문학교 한일 통역과에 시험을 쳐서 입학하게 되었다. 그리고 나가사키 국제대학교 국제 관광학과, 1년 반 동안의 무역 회사 통번역을 거쳐 2007년 10월에 한국에 귀국하게 되었다.

한국에서 바라본 세상과 일본에서 한국을 바라보는 세상은 사뭇 달라보였다. 특히 2002년 한일 월드컵을 도쿄에서 봤는데, 애국심이 뭔지 세삼 느끼게 해주는 부분이기도 했다.

어쩜 일본어와 관계가 없었다면, 난 화학 관련 회사에서 일을 하고 있을지도 모른다.

일본어 능력 시험 1급을 1997년에 따고 2001년에 일본 외국어 전문학교에 가서 일본어를 가르치는 일을 하기 위해 밑 작업을 하기 시작했다. 나가사키 국제대학교에서는 일본어 교사 양성과정과 다도와 국제 관광학과에서의 일본에 관한 많은 지식들을 차근차근 배워 나갔다. 그 하나하나가 모두 다 지금의 나를 있게 한 삶의 원동력이기도 하다.

지인 중에 마음의 북소리를 따라 일본에 간다고 한 친구가 있다. 20대 후반의 그 친구는 삶에 얽매여 한국에 있는 것보다 일본에 가서 사회 복지사가 되기 위해 젊음을 투자하겠다고 나에게 말했다. 우리에게는 꿈을 쫓는 사람과 그렇지 못한 사람이 있다.

중요한 것은 삶을 살아가는 자세가 아닐까 싶다. 불안한 미래, 아무도 앞일을 알 수 없기에 더듬으면서 확인하고 가야 하지만, 세상을 살아가는 목표, 즉 남을 위해 현실에 타협하는 것이 아닌, 오로지 자기만을 위해, 무언가를 갈고 닦고 연마할 수 있는 그 무언가를 찾으며 우리들은 생이 다하는 그 날까지 살아가야 하지 않을까? 그래서 평생 교육이라는 말이 있을지도 모른다.

난 요즘 새로운 초급 책과 씨름하고 있다. 많은 책들을 보며, 구상을 했으며 출간을 위해 힘쓰고 있다. 그래서 하루가 순식간에 지나가 버린다.

삶은 '좋아하는 무언가를 위해 준비해가는 시간이 아닐까'라는 생각이 요즘 든다. 바쁜 일상에서 벗어나, 잠시 자기 자신을 뒤돌아보며, 내가 정말 원하는 것은 무엇인지 다시 한 번 생각했으면 하는 시점이다. 2020년에는 한걸음 더 나은 나를 위해, 그리고 내 주위를 위해, 무언가를 해줄 수 있는 넉넉한 마음을 가진 나이고 싶다.

여러분도 늘 행복하시고, 자기 계발에 힘쓰세요. 다름 아닌 자기 자신을 위해서 말이죠. 여러분 행복한 하루 되세요. 여러분의 든든한 응원자가 되어 드리겠습니다. 늘 감사합니다.

CHAPTER 7

부록

부록은 아래와 같이 정리되어 있습니다. 초급을 정리하는데 있어 꼭 필요한 내용들이니 본인의 부족한
부분을 하나씩 정리하도록 합시다. 부록을 통해 초급을 정리하면서 조금씩 성장하는 자신의 모습을 볼
수 있을 것입니다. 마지막장이네요. 여러분은 이제 일본어 초급에서 최고라 할 수 있습니다. 여러분의
성장을 끝까지 함께 응원합니다. 너무나 감사합니다. 이젠 날개를 펴고 훨훨 중급으로 도약하세요.

7-1. 명사

(1) 명사 활용표

	정중체	반말(보통)체
현재	**先生**(せんせい)です 선생님입니다	**先生**だ 선생님이다
현재부정	**先生**では(じゃ)ありません 선생님이 아닙니다	**先生**では(じゃ)ない 선생님이 아니다
과거	**先生**でした 선생님이었습니다	**先生**だった 선생님이었다
과거 부정	**先生**では(じゃ)ありませんでした 선생님이 아니었습니다	**先生**では(じゃ)なかった 선생님이 아니었다

가정	**先生**なら 선생님이라면	역접	**先生**なのに 선생님인데도
중지법	**先生**で 선생님이고	이유	**先生**なので 선생님이기 때문에
문장체	**先生**である 선생님이다	부사형	**先生**になる 선생님이 되다
정중 의문체	**先生**ですか 선생님입니까?	의문 보통체	**先生**か 선생님인가?
추측 보통체	**先生**だろう 선생님이겠지	추측 정중체	**先生**でしょう 선생님이겠지요

(2) 인칭 대명사

1인칭	**わたし**나／**わたくし**(ども) 저희(들)／**ぼく**(ら) 나(우리들)
	われ(われ)·**おれ**(たち) 나(우리들)
2인칭	**あなた**(がた)당신(들)／**君**(きみ)(たち) 자네(들)／**お前**(まえ)너
3인칭	**彼**(かれ) 그, 그 사람／**彼女**(かのじょ) 그녀, 여자 친구
부정칭	**誰**(だれ) 누구／**どなたさま·どの方**(かた) 어느 분

(3) 지시 대명사

		こ 이		そ 그		あ 저		ど 어느	
대명사	물건	これ	이것	それ	그것	あれ	저것	どれ	어느 것
	장소	ここ	여기	そこ	거기	あそこ	저기	どこ	어디
	방향	こちら	이쪽	そちら	그쪽	あちら	저쪽	どちら	어느 쪽
	방향(회화체)	こっち		そっち		あっち		どっち	
명사 수식어		この	이	その	그	あの	저	どの	어느
		こんな	이런	そんな	그런	あんな	저런	どんな	어떤
부사		こう	이렇게	そう	그렇게	ああ	저렇게	どう	어떻게

(4) 때를 가리키는 말

毎日 まいにち 매일	一昨日 おととい 그저께	昨日 きのう 어제	今日 きょう 오늘	明日 あした 내일	明後日 あさって 모레
毎週 まいしゅう 매주	先々週 せんせんしゅう 지지난 주	先週 せんしゅう 지난 주	今週 こんしゅう 이번 주	来週 らいしゅう 다음 주	再来週 さらいしゅう 다 다음 주
毎月 まいげつ まいつき 매달	先々月 せんせんげつ 지지난 달	先月 せんげつ 지난 달	今月 こんげつ 이번 달	来月 らいげつ 다음 달	再来月 さらいげつ 다 다음 달
毎年 まいねん まいとし 매년	一昨年 おととし 재작년	去年 きょねん 작년	今年 ことし 올해	来年 らいねん 내년	再来年 さらいねん 내후년

(5) 요일과 날짜

日曜日 にちようび 일요일	月曜日 げつようび 월요일	火曜日 かようび 화요일	水曜日 すいようび 수요일	木曜日 もくようび 목요일	金曜日 きんようび 금요일	土曜日 どようび 토요일
1日 ついたち	2日 ふつか	3日 みっか	4日 よっか	5日 いつか	6日 むいか	7日 なのか
8日 ようか	9日 ここのか	10日 とおか	11日 じゅう いちにち	12日 じゅう ににち	13日 じゅう さんにち	14日 じゅう よっか
15日 じゅう ごにち	16日 じゅう ろくにち	17日 じゅう しちにち	18日 じゅう はちにち	19日 じゅう くにち	20日 はつか	21日 にじゅう いちにち
22日 にじゅう ににち	23日 にじゅう さんにち	24日 にじゅう よっか	25日 にじゅう ごにち	26日 にじゅう ろくにち	27日 にじゅう しちにち	28日 にじゅう はちにち
29日 にじゅう くにち	30日 さんじゅう にち	31日 さんじゅう いちにち	何日 なんにち	何曜日 なんようび		

(6) 가족 호칭

가족 명칭	나의 가족을 남에게 표현할 때	남의 가족을 표현할 때
가족	家族(かぞく)	ご家族(かぞく)
할아버지	祖父(そふ)	お爺(じい)さん
할머니	祖母(そぼ)	お祖母(ばあ)さん
아버지	父(ちち)	お父(とう)さん
어머니	母(はは)	お母(かあ)さん
형/오빠	兄(あに)	お兄(にい)さん
누나/언니	姉(あね)	お姉(ねえ)さん
남동생	弟(おとうと)	弟(おとうと)さん
여동생	妹(いもうと)	妹(いもうと)さん
형제	兄弟(きょうだい)	ご兄弟(きょうだい)
남편	主人(しゅじん) 夫(おっと)	ご主人(しゅじん) だんな様(さま)
아내, 부인	家内(かない)／妻(つま)	奥(おく)さん／奥様(おくさま)
부모님	両親(りょうしん)	ご両親(りょうしん)
아저씨	叔父(おじ)	叔父(おじ)さん 伯父(おじ)さん
아주머니	叔母(おば)	叔母(おば)さん 伯母(おば)さん
아들	息子(むすこ)	息子(むすこ)さん
딸	娘(むすめ)	娘(むすめ)さん
아이	子供(こども)	お子(こ)さん
손자/손녀	孫(まご)	お孫(まご)さん
사촌	従兄弟(いとこ)	従兄弟(いとこ)さん
남자 조카	甥(おい)	おいごさん
여자 조카	姪(めい)	めいごさん

(7) 직업 관련 일본어 표현

アナウンサー 아나운서	医者(いしゃ)의사
運転手(うんてんしゅ) 운전수	映画監督(えいがかんとく) 영화감독
営業(えいぎょう)マン 영업 사원	栄養士(えいようし) 영양사
演技者(えんぎしゃ) 연기자	演出家(えんしゅつか) 연출가
会社員(かいしゃいん) 회사원	演奏家(えんそうか) 연주가
画家(がか) 화가	歌手(かしゅ) 가수

カメラマン 사진사	看護婦(かんごふ) 간호사
漢方医(かんぽうい) 한의사	記者(きしゃ) 기자
教師(きょうし) 교사	銀行員(ぎんこういん) 은행원
ギャグマン 개그맨	教授(きょうじゅ) 교수
軍人(ぐんじん) 군인	警察官(けいさつかん) 경찰관
刑事(けいじ) 형사	検事(けんじ) 검사
芸能人(げいのうじん) 연예인	研究員(けんきゅういん) 연구원
建築家(けんちくか) 건축가	公務員(こうむいん) 공무원
国会議員(こっかいぎいん) 국회의원	コック 요리사
コメディアン 코미디언	裁判官(さいばんかん) 재판관
作詞家(さくしか) 작사가	作曲家(さっきょくか) 작곡가
指揮者(しきしゃ) 지휘자	詩人(しじん) 시인
小説家(しょうせつか) 소설가	神父(しんぷ) 신부
スチュワーデス 스튜어디스	スポーツ選手(せんしゅ) 스포츠 선수
声楽家(せいがくか) 성악가	税理士(ぜいりし) 세무사
声優(せいゆう) 성우	船員(せんいん) 선원
先生(せんせい) 선생	タレント 탤런트
彫刻家(ちょうこくか) 조각가	デザイナー 디자이너
陶芸家(とうげいか) 도예가	同時通訳者(どうじつうやくしゃ) 동시 통역사
農夫(のうふ) 농부	配達人(はいたつにん) 배달원
俳優(はいゆう) 배우	パイロット 파이롯
発明家(はつめいか) 발명가	判事(はんじ) 판사
美容師(びようし) 미용사	舞踊家(ぶようか) 무용가
フリーライター 자유 기고가	プロデューサー 프로듀서
弁護士(べんごし) 변호사	弁理士(べんりし) 변리사
放送作家(ほうそうさっか) 방송 작가	牧師(ぼくし) 목사
翻訳家(ほんやくか) 번역가	マネージャー 지배인
ミスター 수녀	モデル 모델
薬剤師(やくざいし) 약제사	リポーター 리포터
理容師(りようし) 이용사	旅行(りょこう)ガイド 여행 안내인

(8) 위치 관련 명사

TIPS 위치 관련 명사	
中(なか) 안 ━ 外(そと) 밖	前(まえ) 앞 ━ 後(うし)ろ 뒤
右(みぎ) 오른쪽 ━ 左(ひだり) 왼쪽	近(ちか)く 근처 ━ 遠(とお)く 멀리
上(うえ) 위 ━ 下(した) 아래	裏(うら) 뒷면 ━ 表(おもて) 앞면

隣(となり)/横(よこ)/そば 옆	手前(てまえ) 바로 앞
向(むか)い 맞은편	向(む)こう 건너편
角(かど) 모서리, 길모퉁이	隅(すみ) 구석, 모퉁이

(9) 숫자

숫자	개수	1~10	10단위	100단위	천 단위	만 단위	십만 단위	백만 단위
1	ひとつ 하나	いち	じゅう	ひゃく	せん	いち まん	じゅう まん	ひゃく まん
2	ふたつ 둘	に	に じゅう	に ひゃく	に せん	に まん	に じゅう まん	に ひゃく まん
3	みっつ 셋	さん	さん じゅう	さん びゃく	さん ぜん	さん まん	さん じゅう まん	さん びゃく まん
4	よっつ 넷	し/よん/よ	よん じゅう	よん ひゃく	よん せん	よん まん	よん じゅう まん	よん ひゃく まん
5	いつつ 다섯	ご	ご じゅう	ご ひゃく	ご せん	ご まん	ご じゅう まん	ご ひゃく まん
6	むっつ 여섯	ろく	ろく じゅう	ろっ ぴゃく	ろく せん	ろく まん	ろく じゅう まん	ろっ ぴゃく まん
7	ななつ 일곱	なな/しち	なな じゅう	なな ひゃく	なな せん	なな まん	なな じゅう まん	なな ひゃく まん
8	やっつ 여덟	はち	はち じゅう	はっ ぴゃく	はっ せん	はち まん	はち じゅう まん	はっ ぴゃく まん
9	ここのつ 아홉	きゅう/く	きゅう じゅう	きゅう ひゃく	きゅう せん	きゅう まん	きゅう じゅう まん	きゅう ひゃく まん
10	とお 열	―	―	―	―	―	―	いっ せん まん
몇	いくつ	―	なん じゅう	なん びゃく	なん ぜん	なん まん	なん じゅう まん	なん びゃく まん

一千万 いっせんまん 1000만		一億 いちおく 1억	
十億 じゅうおく 10억		百億 ひゃくおく 100억	
一千億 いっせんおく 1000억		一兆 いっちょう 1조	

(10) 조수사

숫자	人にん 사람 ~명	枚まい 종이, 엽서 손수건 ~장, ~매	個こ 작은 물건 ~개	歳さい 나이 ~살	回かい 횟수 ~회	階かい ~층	度ど 횟수, 온도 ~번, ~도	番 번호 ~번
1	ひとり	いちまい	いっこ	いっさい	いっかい	いっかい	いちど	いちばん
2	ふたり	にまい	にこ	にさい	にかい	にかい	にど	にばん
3	さんにん	さんまい	さんこ	さんさい	さんかい	さんがい さんかい	さんど	さんばん
4	よにん	よんまい	よんこ	よんさい	よんかい	よんかい	よんど	よんばん
5	ごにん	ごまい	ごこ	ごさい	ごかい	ごかい	ごど	ごばん
6	ろくにん	ろくまい	ろっこ	ろくさい	ろっかい	ろっかい	ろくど	ろくばん
7	しちにん	ななまい	ななこ	ななさい	ななかい	ななかい	ななど	ななばん
8	はちにん	はちまい	はっこ	はっさい	はっかい はちかい	はっかい はちかい	はちど	はちばん
9	きゅう にん	きゅう まい	きゅう こ	きゅう さい	きゅう かい	きゅう かい	きゅう ど	きゅう ばん
10	じゅう にん	じゅう まい	じゅっこ じっこ	じゅっさい じっさい	じゅっかい じっかい	じゅっかい じっかい	じゅう ど	じゅう ばん
몇	なんにん 몇 명	なんまい 몇 장	なんこ 몇 개	なんさい 몇 살	なんかい 몇 회	なんがい 몇 층	なんど 몇 번, 몇 도	なんばん 몇 번

숫자	杯はい 컵, 술잔 ~잔	台だい 기계, 차 ~대	冊さつ 책, 노트 ~권	足そく 신발, 양말 ~켤레	匹ひき 작은 동물	頭とう 큰 동물	軒けん 집, 건물 ~채	本ほん 병, 우산, 나무, 연필 ~자루
1	いっぱい	いちだい	いっさつ	いっそく	いっぴき	いっとう	いっけん	いっぽん
2	にはい	にだい	にさつ	にそく	にひき	にとう	にけん	にほん
3	さんばい	さんだい	さんさつ	さんぞく	さんびき	さんとう	さんげん	さんぼん
4	よんはい	よんだい	よんさつ	よんそく	よんひき	よんとう	よんけん	よんほん
5	ごはい	ごだい	ごさつ	ごそく	ごひき	ごとう	ごけん	ごほん
6	ろっぱい	ろくだい	ろくさつ	ろくそく	ろっぴき	ろくとう	ろっけん	ろっぽん
7	ななはい	ななだい	ななさつ	ななそく	ななひき	ななとう	ななけん	ななほん
8	はっぱい	はちだい	はっさつ	はっそく	はっぴき	はっとう	はっけん はちけん	はっぽん
9	きゅうはい	きゅうだい	きゅうさつ	きゅうそく	きゅうひき	きゅうとう	きゅうけん	きゅうほん
10	じゅっぱい じっぱい	じゅうだい	じゅっさつ じっさつ	じゅっそく じっそく	じゅっぴき じっぴき	じゅっとう じっとう	じゅっけん じっけん	じゅっぽん じっぽん
몇	なんばい 몇 잔	なんだい 몇 대	なんさつ 몇 권	なんぞく 몇 켤레	なんびき 몇 마리	なんとう 몇 마리	なんげん 몇 채	なんぼん 몇 자루

7-2. い형용사 활용표

	정중체	반말(보통)체
현재	かわいいです 귀엽습니다	かわいい 귀엽다
현재부정	かわいくないです かわいくありません 귀엽지 않습니다	かわいくない 귀엽지 않다
과거	かわいかったです 귀여웠습니다	かわいかった 귀여웠다
과거 부정	かわいくなかったです かわいくありませんでした 귀엽지 않았습니다	かわいくなかった 귀엽지 않았다

중지법	かわいく(て) 귀엽고, 귀여워서	부사형	かわいくなる 귀여워지다
정중의문체	かわいいですか 귀엽습니까?	명사수식형	かわいい人(ひと) 귀여운 사람
추측보통체	かわいかろう かわいいだろう 귀엽지	추측정중체	かわいいでしょう 여쁘죠?

7-3. い형용사 단어 정리

N5와 N4를 중심으로 외워 주세요. 나머지는 필요시 참고해 주세요.

い형용사 반대말			
いい(良(よ)い) 좋다	N5	悪(わる)い 나쁘다	N5
遠(とお)い 멀다	N5	近(ちか)い 가깝다	N5
大(おお)きい 크다	N5	小(ちい)さい 작다	N5
暑(あつ)い 덥다	N5	寒(さむ)い 춥다	N5
面白(おもしろ)い 재미있다	N5	つまらない 시시하다	N4
高(たか)い 크다	N5	低(ひく)い 작다	N5
高(たか)い 비싸다	N5	安(やす)い 싸다	N5
軽(かる)い 가볍다	N5	重(おも)い 무겁다	N5
難(むずか)しい 어렵다	N5	易(やさ)しい 쉽다	N4
熱(あつ)い 뜨겁다	N4	冷(つめ)たい 차갑다	N4
厚(あつ)い 두껍다	N4	薄(うす)い 얇다	N5
新(あたら)しい 새롭다	N5	古(ふる)い 낡다	N5
暖(あたた)かい 따뜻하다	N3	涼(すず)しい 시원하다, 서늘하다	N4
広(ひろ)い 넓다	N5	狭(せま)い 좁다	N5
多(おお)い 많다	N5	少(すく)ない 적다	N5
長(なが)い 길다	N5	短(みじか)い 짧다	N5
早(はや)い 이르다	N5	遅(おそ)い 늦다	N5
速(はや)い 빠르다	N5	遅(おそ)い 늦다	N5
柔(やわ)らかい 부드럽다	N4	固(かた)い 딱딱하다	N4
太(ふと)い 굵다	N5	細(ほそ)い 가늘다	N4
強(つよ)い 강하다	N5	弱(よわ)い 약하다	N5
嬉(うれ)しい 기쁘다	N4	悲(かな)しい 슬프다	N4
甘(あま)い 달다	N5	辛(から)い 맵다	N5
かわいい 귀엽다	N5	憎(にく)い 밉다	N3
明(あか)るい 밝다	N5	暗(くら)い 어둡다	N5
美味(おい)しい/うまい 맛있다	N5 / N4	まずい 맛없다	N5
濃(こ)い 진하다	N3	薄(うす)い 싱겁다, 연하다	N5
그 외 い형용사			
楽(たの)しい 즐겁다	N5	寂(さび)しい 외롭다	N4

ひどい 심하다	N4		素晴(すば)らしい 훌륭하다, 멋지다	N4	
恥(は)ずかしい 부끄럽다	N4		怖(こわ)い 무섭다	N4	
羨(うらや)ましい 부럽다	N3		すごい 굉장하다	N4	
惜(お)しい 안타깝다	N2		悔(くや)しい 분하다	N3	
優(やさ)しい 상냥하다	N4		しょっぱい 짜다	N2	
酸(す)っぱい 시다	N2		苦(にが)い 쓰다	N4	
白(しろ)い 하얗다	N5		黒(くろ)い 검다	N5	
赤(あか)い 빨갛다	N5		青(あお)い 파랗다	N5	
黄色(きいろ)い 노랗다	N5		茶色(ちゃいろ)い 갈색이다	N3	

색 이름 참고					
灰色(はいいろ) 회색	N3		緑色(みどりいろ) 녹색		
桃色(ももいろ) 분홍색			橙色(だいだいいろ) 주황색, 오렌지색		
赤(あか) 빨강	N2		青(あお) 파란색	N2	
緑(みどり) 녹색	N5		黄(き) 노란색	N2	
白(しろ) 흰색	N2		黒(くろ) 검은색	N2	

7-4. な형용사 활용표

	정중체	반말(보통)체
현재	好(す)きです 좋아합니다	好きだ 좋아하다
현재부정	好きでは(じゃ)ありません 좋아하지 않습니다	好きでは(じゃ)ない 좋아하지 않다
과거	好きでした 좋아했습니다	好きだった 좋아했다
과거 부정	好きでは(じゃ)ありませんでした 좋아하지 않았습니다	好きでは(じゃ)なかった 좋아하지 않았다

중지법	好きで 좋아하고, 좋아해서	부사형	好きになる 좋아하게 되다
정중의문체	好きですか 좋아합니까?	명사수식형	好きな人(ひと) 좋아하는 사람
추측보통체	好きだろう 좋아할 것이다, 좋아하겠지	추측정중체	好きでしょう 좋아하죠
가정형	好きなら(ば) 좋아하면		

7-5. な형용사 단어 정리

N5와 N4를 중심으로 외워 주세요. 나머지는 필요시 참고해 주세요.

な형용사 반대말			
静(しず)かだ 조용하다	N5	賑(にぎ)やかだ 번화하다, 떠들썩하다	N5
便利(べんり)だ 편리하다	N5	不便(ふべん)だ 불편하다	N4
親切(しんせつ)だ 친절하다	N3	不親切(ふしんせつ)だ 불친절하다	
真面目(まじめ)だ/誠実(せいじつ)だ 성실하다	N4 / N1	不真面目(ふまじめ)だ 불성실하다	
上手(じょうず)だ 잘하다	N5	下手(へた)だ 못하다	N4
安心(あんしん)だ 안심하다	N4	心配(しんぱい)だ 걱정하다	N4
簡単(かんたん)だ 간단하다	N4	複雑(ふくざつ)だ 복잡하다	N4
好(す)きだ 좋아하다	N5	嫌(きら)いだ/嫌(いや)だ 싫어하다 N5 / 싫다 N5	
安全(あんぜん)だ 안전하다	N4	危険(きけん)だ 위험하다	N4
派手(はで)だ 화려하다	N2	地味(じみ)だ 수수하다	N2
그 외 な형용사			
ハンサムだ 핸섬하다, 잘생기다	N2	綺麗(きれい)だ 예쁘다, 깨끗하다	N5
素敵(すてき)だ 멋지다	N3	元気(げんき)だ 건강하다, 활발하다	N5
大丈夫(だいじょうぶ)だ 괜찮다	N5	丈夫(じょうぶ)だ/頑丈(がんじょう)だ 튼튼하다 N5 / N1	
同(おな)じだ 같다	N5	必要(ひつよう)だ 필요하다	N4
有名(ゆうめい)だ 유명하다	N4	立派(りっぱ)だ 훌륭하다	N4
無理(むり)だ 무리하다, 곤란하다	N4	残念(ざんねん)だ 유감이다	N4
大切(たいせつ)だ 소중하다, 중요하다	N4	十分(じゅうぶん)だ 충분하다	N4
大事(だいじ)だ/重要(じゅうよう)だ/肝心(かんじん)だ 중요하다	N4 / N3 / N1	朗(ほが)らかだ/陽気(ようき)だ 명랑하다 N2 / N2	
幸(しあわ)せだ 행복하다	N3	不幸(ふしあわ)せだ/不幸(ふこう)だ 불행하다 N2	
駄目(だめ)だ 안 된다, 소용없다	N4	平気(へいき)だ 태연하다	N3
無事(ぶじ)だ 무사하다	N2	大変(たいへん)だ 힘들다, 큰일이다	N5
楽(らく)だ 편하다	N3	変(へん)だ 이상하다	N4
容易(ようい)だ 용이하다	N2	健康(けんこう)だ 건강하다	N3
華(はな)やかだ 화려하다	N1	正直(しょうじき)だ 정직하다, 솔직하다	N3
素直(すなお)だ 고분고분하다	N3	率直(そっちょく)だ 솔직하다	N2

7-6. 동사 활용표1

동사의 분류(동사란 사물의 동작이나 작용을 나타내는 말)

모든 동사는 기본형의 어미가 う단음, 즉<う・く・ぐ・す・つ・ぬ・ぶ・む・る>로 끝납니다. 그리고 활용 형태에 따라 1그룹동사, 2그룹동사, 3그룹동사로 나뉩니다.

(1) 1그룹동사

❶ 어미가 <る>로 끝나지 않는 경우

(<う・く・ぐ・す・つ・ぬ・ぶ・む>로 끝납니다.)

買(か)う 사다/行(い)く 가다/急(いそ)ぐ 서두르다/話(はな)す 이야기하다/
待(ま)つ 기다리다/死(し)ぬ 죽다/呼(よ)ぶ 부르다/読(よ)む 읽다

❷ あ단・う단・お단+る앞의 음

終(お)わる 끝나다/降(ふ)る 내리다/登(のぼ)る 올라가다

❸ 예외 1그룹동사(모양은 2그룹동사(い단, え단음+어미る앞))

帰(かえ)る 돌아가다/切(き)る 자르다/知(し)る 알다/入(はい)る 들어가다/
走(はし)る 달리다/要(い)る 필요하다/蹴(け)る 차다/滑(すべ)る 미끄러지다/
散(ち)る(꽃이) 지다/照(て)る 비추다/握(にぎ)る 쥐다/
参(まい)る 가다, 오다의 겸사말

예) 読(よ)む 읽다

형	공식	뜻	활용형태
부정(ない)형	あ단+ない (예외:かわない)	하지 않는다	よ・まない 읽지 않는다
정중(ます)형	い단+ます	합니다	よ・みます 읽습니다
기본형(원형, 사전형)	기본형	하다	よむ 읽다
명사수식형	기본형+時(とき)	할 때	よむ・とき 읽을 때
	기본형+人(ひと)	하는 사람	よむ・ひと 읽는 사람
가정형(조건형)	え단+ば	하면	よ・めば 읽으면

형	공식	뜻	활용형태
가능형	기본형+ことができる	할 수 있다	よむ·ことができる
	え단+る		よ·める 읽을 수 있다
명령형	え단	해라, 해	よ·め 읽어라, 읽어
의지형	お단+う	하자(제안 및 권유)	よ·もう 읽자
	お단+うとおもいます	하려고 생각합니다.	よ·もうとおもいます 읽으려고 생각합니다
수동형	あ단+れる	함을 당하다(수동)	よ·まれる 읽히다
		하시다(존경)	よ·まれる 읽으시다
사역형	あ단+せる	시키다, 하게 하다	よ·ませる 읽게 하다
사역수동형	あ단+せられる あ단+される	억지로~하다	よ·ませられる よ·まされる 억지로 읽다

* 1그룹동사 − 2

★촉음편(~う·~つ·~る)			
★あ·う	만나다	★う·つ	치다, 때리다
あ·って	만나고, 만나서	う·って	때리고, 때려서
あ·った	만났다, 만난	う·った	때렸다, 때린
あ·ったり	만나거나	う·ったり	때리거나
あ·ったら	만나면, 만난다면	う·ったら	때리면, 때린다면
	★あつま·る	모이다	
	あつま·って	모이고, 모여서	
	あつま·った	모였다	
	あつま·ったり	모이거나	
	あつま·ったら	모이면, 모인다면	

★발음편(~ぬ·~ぶ·~む)			
★し·ぬ	죽다	★よ·ぶ	부르다
し·んで	죽고, 죽어서	よ·んで	부르고, 불러서
し·んだ	죽었다, 죽은	よ·んだ	불렀다, 부른
し·んだり	죽거나	よ·んだり	부르거나
し·んだら	죽으면, 죽는다면	よ·んだら	부르면, 부른다면

★よ・む	읽다
よ・んで	읽고, 읽어서
よ・んだ	읽었다, 읽은
よ・んだり	읽거나
よ・んだら	읽으면, 읽는다면

★い음편(~く・~ぐ)			
★か・く	쓰다	★か・ぐ	냄새를 맡다
か・いて	쓰고, 써서	か・いで	냄새를 맡고, 맡아서
か・いた	썼다, 쓴	か・いだ	냄새를 맡았다, 맡은
か・いたり	쓰거나	か・いだり	냄새를 맡거나
か・いたら	쓰면, 쓴다면	か・いだら	냄새를 맡으면, 맡는다면

★예외 行(い)・く		★話(はな)・す	
★行(い)・く	가다	★話(はな)・す	이야기 하다
行(い)・って	가고, 가서	話(はな)・して	이야기 하고, 이야기 해서
行(い)・った	갔다, 간	話(はな)・した	이야기 했다, 이야기 한
行(い)・ったり	가거나	話(はな)・したり	이야기 하거나
行(い)・ったら	가면, 간다면	話(はな)・したら	이야기하면, 이야기 한다면

(2) 2그룹동사

❶ い단, え단음+어미る앞

起(お)き·る 일어나다/見(み)·る 보다/寝(ね)·る 자다/食(た)べ·る 먹다

예) 起(お)きる 보다

형	공식	뜻	활용형태
부정(ない)형	る탈락+ない	하지 않는다	おき·ない 일어나지 않는다
정중(ます)형	る탈락+ます	합니다	おき·ます 일어납니다
기본형(원형, 사전형)	기본형	하다	おきる 일어나다
명사수식형	기본형+時(とき)	할 때	おきる·とき 일어날 때
	기본형+人(ひと)	하는 사람	おきる·ひと 일어나는 사람
가정형(조건형)	る탈락+れば	하면	おき·れば 일어나면
기능형	기본형+ことができる	할 수 있다	おきる·ことができる
	る탈락+られる	할 수 있다	おき·られる 일어날 수 있다
명령형	る탈락+ろ／よ	해라, 해	おき·ろ／おき·よ 일어나라, 일어나
의지형	る탈락+よう	하자(제안 및 권유)	おき·よう 일어나자
	る탈락+ようと	하려고	おき·ようと 일어나려고
수동형	る탈락+られる	함을 당하다(수동)	おき·られる 일어나게 되다
		하시다(존경)	おき·られる 일어나시다
사역형	る탈락+させる	시키다, 하게 하다	おき·させる 일어나게 하다
사역수동형	る탈락+させられる	억지로~하다	おき·させられる 억지로 일어나다

★み·る		★たべ·る	
み·る	보다	たべ·る	먹다
み·ます	봅니다	たべ·ます	먹습니다
み·て	보고, 봐서	たべ·て	먹고, 먹어서
み·た	봤다, 본	たべ·た	먹었다, 먹은
み·たり	보거나, 보기도 하고	たべ·たり	먹거나, 먹기도 하고
み·たら	보면, 본다면	たべ·たら	먹으면, 먹는다면

(3) 3그룹동사

형	カ행변격동사(くる오다)	형	サ행변격동사(する 하다)
부정(ない)형	こ・ない 오지 않는다	부정(ない)형	し・ない 하지 않는다
정중(ます)형	き・ます 옵니다	정중(ます)형	し・ます 합니다
기본형(원형, 사전형)	くる 오다	기본형(원형, 사전형)	する 하다
명사수식형	くる時(とき) 올 때	명사수식형	するとき 할 때
	くる人(ひと) 오는 사람		するひと 하는 사람
가정형(조건형)	く・れば 오면	가정형(조건형)	す・れば 하면
가능형	くる+ことができる	가능형	する・ことができる
	こ・られる 올 수 있다		できる 할 수 있다
명령형	こい 와라, 와	명령형	しろ／せよ 해라, 해
의지형	こ・よう 오자	의지형	し・よう 하자
	こ・ようと 오려고		し・ようと 하려고
수동형	こ・られる 오게 되다	수동형	される 되다
사역형	こ・させる 오게 하다	사역형	させる 시키다, 하게 하다
사역수동형	こ・させられる 억지로 오다	사역수동형	させられる 억지로 하다

★く・る		★す・る	
く・る	오다	す・る	하다
き・ます	옵니다	し・ます	합니다
き・て	오고, 와서	し・て	하고, 해서, 하며
き・た	왔다, 온	し・た	했다, 한
き・たり	오거나, 오기도 하고	し・たり	하거나, 하기도 하고
き・たら	오면, 온다면	し・たら	하면, 한다면

7-7. 동사 활용표2

(1) 1그룹동사 활용표

1그룹동사	1.부정(ない)형 あ단+ない ~하지 않는다	2.정중(ます)형 い단+ます ~합니다	3.명사수식형 기본형+とき ~할 때	4.가정형 え단+ば ~하면
買(か)う 사다	買わない 사지 않는다	買います 삽니다	買うとき 살 때	買えば 사면
待(ま)つ 기다리다	待たない 기다리지 않는다	待ちます 기다립니다	待つとき 기다릴 때	待てば 기다리면
作(つく)る 만들다	作らない 만들지 않는다	作ります 만듭니다	作るとき 만들 때	作れば 만들면
死(し)ぬ 죽다	死なない 죽지 않는다	死にます 죽습니다	死ぬとき 죽을 때	死ねば 죽으면
遊(あそ)ぶ 놀다	遊ばない 놀지 않는다	遊びます 놉니다	遊ぶとき 놀 때	遊べば 놀면
飲(の)む 마시다	飲まない 마시지 않는다	飲みます 마십니다	飲むとき 마실 때	飲めば 마시면
書(か)く 쓰다	書かない 쓰지 않는다	書きます 씁니다	書くとき 쓸 때	書けば 쓰면
泳(およ)ぐ 헤엄치다	泳がない 헤엄치지 않는다	泳ぎます 헤엄칩니다	泳ぐとき 헤엄칠 때	泳げば 헤엄치면
話(はな)す 이야기하다	話さない 이야기 하지 않는다	話します 이야기 합니다	話すとき 이야기할 때	話せば 이야기하면
예외1그룹 帰(かえ)る 돌아가다	帰らない 돌아가지 않는다	帰ります 돌아갑니다	帰るとき 돌아갈 때	帰れば 돌아가면

1그룹동사	5.가능형 え단+る 할 수 있다	6.명령형 え단 해라, 해	7.의지형 お단+う 하자, 해야지	7.의지형 お단+うと 하려고
買(か)う 사다	買える 살 수 있다	買え 사, 사라	買おう 사자	買おうと 사려고
待(ま)つ 기다리다	待てる 기다릴 수 있다	待て 기다려, 기다려라	待とう 기다리자	待とうと 기다리려고
作(つく)る 만들다	作れる 만들 수 있다	作れ 만들어, 만들어라	作ろう 만들자	作ろうと 만들려고
死(し)ぬ 죽다	死ねる 죽을 수 있다	死ね 죽어, 죽어라	死のう 죽자	死のうと 죽으려고
遊(あそ)ぶ 놀다	遊べる 놀 수 있다	遊べ 놀아, 놀아라	遊ぼう 놀자	遊ぼうと 놀려고

飲(の)む 마시다	飲める 마실 수 있다	飲め 마셔, 마셔라	飲もう 마시자	飲もうと 마실려고
書(か)く 쓰다	書ける 쓸 수 있다	書け 써, 써라	書こう 쓰자	書こうと 쓸려고
泳(およ)ぐ 헤엄치다	泳げる 헤엄칠 수 있다	泳げ 헤엄쳐, 헤엄쳐라	泳ごう 헤엄치자	泳ごうと 헤엄치려고
話(はな)す 이야기하다	話せる 이야기할 수 있다	話せ 이야기해, 말해라	話そう 이야기하자	話そうと 이야기하려고
예외1그룹 帰(かえ)る 돌아가다	帰れる 돌아갈 수 있다	帰れ 돌아가, 돌아가라	帰ろう 돌아가자	帰ろうと 돌아가려고

1그룹동사	8.수동형 あ단+れる 되다, 당하다	9.사역형 あ단+せる 하게 하다	10.사역수동형 あ단+せられる(あ단+される) 억지로 ~하다
買(か)う 사다	買われる 사게 되다	買わせる 사게 하다	買わせられる(買わされる) 억지로 사다
待(ま)つ 기다리다	待たれる 기다리게 되다	待たせる 기다리게 하다	待たせられる(待たされる) 억지로 기다리다
作(つく)る 만들다	作られる 만들게 되다	作らせる 만들게 하다	作らせられる(作らされる) 억지로 만들다
死(し)ぬ 죽다	死なれる 죽게 되다	死なせる 죽게 하다	死なせられる(死なされる) 억지로 죽다
遊(あそ)ぶ 놀다	遊ばれる 놀게 되다	遊ばせる 놀게 하다	遊ばせられる(遊ばされる) 억지로 놀다
飲(の)む 마시다	飲まれる 마시게 되다	飲ませる 마시게 하다	飲ませられる(飲まされる) 억지로 마시다
書(か)く 쓰다	書かれる 쓰게 되다	書かせる 쓰게 하다	書かせられる(書かされる) 억지로 쓰다
泳(およ)ぐ 헤엄치다	泳がれる 헤엄치게 되다	泳がせる 헤엄치게 하다	泳がせられる(泳がされる) 억지로 헤엄치다
話(はな)す 이야기하다	話される 이야기하게 되다	話させる 이야기하게 하다	話させられる 억지로 이야기하다
예외1그룹 동사 帰(かえ)る 돌아가다	帰られる 돌아가게 되다	帰らせる 만들게 하다	帰らせられる(帰らされる) 억지로 돌아가다

(2) 2그룹동사 활용표

2그룹동사	1.부정(ない)형 る탈락+ない ~하지 않는다	2.정중(ます)형 る탈락+ます ~합니다	3.명사수식형 기본형+とき ~할 때	4.가정형 る탈락+れば ~하면
見(み)る 보다	見ない 보지 않는다	見ます 봅니다	見るとき 볼 때	見れば 보면
起(お)きる 일어나다	起きない 일어나지 않는다	起きます 일어납니다	起きるとき 일어날 때	起きれば 일어나면
食(た)べる 먹다	食べない 먹지 않는다	食べます 먹습니다	食べるとき 먹을 때	食べれば 먹으면
寝(ね)る 자다	寝ない 자지 않는다	寝ます 잡니다	寝るとき 잘 때	寝れば 자면

2그룹동사	5.가능형 る탈락+られる 할 수 있다	6.명령형 る탈락+ろ/よ 해라, 해	7.의지형 る탈락+よう 하자, 해야지	7.의지형 る탈락+ようと 하려고
見(み)る 보다	見られる 볼 수 있다	見ろ/見よ 봐, 봐라	見よう 보자	見ようと 보려고
起(お)きる 일어나다	起きられる 일어날 수 있다	起きろ/起きよ 일어나, 일어나라	起きよう 일어나자	起きようと 일어나려고
食(た)べる 먹다	食べられる 먹을 수 있다	食べろ/食べよ 먹어, 먹어라	食べよう 먹자	食べようと 먹으려고
寝(ね)る 자다	寝られる 잘 수 있다	寝ろ/寝よ 자, 자라	寝よう 자자	寝ようと 자려고

2그룹동사	8.수동형 る탈락+られる 되다, 당하다	9.사역형 る탈락+させる 하게 하다	10.사역수동형 る탈락+させられる 억지로 ~하다
見(み)る보다	見られる 보이다	見させる 보게 하다	見させられる 억지로 보다
起(お)きる일어나다	起きられる 일어나게 되다	起きさせる 일어나게 하다	起きさせられる 억지로 일어나다
食(た)べる먹다	食べられる 먹히다	食べさせる 먹게 하다	食べさせられる 억지로 먹다
寝(ね)る자다	寝られる 자게 되다	寝させる 자게 하다	寝させられる 억지로 자다

(3) 3그룹동사 활용표

3그룹동사 (활용형 암기)	1.부정(ない)형 ~하지 않는다	2.정중(ます)형 ~합니다	3.명사수식형 기본형+とき ~할 때(사람)	4.가정형 ~하면
来(く)る 오다	こない 오지 않는다	きます 옵니다	くるとき 올 때	くれば 오면
する 하다	しない 하지 않는다	します 합니다	するとき 할 때	すれば 하면

3그룹동사 (활용형 암기)	5.가능형 할 수 있다	6.명령형 해라, 해	7.의지형 하자, 해야지	7.의지형 하려고
来(く)る 오다	こられる 올 수 있다	こい 와, 오너라	こよう 오자	こようと 오려고
する 하다	できる 할 수 있다	しろ/せよ 해, 해라	しよう 하자	しようと 하려고

3그룹동사 (활용형 암기)	8.수동형 되다, 당하다	9.사역형 하게 하다	10.사역수동형 억지로 ~하다
来(く)る 오다	こられる 오게 되다	こさせる 오게 하다	こさせられる 억지로 오다
する 하다	される 되다	させる 시키다, 하게 하다	させられる 억지로 하다

7-8. 경어표

번호	존경어		정중어 N4(N5포함)	겸양어
1	N4 いらっしゃいます 가십니다	おいでになります 가십니다	行(い)きます 갑니다	N4 参(まい)ります 갑니다/옵니다
	N4 いらっしゃいます 오십니다	おいでになります 오십니다	来(き)ます 옵니다	
		お越(こ)しに なります 오십니다		
	N4 いらっしゃいます 계십니다	おいでになります 계십니다	います 있습니다	N4 おります 있습니다
2	～ていらっしゃいます ～하고 계십니다		～です ～입니다	～でございます ～입니다
3	N4 おっしゃいます 말씀하십니다		いいます 말합니다	N4 申(もう)します 말합니다 申(もう)し上(あ)げます 말씀드립니다
4	N4 お休(やす)みになります 주무십니다		寝(ね)ます 잡니다	
5	N4 ご存(ぞん)じです 알고 계십니다		知(し)って います 알고 있습니다	N4 存(ぞん)じております 存(ぞん)じ 上(あ)げております 알고 있습니다
6	N4 ご覧(らん)になります 보십니다		見(み)ます 봅니다 読(よ)みます 읽습니다	N4 拝見(はいけん)します 봅니다
7	N4 なさいます/されます 하십니다		します 합니다	N4 いたします 합니다
8	見(み)えます お見(み)えになります 오십니다		きます 옵니다	

번호	존경어	정중어 N4(N5포함)	겸양어
9	N4 召(め)し上(あ)がります 드십니다	食(た)べます 먹습니다 飲(の)みます 마십니다	N4 いただきます 먹겠습니다
10		聞(き)きます 듣습니다/묻습니다 訪(たず)ねます 방문합니다	N4 伺(うかが)います 여쭙습니다 방문합니다
11		聞(き)きます 듣습니다 受(う)けます 받습니다	承(うけたま)ります 듣습니다 받습니다
12		会(あ)います 만납니다 見(み)せます 보입니다	N4 お目(め)にかかります 만나 뵙습니다 お目(め)にかけます 보여드립니다
13		あげます (내가 남에게) 줍니다	N4 差(さ)し上(あ)げます 드립니다
14		もらいます (내가 남에게) 받습니다	N4 いただきます 받습니다
15	N4 くださいます 주십니다	くれます (남이 나에게) 줍니다	
16	お亡(な)くなりになります 돌아가십니다	死(し)にます 죽습니다	
17	お召(め)しになります 입으십니다	着(き)ます 입습니다	
18		借(か)ります 빌립니다	拝借(はいしゃく)します 빌립니다

7-9. 겸양어 만들기 공식

TIPS 겸양어 만들기

❶ 겸양동사 부록 표 암기

❷ お+(동사 ます형)+する/いたす (제가) ~하다/~해 드리다

お願(ねが)いいたします。 부탁드리겠습니다.

❸ お(ご)+(명사)+する/いたす (제가) ~하다/~해 드리다

ご案内(あんない)いたします。 안내해 드리겠습니다.

❹ 사역형+(さ)せていただきます (제가) ~하겠습니다

これから自己紹介(じこしょうかい)をさせていただきます。 지금부터 자기소개를 하겠습니다.

7-10. 존경어 만들기 공식

TIPS 존경어 만들기

① 존경동사 부록 표 암기

② お+(동사 ます형)+になる ~하시다

お出掛(でか)けになりましたか。 외출하십니까?

③ お+(동사 ます형)+です ~하십니다

お持(も)ちですか。 가지고 계시나요?

④ お/ご+(명사)+なさる ~하시다

ご連絡(れんらく)なさいました。 연락하셨습니다.

⑤ 존경어(모양은 수동, 뜻은 존경) ~하시다

戻(もど)られるんですか。 돌아가(오)시나요?

⑥ お+(동사 ます형)+ください/お(ご)+(명사)+ください ~해 주세요

お待(ま)ちください。 기다려 주세요.

자동사	타동사
1. 上(あ)がる 올라가다	2. 上(あ)げる 올리다
3. 開(あ)く 열리다	4. 開(あ)ける 열다
5. 集(あつ)まる 모이다	6. 集(あつ)める 모으다
7. 起(お)きる 일어나다	8. 起(お)こす 깨우다
9. 落(お)ちる 떨어지다	10. 落(と)とす 떨어뜨리다
11. 下(お)りる 내리다	12. 下(お)ろす 내리다, 돈을 찾다　　　N3
13. 終(お)わる 끝나다	14. 終(お)える 끝내다　　　N3
15. 折(お)る 접다　　　N3	16. 折(お)れる 접히다
17. 借(か)りる 빌리다	18. 貸(か)す 빌려주다
19. 変(か)わる 바뀌다	20. 変(か)える 바꾸다
21. 片付(かたづ)く 정리되다　　　N3	22. 片付(かたづ)ける 정리하다
23. 消(き)える 꺼지다	24. 消(け)す 끄다
25. 聞(き)く 듣다	26. 聞(き)こえる 들리다
27. 決(き)まる 결정되다	28. 決(き)める 결정하다
29. 切(き)れる 끊기다, 베이다　　　N2	30. 切(き)る 끊다, 베다
31. 壊(こわ)れる 깨지다, 고장나다	32. 壊(こわ)す 부수다, 해치다, 망치다
33. 下(さ)がる 내려가다	34. 下(さ)げる 내리다
35. 閉(し)まる 닫히다	36. 閉(し)める 닫다
37. 過(す)ぎる 지나가다	38. 過(す)ごす 보내다　　　N3
39. 済(す)む 끝나다　　　N3	40. 済(す)ます 끝내다, 때우다　　　N1
41. 育(そだ)つ 자라다　　　N3	42. 育(そだ)てる 기르다
43. 倒(たお)れる 쓰러지다	44. 倒(たお)す 쓰러(넘어)뜨리다　　　N3
45. 助(たす)かる 살아나다　　　N3	46. 助(たす)ける 살리다, 돕다　　　N3
47. 立(た)つ 서다	48. 立(た)てる 세우다　　　N3
49. 足(た)りる 충분하다	50. 足(た)す 더하다, 채우다

51. 付(つ)く 붙다, 묻다, 켜지다	52. 付(つ)ける 붙이다, 묻히다, 켜다
53. 続(つづ)く 계속되다	54. 続(つづ)ける 계속하다
55. 釣(つ)れる 낚이다	56. 釣(つ)る 낚다
57. 出(で)る 나가다	58. 出(だ)す 꺼내다, 내다, 부치다
59. 通(とお)る 통하다, 통과하다	60. 通(とお)す 통과시키다

자동사	타동사
61. 泊(と)まる 숙박하다	62. 泊(と)める 묵게 하다
63. 直(なお)る 고쳐지다	64. 直(なお)す 고치다
65. 無(な)くなる 없어지다	66. 無(な)くす 분실하다, 잃다
67. 並(なら)ぶ 늘어서다	68. 並(なら)べる 늘어놓다
69. 逃(に)げる 도망치다	70. 逃(に)がす 놓아주다 N2
71. 濡(ぬ)れる 젖다	72. 濡(ぬ)らす 적시다 N3
73. 残(のこ)る 남다	74. 残(のこ)す 남기다
75. 入(はい)る 들어가다	76. 入(い)れる 넣다
77. 始(はじ)まる 시작되다	78. 始(はじ)める 시작하다
79. 冷(ひ)える 차가워지다	80. 冷(ひ)やす 차게 하다 N3
81. 増(ふ)える 늘다	82. 増(ふ)やす 늘리다 N3
83. 見(み)える 보이다	84. 見(み)る 보다
85. 見(み)つかる 발견되다	86. 見(み)つける 발견하다
87. 焼(や)く 타다, 구워지다	88. 焼(や)ける 태우다, 굽다
89. 揺(ゆ)れる 흔들리다	90. 揺(ゆ)らす 흔들다
91. 沸(わ)く 끓다	92. 沸(わ)かす 끓이다
93. 渡(わた)る 건너가다	94. 渡(わた)す 건네주다
95. 割(わ)れる 깨지다	96. 割(わ)る 깨다

그 외 동사 N4 필수단어(N5 필수단어 포함)

1. あいさつする 인사하다	2. 会(あ)う 만나다
3. 合(あ)う 맞다	4. 遊(あそ)ぶ 놀다
5. あげる (내가 남에게) 주다	6. 浴(あ)びる 뒤집어쓰다
7. 洗(あら)う 씻다	8. 謝(あやま)る 사과하다
9. ある 있다	10. 歩(ある)く 걷다
11. 言(い)う 말하다	12. 生(い)きる 살아가다
13. 行(い)く 가다	14. 急(いそ)ぐ 서두르다
15. 致(いた)す 하다의 겸양어	16. 頂(いただ)く 먹다, 마시다, 받다
17. 入れる 넣다	18. 祈(いの)る 빌다
19. いらっしゃる 가시다, 오시다, 계시다	20. 居(い)る 있다
21. 要(い)る 필요하다	22. 伺(うかが)う 듣다, 묻다, 방문하다의 겸양어
23. 受(う)ける 받다, 치다, 호평을 받다	24. 動(うご)く 움직이다
25. 歌(うた)う 노래하다	26. 打(う)つ 치다, 때리다, 놓다
27. 写(うつ)す 베끼다, 그리다, 찍다	28. 移(うつ)る 옮기다, 이동하다 N3
29. 生(う)まれる 태어나다	30. 売(う)る 팔다
31. 選(えら)ぶ 고르다, 뽑다	32. おいでになる 가시다, 오시다
33. 置(お)く 두다, 놓다	34. 送(おく)る 보내다

자동사	타동사
35. 遅(おく)れる 늦다	36. 行(おこな)う 행하다
37. 怒(おこ)る 화내다	38. 教(おし)える 가르치다
39. 押(お)す 누르다	40. おっしゃる 말씀하시다
41. 踊(おど)る 춤추다	42. 驚(おどろ)く 놀라다
43. 覚(おぼ)える 느끼다, 기억하다, 익히다	44. 思(おも)い出(だ)す 생각해 내다, 상기하다
45. 思(おも)う 생각하다	46. 泳(およ)ぐ 헤엄치다
47. 降(お)りる 내리다	48. おる 있다
49. 買(か)う 사다	50. 返(かえ)す 돌려주다

자동사	타동사
51. 書(か)く 쓰다	52. 飾(かざ)る 장식하다
53. 勝(か)つ 이기다	54. 被(かぶ)る 쓰다
55. 構(かま)う 상관하다 　　　　　N2	56. 噛(か)む 씹다
57. 通(かよ)う 다니다	58. 乾(かわ)く 마르다, 건조하다
59. 考(かんが)える 생각하다	60. 頑張(がんば)る 분발(노력)하다
61. 着(き)る 입다	62. くださる 주시다
63. 曇(くも)る 흐리다	64. 比(くら)べる 비교하다
65. 来(く)る 오다	66. 暮(く)れる 해가 지다, 해가 저물다
67. くれる (남이 나에게) 주다	68. 答(こた)える 대답하다
69. 困(こま)る 곤란하다	70. 探(さが)す 찾다
71. 咲(さ)く 피다	72. 差(さ)し上(あ)げる 드리다
73. 騒(さわ)ぐ 떠들다	74. 触(さわ)る 만지다
75. 叱(しか)る 꾸짖다	76. 死(し)ぬ 죽다
77. しまう 끝내다, 치우다, 안에 넣다, 해버리다	78. 締(し)める 매다
79. 承知(しょうち)する 승낙하다 　　　N2	80. 知(し)らせる 알리다
81. 調(しら)べる 조사하다	82. 知(し)る 알다
83. 吸(す)う 피우다, 들이마시다	84. 空(す)く 비다
85. 進(すす)む 나아가다	86. 捨(す)てる 버리다
87. 滑(すべ)る 미끄러지다	88. 住(す)む 살다
89. する 하다	90. 座(すわ)る 앉다
91. 尋(たず)ねる 찾다, 묻다 　　　N2	92. 建(た)てる 세우다
93. 楽(たの)しむ 즐기다	94. 頼(たの)む 부탁하다
95. 食(た)べる 먹다	96. 違(ちが)う 다르다, 틀리다
97. 使(つか)う 사용하다	98. 捕(つか)まえる 붙잡다, 잡다
99. 疲(つか)れる 피곤하다	100. 着(つ)く 도착하다

자동사	타동사
101. 作(つく)る 만들다	102. 伝(つた)える 전하다
103. 包(つつ)む 싸다, 포장하다	104. 勤(つと)める 근무하다
105. 連(つ)れる 데리고 오(가)다	106. 出(で)かける 외출하다

자동사	타동사
107. 出来(でき)る 할 수 있다, 생기다, 만들어지다, 다 되다	108. 手伝(てつだ)う 돕다, 거들다
109. 届(とど)ける 배달하다, 신고하다	110. 飛(と)ぶ 날다
111. 取(と)り替(か)える 바꾸다	112. 取(と)る 잡다, 집어 오다, 취하다, 먹다, 벗다, 빼앗다, 없애다, 따다, 받다, 얻다, 필기하다, 맞추다, 맡다, 택하다, 주문하다
113. 撮(と)る 찍다	114. 治(なお)る 낫다
115. 泣(な)く 울다	116. 亡(な)くなる 돌아가시다
117. 投(な)げる 던지다	118. なさる 하시다
119. 習(なら)う 배우다	120. 鳴(な)る 울리다
121. 慣(な)れる 익숙해지다, 길들다	122. 似(に)る 닮다
123. 脱(ぬ)ぐ 벗다	124. 盗(ぬす)む 훔치다
125. 塗(ぬ)る 바르다, 칠하다	126. 眠(ねむ)る 잠자다, 자다, 죽다
127. 寝(ね)る 자다	128. 登(のぼ)る 올라가다
129. 飲(の)む 마시다	130. 運(はこ)ぶ 운반하다
131. 乗(の)り換(か)える 갈아타다	132. 乗(の)る 타다
133. 走(はし)る 달리다	134. 働(はたら)く 일하다
135. 話(はな)す 이야기하다	136. 払(はら)う 지불하다
137. 貼(は)る 붙이다	138. 晴(は)れる 맑다
139. 光(ひか)る 빛나다	140. 引(ひ)く 끌다, 당기다, 빼다, 뽑다, 물리다, 긋다, 깎다, 인용하다, 찾다, 손을 떼다, 걸리다, 치다, 이어받다, 남기다
141. びっくりする 깜짝 놀라다	142. 引(ひ)っ越(こ)す 이사하다
143. 開(ひら)く 열리다, 열다, 펴다	144. 拾(ひろ)う 줍다
145. 吹(ふ)く 불다	146. 太(ふと)る 살찌다
147. 踏(ふ)む 밟다	148. 降(ふ)る 내리다
149. 褒(ほ)める 칭찬하다	150. 参(まい)る 가다, 오다의 겸양어

자동사	타동사
151. 負(ま)ける 지다	152. 間違(まちが)う 틀리다
153. 待(ま)つ 기다리다	154. 間(ま)に合(あ)う 제 시간에 가다
155. 回(まわ)る 돌다	156. 磨(みが)く 닦다
157. 見(み)せる 보여주다	158. 迎(むか)える 맞이하다
159. 申(もう)す 말하다	160. 持(も)つ 가지다, 들다
161. 貰(もら)う 받다	162. 休(やす)む 쉬다
163. 痩(や)せる 야위다, 마르다	164. 止(や)む 그치다
165. 止(や)める 세우다	166. 呼(よ)ぶ 부르다
167. 読(よ)む 읽다	168. 寄(よ)る 다가가다, 들르다
169. 喜(よろこ)ぶ 기뻐하다	170. 分(わ)かる 알다, 이해하다
171. 別(わか)れる 헤어지다	172. 忘(わす)れる 잊다
173. 笑(わら)う 웃다	

초등 학습 한자 시리즈 & 한자 시험 필독서

부수를 알면 한자가 쉽다!

박두수 지음

·**마법 술술한자 1** (새 뜻과 새 모양 부수)
·**마법 술술한자 2** (한자능력검정시험 8급)
·**마법 술술한자 3** (한자능력검정시험 7급)
·**마법 술술한자 4** (한자능력검정시험 6급)
·**마법 술술한자 5** (한자능력검정시험 5급)

·**마법 술술한자 6** (한자능력검정시험 4II)
·**마법 술술한자 7** (한자능력검정시험 4급)
·**마법 술술한자 8** (한자능력검정시험 3II)
·**마법 술술한자 9** (한자능력검정시험 3급)

초등학교 방과 후 수업교재

박두수 지음

▼ 세트(전6권) 판매중

1권 초등 한자의 길잡이 부수
2권 초등 저학년 한자
3권 초등 방과 후 한자

4권 초등 교과서 한자
5권 초등 고학년 한자
6권 미리 만나는 중등 한자

한자 & 학습 도감 & 청소년 권장도서

한자 부수
제대로 알면 공부가 쉽다
김종혁 지음

한자 교육 및 한국어문회, 한자교육진흥회 시험 필독서!

술술한자 부수 200
박두수 지음

부수를 그림을 곁들여 풀이한 포켓용 한자책!

현직 선생님이 들려주는
한자를 알면 세계가 좁다
김미화 글·그림 | 올컬러

각종 시험, 수능(논술) 대비 올컬러 한자 학습서!

술술 외워지는 한자 1800
김미화 글·그림 | 올컬러

교육용 한자 1800자를 그림과 함께 쉽게 배운다!

| 한자 공부 필독서

중학교 900자 漢번에 끝내字
김미화 글·그림 | 올컬러

고등학교 한자 900 漢번에 끝내字
김미화 글·그림 | 올컬러

중학교용 900자와 고등학교용 900자를 주제별로 분류하고, 각 한자의 자원(字源)을 3단계로 나누어 그림으로 쉽게 풀이했다.

인체 구조 학습 도감
[다음 백과사전 선정도서]
주부의 벗사 지음 | 가키우치 요시유키·박선무 감수 | 고선윤 옮김 | 올컬러

궁금한 인체 구조를 알기 쉽게 설명한 인체 대백과사전!

인체의 신비
안도 유키오 감수 | 안창식 편역

인체의 다양한 궁금증을 그림을 곁들여 쉽게 알려준다!

인간 유전 상식사전 100
[한국간행물윤리위원회 청소년 권장도서]
사마키 에미코 외 지음
홍영남 감수 | 박주영 옮김

학생은 물론 일반인도 꼭 알아야 할 인간 유전 기초 상식!

노벨상을 꿈꾸는
과학자들의 비밀노트
[최신 개정판]
한국연구재단 엮음

세계적인 과학자를 꿈꾸는 청소년들에게 주는 희망의 메시지!

사업자등록번호 : 206-93-43138

품격일본어 교습소

교육상담 010-5180-9150

품격일본어 교습소

□ 모집대상
초/중/고(소수 정예수업)

□ 수업편성
초급/중급/고급 회화반
시험대비반(新JLPT, JPT)

□ 개인수준맞춤지도

私も日本語のプロになって日本語で大学に行ける。
나도 일본어 짱이 되어 일본어로 대학에 갈 수 있다.

품 격 일 본 어 교습소

일본 유학 약 6년 6개월/N1 180만점/원장 직강

교습비 게시표

(교육청신고금액)

교습 과정	교습 과목	정원 (반당)	월 교습시간(분)	월교습비 (원)	교습기간 (월)	기타경비	
						구분	금액(원)
보습	일본어 초등	2	105분 주2회, 총 840분	142,000원	월 4주	초중고 공통 / 기타 경비 없음	0
보습	일본어 초등	2	105분 주3회, 총 1260분	214,000원	월 4주		0
보습	일본어 중등	2	105분 주2회, 총 840분	155,000원	월 4주		0
보습	일본어 중등	2	105분 주3회, 총 1260분	233,000원	월 4주		0
보습	일본어 중등	2	105분 주4회, 총 1680분	310,000원	월 4주		0
보습	일본어 고등	2	105분 주2회, 총 840분	167,000원	월 4주		0
보습	일본어 고등	2	105분 주3회, 총 1260분	250,000원	월 4주		0
보습	일본어 고등	2	105분 주4회, 총 1680분	334,000원	월 4주		0
보습	일본어 고등	2	105분 주5회, 총 2100분	417,000원	월 4주		0

중앙에듀북스 Joongang Edubooks Publishing Co.
중앙경제평론사 | 중앙생활사 Joongang Economy Publishing Co./Joongang Life Publishing Co.

중앙에듀북스는 폭넓은 지식교양을 함양하고 미래를 선도한다는 신념 아래 설립된 교육·학습서 전문 출판사로서
우리나라와 세계를 이끌고 갈 청소년들에게 꿈과 희망을 주는 책을 발간하고 있습니다.

회화·문법·한자 한번에 끝내는 일본어 초급 핵심 마스터

초판 1쇄 인쇄 | 2020년 9월 18일
초판 1쇄 발행 | 2020년 9월 23일

지은이 | 강봉수(BongSoo Kang)
펴낸이 | 최점옥(JeomOg Choi)
펴낸곳 | 중앙에듀북스(Joongang Edubooks Publishing Co.)

대   표 | 김용주
책임편집 | 강봉수
본문디자인 | 고희선

출력 | 한영문화사 종이 | 한솔PNS 인쇄·제본 | 한영문화사

잘못된 책은 구입한 서점에서 교환해드립니다.
가격은 표지 뒷면에 있습니다.

ISBN 978-89-94465-45-6(03730)

등록 | 2008년 10월 2일 제2-4993호
주소 | ㉾ 04590 서울시 중구 다산로20길 5(신당4동 340-128) 중앙빌딩
전화 | (02)2253-4463(代) 팩스 | (02)2253-7988
홈페이지 | www.japub.co.kr 블로그 | http://blog.naver.com/japub
페이스북 | https://www.facebook.com/japub.co.kr 이메일 | japub@naver.com
♣ 중앙에듀북스는 중앙경제평론사 · 중앙생활사와 자매회사입니다.

도서
주문
www.japub.co.kr
전화주문 : 02) 2253 - 4463

※ 이 도서의 국립중앙도서관 출판시도서목록(CIP)은 서지정보유통지원시스템 홈페이지(http://seoji.nl.go.kr)와
국가자료공동목록시스템(http://www.nl.go.kr/kolisnet)에서 이용하실 수 있습니다.(CIP제어번호:CIP2020034848)

중앙에듀북스에서는 여러분의 소중한 원고를 기다리고 있습니다. 원고 투고는 이메일을 이용해주세요.
최선을 다해 독자들에게 사랑받는 양서로 만들어드리겠습니다. **이메일** | japub@naver.com